中国产业智库报告

中国社会科学院工业经济研究所

破除"资源诅咒"

——山西省资源型与非资源型产业
均衡发展机制研究

黄群慧 杨丹辉 等/著

经济管理出版社

ECONOMY & MANAGEMENT PUBLISHING HOUSE

图书在版编目（CIP）数据

破除"资源诅咒"：山西省资源型与非资源型产业均衡发展机制研究/黄群慧等
著 . —北京：经济管理出版社，2015.9
ISBN 978 - 7 - 5096 - 3890 - 3

Ⅰ.①破…　Ⅱ.①黄…　Ⅲ.①产业发展—研究—山西省　Ⅳ.①F127.25

中国版本图书馆 CIP 数据核字（2015）第 168484 号

组稿编辑：陈　力
责任编辑：陈　力　李明锋
责任印制：黄章平
责任校对：王　淼

出版发行：经济管理出版社
　　　　　（北京市海淀区北蜂窝 8 号中雅大厦 A 座 11 层　100038）
网　　　址：www. E - mp. com. cn
电　　　话：（010）51915602
印　　　刷：北京晨旭印刷厂
经　　　销：新华书店
开　　　本：787mm × 1092mm/16
印　　　张：21.5
字　　　数：276 千字
版　　　次：2015 年 9 月第 1 版　　2015 年 9 月第 1 次印刷
书　　　号：ISBN 978 - 7 - 5096 - 3890 - 3
定　　　价：68.00 元

总　序

2015 年 1 月 20 日，中共中央和国务院下发了《关于加强中国特色新型智库建设的意见》，我国智库建设迎来了"春天"。当前，无论是中央还是地方，无论是高校还是科研机构，无论是官方和民间，都高度重视智库建设。借智库建设的"春风"，中国社会科学院工业经济研究所推出了《中国产业智库报告》丛书。收录于本丛书的主要是工业经济研究所研究人员撰写的、体现智库功能的、可以公开的研究报告。

中国社会科学院工业经济研究所成立于 1978 年，定位于以马克思主义为指导，基于产业经济、区域经济、企业管理三个学科领域的最高学术殿堂和党中央国务院的重要思想库、智囊团。作为国家级专业智库，中国社会科学院工业经济研究所在产业经济、区域经济和企业管理三大学科具有国内领先优势，在决策咨询上具有优良的传统，在发挥智库功能方面具有丰富的经验积累、成果基础和人才沉淀。长期以来，工业经济研究所在历任所长马洪、蒋一苇、周叔莲、张卓元、陈佳贵、吕政、金碚等著名学者的组织领导下，在全体研究人员共同努力下，圆满完成了党中央、国务院交办的众多科研任务，提供了大量的、高质量的研究成果，连续多年获得中国社会科学院优秀对策信息组织奖。工业经济研究所研究人员不仅参与党和政府重要报告及文件的起草，还长期参与国家和众多地区的社会经济发展规划和政策的研究与论证，同时还为企业的改革与发展提供咨询建议，完成了大量的研究报告、政策建议、调研报告、情况专报、咨询方案，锲而不舍地为我国经济发展贡献自己的专业知识和创造性劳动，在社会上产生了很好的影响。

高水平的专业智库，需要做到理论顶天、实践立地的"顶天立地"。在长期的智库建设过程中，中国社会科学院工业经济研究所不仅与国家部委、地方政府、企业等建立了长期的合作关系，能够做到及时了解和洞察实践的最新动向和"一手"需求，同时已经形成了一系列的支撑专业智库的学术平台，推动理论与实践的有机结合。一是工业经济研究所代管三个国家级学会——中国工业经济学会、中国企业管理研究会、中国区域经济学会，这三个学会通过开展学术年会、教材编写、专题研讨等各种形式的学术活动，形成了全国性的学术网络，组织全国高校、地方社科、党校系统以及企业的代表共同参与到智库和学科建设中；二是工业经济研究所主办三本学术刊物——《中国工业经济》、《经济管理》和《中国经济学人》（英文），在学术界颇具影响，赢得了一系列荣誉；三是工业经济研究所主办了内部刊物《问题与对策》，专门刊登政策建议类的研究成果，向相关决策部门报送；四是工业经济研究所每年主办"中国工业发展论坛"等各类学术会议，为政府、学术机构和企业等提供高水平的面对面的学术交流平台。今天我们推出的《中国产业智库报告》丛书，是我们打造的又一个智库平台，旨在从工业经济研究所研究人员每年提供的大量研究报告中，选择出高水平的、可以公开的、研究问题具有普遍性、具有一定篇幅的研究报告，正式编辑出版，发挥国家级专业智库知识外溢效应，为我国经济发展做出贡献。

《中国产业智库报告》虽然名为"产业智库报告"，但研究主题不仅仅限于产业，而是将紧紧围绕我国全面建设小康社会和实现"两个一百年"奋斗目标过程中的产业经济、区域经济和企业管理中的重点、热点和难点问题，例如工业经济运行监测与风险评估、制造业转型升级与发展、产业与企业竞争力、反垄断与政府管制、工业资源与环境、能源管理与能源经济、产业空间布局、区域经济协调发展、国有企业改革与发展、中小企业研究、企业管理创新等，提供具有国际一流水准的战略和对策咨询研究报告，为推进国家治理体系和治理能力现代化、把我国建设成为工业化强国，培育、积累和贡献专业化的智力资源。

我们正处于一个伟大的时代，只有努力工作才能无愧于这个伟大的时代，《中国产业智库报告》正是我们作为国家级专业智库的一点努力尝试，诚恳希望读者给予批评指正，以利于我们不断完善和进步！

黄群慧

2015 年 6 月

前　言

在中国的工业化历史中，山西省具有独特而重要的地位。一部中国工业化史，即使是一部高度浓缩的工业化史，也需要用独立的一章来书写山西省。中国工业化的主导能源是煤炭，多年来一次能源消费的 70% 是煤炭，到 2014 年煤炭占一次能源消费比例仍高达 63.3%。山西省拥有得天独厚的煤炭资源优势，全省国土面积 15.7 万平方公里，含煤面积约占全省总面积的 40%，是我国最典型的资源型地区之一。新中国成立以来，山西省全省累计生产原煤超过 130 亿吨，外调出省达 90 多亿吨。作为重要的能源和原材料供应基地，长期以来山西省肩负着维护国家能源安全、保障能源供给的光荣使命，为中国这样一个人口大国的快速工业化进程做出了特殊贡献。

然而，"因煤而兴"的山西省，随着工业化进程的推进，近些年也"因煤而困"，高度依赖煤炭资源的畸形经济结构也面临着"资源诅咒"。研究表明，2000 年到 2007 年山西省"资源诅咒"系数平均值为 9.64，为全国第一，比第二名内蒙古的 4.94 高出将近一倍。由于地区经济发展高度依赖煤炭资源，生产要素大量流入煤炭开采及以煤炭为主要原料的炼焦、冶金、电力等行业，形成了单一的产业结构，进而由于路径依赖造成产业转型升级和制造业发展的动力不足，导致山西省面临生态环境恶化、发展风险增大、民生改善乏力、腐败滋生严重等一系列矛盾和问题，经济和社会的可持续发展面临严重挑战。山西省亟须通过全面深化改革和体制机制创新，提升并改造资源型产业，孕育壮大接续替代产业，从而实现地区经济社会可持续发展。

面对山西省经济转型和社会发展的各种矛盾和难题，2010年11月，国务院批准山西省作为国家资源型经济转型综合配套改革试验区，并于2012年8月发布了《山西省国家资源型经济转型综合配套改革试验总体方案》，山西省迎来了重大发展机遇，成为全国唯一的全省域、全方位、系统性进行资源型经济转型综合配套改革试验区。从2013年开始，山西省围绕产业转型、生态修复、城乡统筹、民生改善四大任务，开始先行先试、积极探索，已经取得了初步成效。但是，积重难返，经济转型不仅仅是困难的，而且往往是痛苦的。从一种经济增长的均衡"常态"转向一种新的均衡"常态"，这个过程往往不是一帆风顺的，而是会出现波动与跳跃，甚至会有所谓的"突变"、"混乱"或"危机"。2014年山西省全年地区生产总值为12759.44亿元，按可比价格计算比上年增长4.9%，位列全国倒数第一。从工业看，全年规模以上工业增加值按可比价格计算比上年增长3.0%；从三大门类看，采矿业增加值比上年增长3.9%；制造业增长2.4%，电力、热力、燃气及水的生产和供应业下降0.7%，采矿业仍是龙头，制造业增速仍低于采矿业。2015年第一季度，山西省GDP同比增长2.5%，山西省经济下行压力仍在加大，形势依然复杂、严峻。这要求在坚持"底线思维"的前提下积极推进全面转型，所谓"底线思维"是要保证经济不"失速"，避免或者妥善处理新旧均衡状态转换过程中"突变"、"混乱"或者"危机"，以此为前提，积极推进资源型经济的全面转型。从具体的产业发展看，在指导思想上要保证传统的资源型产业在不出现"塌方"式衰退的前提下逐步转型，同时促进新兴的非资源产业快速成长，最终形成资源型产业和非资源型产业均衡发展的经济增长格局。

"资源诅咒"之所以超越个案成为一种比较普遍的规律性现象，背后必然有其逻辑。对于自然资源丰富的地区，其丰富的自然资源通过何种途径阻碍经济发展呢？对此，经济学家所揭示的一个基本的利益逻辑关系是：由于仅仅依靠资源产业可以获取大量收入，而大量资源收入可以直接购买区域外的商品和非贸易产品的需求（服务业需求），于是自然资源部门和国内非贸易部门的繁荣挤占了原本属于制造业的稀有资源，这导致制造业萎缩，而制造业萎缩又使得地区经济更加依靠资源产业，从而形成所谓"荷兰病"的恶性循环逻辑。当然，除了这个基本逻辑外，还可以从收入波动、制度质量、投资和政府决策、寻租与腐败等相关影响因素分析其影响机制。要治病，需要先辨析病因，然后对症下药。要破除"资源诅咒"，需要在明确上述基本影响机制下，重新构造一个新的经济发展机制——资源型产业与非资源产业均衡发展的机制，这正是本书要研究的目标。

本书针对山西省的现状，围绕山西省如何实现资源型产业与非资源型产业均衡发展，从体制机制角度进行了全面的分析研究。在现有研究基础上，本书从资源条件、产业基础、环境成本、市场风险、人才保障等角度，针对山西省推进国家资源型经济转型综合配套改革面临的具体问题，全面、系统、科学地构建资源型产业和非资源型产业均衡发展机制，深入探讨资源型产业和非资源型产业之间生产要素"再配置"机制、煤炭等矿产资源收益合理共享机制、非资源型接续替代产业发展促进机制、国有资本经营预算产业调控机制，从而为加快山西省国家资源型经济转型综合配套改革试验区建设提供坚实的理论依据和可操作的政策思路。本书是 2014 年山西省资源型经济综合改革试验区招标课题成果。资源型经济转型综合配套改革，是一个涉及经济、社会、政治、文化以至民众思维方式和生活方式，全面而深刻的变革过程。而加快资源型产业与非资源型产业均衡发展、实现生产要素在资源型产业与非资源型产业之间的合理流动和有效配置则是"综合配套改革"的重中之重。实际上，本书研究主题的意义不仅仅在于对山西省的综合配套改革试验具有一定的指导意义，还在于山西省作为我国一个典型的面临"资源诅咒"的地区，其问题具有普遍的实践指导意义和学术研究价值。因此，笔者针对山西省的研究成果，作为一项个案研究，对于摆脱"资源诅咒"具有普遍价值。当然，资源型地区产业可持续发展问题是一个复杂的问题，如何摆脱"资源诅咒"，我们的研究也仅仅是一孔之见，还需要更多的学术研究和更大的实践智慧。

黄群慧

中国社会科学院工业经济研究所

2015 年 4 月 30 日

破除"资源诅咒"：——山西省资源型与非资源型产业均衡发展机制研究

4

目 录

第一章 导论 ……………………………………………… 1

    第一节 研究背景与意义 ………………………………… 1

    第二节 国内外相关研究进展 …………………………… 3

    第三节 研究方法与分析框架 …………………………… 6

第二章 山西省资源型与非资源型产业的生产要素
       再配置机制研究 ………………………………… 15

    第一节 山西省资源型与非资源型产业生产要素
          配置的现状 …………………………………… 16

    第二节 山西省资源依赖型经济的成因 ………………… 27

    第三节 实现"再配置"对生产要素的
          实际需求测算 ………………………………… 30

    第四节 山西省内外主要生产要素的供给条件分析 …… 38

    第五节 机制建设与保障措施 …………………………… 43

第三章　山西省资源型产业改造、提升机制研究 ………… 53

第一节　山西省资源型产业的发展状况 …………… 54

第二节　推动山西省资源型产业改造、提升的
　　　　主要因素分析 ……………………………… 60

第三节　山西省资源型产业改造、提升的主要任务与
　　　　实现机制 …………………………………… 64

第四节　山西省资源型产业改造、提升的政策组合 … 80

第四章　山西省非资源型接续替代产业
　　　　发展促进机制研究 ……………………… 88

第一节　山西省非资源型接续替代产业发展的
　　　　现状与条件分析 …………………………… 88

第二节　国内外非资源型接续替代产业发展的
　　　　经验借鉴 …………………………………… 108

第三节　山西省非资源型接续替代产业的选择与
　　　　发展路径 …………………………………… 123

第四节　山西省非资源型接续替代产业发展的
　　　　扶持政策 …………………………………… 132

第五章　山西省完善促进循环经济发展机制研究 … 137

第一节　山西省循环经济发展现状及存在的
　　　　主要问题 …………………………………… 138

第二节　国外循环经济发展经验借鉴 ……………… 146

第三节　山西省促进循环经济发展的机制创新与
　　　　政策措施 …………………………………… 149

第六章 山西省衰退产业退出援助机制研究 ……… 159

第一节 对资源型产业衰退及其退出援助的
基本认识 ……… 159

第二节 山西省衰退产业退出面临的
主要转型成本 ……… 162

第三节 国外典型资源型经济区衰退产业退出
援助的经验借鉴 ……… 168

第四节 山西省衰退产业退出援助机制
建设的基本原则 ……… 178

第五节 山西省衰退产业退出援助的主要政策工具 … 181

第六节 山西省衰退产业退出援助政策实施的
保障措施 ……… 186

**第七章 山西省深化煤炭等矿产资源有偿获得开发
利用体制改革研究** ……… 191

第一节 我国矿产资源有偿使用的体制改革与实践 … 191

第二节 山西省深化煤炭等矿产资源有偿获得开发利用
体制改革的创新经验 ……… 198

第三节 国内外矿产资源有偿获得开发利用体制
比较与借鉴 ……… 208

第四节 山西省进一步深化煤炭等矿产资源有偿获得
开发利用体制改革的方案 ……… 212

第八章 山西省煤炭等矿产资源收益合理共享机制研究 … 219

第一节 矿产资源收益分配的理论分析 ……… 219

第二节 我国矿产资源收益分配的现状分析 ……… 231

第三节　山西省煤炭等矿产资源收益分配现状及
　　　　存在的问题 ·················· 240

第四节　国外矿产资源收益分配制度 ········· 255

第五节　建立煤炭等矿产资源收益合理共享机制 ····· 260

第九章　山西省国有资本经营预算产业调控机制研究 ···· 269

第一节　山西省现行国有资本经营预算体系
　　　　及存在的问题 ················ 270

第二节　国有资本经营预算及产业调控的经验借鉴 ··· 277

第三节　国有资本经营预算对推进产业均衡
　　　　发展的作用 ················· 285

第四节　完善山西省国有资本预算调控机制的基本
　　　　思路与政策措施 ··············· 288

第十章　山西省产业均衡发展的总体思路与政策措施 ···· 296

第一节　指导思想与总体任务 ············ 297

第二节　机制创新与推进路径 ············ 303

第三节　主要措施与组织保障 ············ 310

后　记 ··························· 319

第一章 导 论

第一节 研究背景与意义

随着经济发展水平不断提高、工业化和城镇化进程加快，中国对煤炭等资源型产品的需求稳步增长。一些资源蕴藏较为丰富的地区以此为契机，大力发展资源型产业，并取得显著成效，逐步形成了以资源型产业为主导的地方产业体系，与此同时，资源型产业快速发展也带来了一些问题和矛盾，造成资源富集地区经济发展的路径依赖。

山西省拥有得天独厚的煤炭资源优势，是我国最典型的资源型地区之一。作为重要的能源和原材料供应基地，长期以来，山西省肩负着维护国家能源安全、保障能源供给的艰巨使命，为中国工业化和城镇化发展做出了特殊贡献。然而，由于过度依赖煤炭资源开发，加之现行资源性产品价格形成机制不合理，生产要素大量流入煤炭开采及以煤炭为主要原料的炼焦、冶金、电力等"两高一资"行业，导致山西省经济发展方式相对粗放，进而引发了产业结构单一、资源浪费严重、创新氛围不浓、增长路径依赖、发展风险增大、生态环境恶化、民生改善乏力、腐败滋生等一系列矛盾和问题，亟须通过全面深化改革和体制机制创新，提升改造资源型产业，孕育壮大接续替代产业，从而实现地方经济社会可持续发展。

面对山西省经济转型和社会发展的各种难题，2010年11月，国务院批准山西省作为国家资源型经济转型综合配套改革试验区，并于2012年8月发布了《山西省国家资源型经济转型综合配套改革试验总体方案》。这一重大决策体现了国家对山西省作为传统能源基地、实现转型发展的高度重视，对于推动山西省经济结构战略性调整、破解长期积淀的深层次矛盾、加快转变发展方式具有重要的现实意义。国家资源型经济转型综合配套改革试验区的设立，赋予了山西省在综合配套改革尤其是资源经济领域先行先试的有利条件，为山西省新一轮改革和发展提供了重大战略机遇。

加快资源型产业与非资源型产业均衡发展是"综合配套改革"的重要目标。以中共十八大和十八届三中全会精神为指导，以《山西省国家资源型经济转型综合配套改革试验总体方案》为统领，深入研究山西省资源型产业与非资源型产业均衡发展的实现机制与推进路径，具有前瞻性、实践性和创新性，不仅有助于山西省加快构建现代产业体系，有助于建立完善促进资源经济转型升级的制度体系，有助于推动"再造一个新的山西省"战略目标的顺利实现，而且对于探讨中国资源型产业转型升级的路径、构建衰退产业退出机制和制度安排也具有重要的理论参考价值。

第二节 国内外相关研究进展

有关资源型经济转型发展的课题一直受到国内外学者的高度关注。诺贝尔经济学奖获得者罗伯特·索罗和约瑟夫·斯蒂格利茨等人早在20世纪70年代就开始研究资源型经济的可持续发展问题（Solow，1974；Stiglitz，1974）。20世纪80年代中期以来，发达国家部分资源型地区因资源储量下降、替代资源开发等原因步入衰退期。结合社会学、人口学的理论和方法，国外资源型经济（城市）转型的相关研究视角逐步拓宽，形成了"资源诅咒"假说和专业化锁定等一些新观点（Norcliffe，1994；Hayter、Barnes，1992，1994）。其中，Auty（1990）、Sach和Warner等（1995）逐步将相关研究的焦点引向资源富集度与经济增长的负相关关系，提出了著名的"资源诅咒"命题。Gylfason等（2001）则通过对不同的样本数据分析，进一步验证了"资源诅咒"现象的存在。当然，关于"资源诅咒"的命题，学术界仍有争议。有研究表明，美国、加拿大、挪威、博茨瓦纳等资源富集国实现了高质量的经济增长，而并未因资源优势影响其国家竞争力，因此"资源诅咒"并非铁律（Stijins，2006）。近年来，有学者指出，所谓的"资源诅咒"实际上是"制度诅咒"，一些资源富集地区经济增长和产业发展中所遭遇的可持续性问题，其根本原因并不在于其资源优势，而在于经济社会制度失灵（Mehlum et al.，2006；Wadho，2011）。

20世纪90年代以来，国内学者对资源型产业过度繁荣、转型模式、转型政策及接续产业发展等问题进行了较为深入的探讨。牛仁亮和张复明（2006）指出，在资源性产品价格持续高涨的阶段，由于资源型产业外延式扩张能够带来巨大利益，往往会导致资源富集地区的经济发展严重依赖于资源型产业，致使地区产业结构不均衡、产业升级动力不足、创新意识不强。近年来，受国际金融危机冲击和国内宏观经济调整的影响，资源性产品需求下滑，价格波动幅度较大，我国煤炭等资源型产业进入调整期，资源型产业集聚地区转型升级的压力进一步凸显。冯宗宪等（2010）通过实证和案例分析，发现生产要素过多流入资源产业导致我国多个地区出现了"荷兰病"现象。由于我国绝大多数资源富集地区的产业结构畸形，在市场经济条件下，基于比较优势的市场运行规律会自动强化当地本已单一的产业结构，挤占先进制造业和高端服务业发展的所需要素。且不同于荷兰、挪威等发达国家，我国"荷兰病"的主要症结在于"挤出"制造业固定资产投资，而非提高劳动力雇佣成本。王开盛和杜跃平（2013）则从多个方面研究了资源型城市发展接续产业的影响因素。陈兵建和吕艳丽（2013）则对国内部分资源型城市选择和培育接续替代产业的成功经验进行了梳理和总结。朱德义（2013）提出，资源型城市接续产业的选择应当遵循"依托城市原有特色优势，突出高科技、高附加值特征和实现可持续发展"的三大思路。

近年来，资源型经济（地区或城市）转型问题成为国内资源经济学和区域经济学的研究热点，相关研究广泛涉及资源型经济的成因及其基本特征、资源型经济转型的国际经验比较、资源型经济转型面临的障碍与成本、转型模式与政策措施等方面（于立等，2008；宋冬林等，2009；李雨潼，2009）。随着资源型地区转型实践的不断推进，对这一课题的研究更加系统、深入，在研究视角、理论创新、方法运用、案例分析等方面均取得了一定突破。特别是在研究方法方面，相关成果的分析工具越来越规范化。如张米尔（2005）提出匹配矩阵方法，用于分析产业转型中项目机会选择问题。黄溶冰（2010）借鉴自组织理论，建立产业之间竞争、互补的产业系统演化模型，并在广义资源视角下，构建基于资源转移和优化的项目选择模型。宋冬林等（2009）则在接续产业选择分析中运用了灰色系统理论。

作为中国煤炭资源富集地区和煤炭相关产业集聚地产业，山西省是资源型产业转型发展研究的典型地区经验分析的主要对象，针对山西省资源型产业转型的相关研究成果不断丰富。安祥生和张复明（1999）结合山西省经济转型的实例，提出资源型经济转型实质上是产业转型。张复明和景普秋（2008）分析了资源型经济的自强机制，并强调突破资源优势陷阱机制的关键在于打破原有的资源自循环机制和路径依赖，引入学习与创新活动，调整资源收益分配机制，实现产业协调和经济转型发展。

从现有国内外相关研究的进展来看，国外的研究主要关注资源富集程度与经济增长绩效之间的关系及其影响因素。换言之，国外学者的分析更多是归纳、解释已经发生的经济现象，对于如何破解"资源诅咒"、资源型经济未来如何实现转型这些重大现实问题着墨甚少。相对而言，国内学者已将产业经济学、资源经济学、区域经济学、发展经济学等多学科的理论逐步应用到相关研究，系统论、能值分析、耗散结构理论、熵理论、自组织理论等知识和方法也被引入分析框架之中，多学科融合趋势明显，对资源型经济转型方向、路径、机制、政策的研究也更为深入，但同样存在理论研究前瞻性不足、战略设计高度不够等问题。相关研究提出的政策建议，对于破解山西省资源型产业与非资源型产业均衡发展的难题，尚缺乏针对性和可操作性。

第三节　研究方法与分析框架

中共十八大明确提出推进经济结构战略性调整。对于山西省而言，实现资源型产业与非资源型产业均衡发展，是地区经济结构战略性调整的重中之重，也是国家资源型经济转型综合配套改革试验区建设的关键步骤。

一、研究方法与技术路线

构建山西省资源型产业与非资源型产业均衡发展机制是产业政策、投融资政策、贸易政策和环境规制政策的综合应用。本研究以资源经济学、产业经济学、财政学、环境经济学、国际贸易等学科的理论为依据，综合运用以下研究方法：

一是实地调查法。对山西省主要资源储藏、开采、出口的典型地区以及工业、服务业发展集聚区进行实地调查，走访相关企业、行业组织和政府主管部门，考察山西省资源型产业与非资源型产业的总体情况及存在的主要问题，了解企业与基层的政策需求，掌握课题研究的一手资料，夯实课题理论研究、政策设计的实证基础。

二是案例分析法。选择山西省煤炭运销集团、山西省焦炭集团、太原钢铁集团、太原重型机械集团、汾酒集团等资源型产业和非资源型产业中的领军企业，详细了解其对要素需求状况、替代技术研发以及转体改制等方面的进展，对典型企业进行案例分析，并根据相关国有企业的发展情况分析国有资本经营预算产业调控机制的影响。

三是理论分析方法。综合运用产业经济学理论、区域经济学理论和可持续发展理论，研究资源型产业与非资源型产业协调发展的促进机制，分析资源型产业和非资源型产业均衡发展的生产要素配置方式。从历史的角度和空间地理的角度，审视资源型城市的演变特征。从资源型城市形成、发展和转型的演变过程以及资源性产品价格形成机制、资源租金等视角，深入探讨课题研究与政策构建的理论基础。

四是战略分析法。运用 SWOT 分析方法，对山西省资源型产业与非资源型产业均衡发展面临的优势、劣势、机遇和挑战进行综合评价，以此为接续替代产业发展环节选择提供依据，并为山西省资源型产业与非资源型产业发展提出具体的发展战略。

五是比较研究法。针对不同资源型国家和地区协调资源型产业与非资源型产业发展的不同效果，既比较其各自的历史基础、地理位置、自然资源、人才资源、基础设施、发展政策、法律框架等外在禀赋，同时也比较人口素质、技术水平、管理经验、政策环境等因素在实际市场运行中的利用效率。从国际和国内的范围，梳理提炼不同地域、不同类型资源型城市转型的经验和教训，为政府部门制定相关政策提供参考。

六是指标分析法。综合运用人均耕地面积、初级产品部门的劳动力就业比例、能源储量、矿业出口收入占 GDP 的比重、资源租金占 GDP 的比重、采掘业固定资产投资占固定资产投资总额的比重、采掘业职工收入占地区职工总收入的比重、能源工业产值占工业总产值比重等指标，对山西省资源型产业与非资源型产业发展现状及主要问题进行实证分析，找出制约均衡发展的主要因素。

本书技术路线图见图 1-1。

```
┌─────────────────────────────────┐
│   资料收集、实地调研与理论分析    │
└─────────────────────────────────┘
```

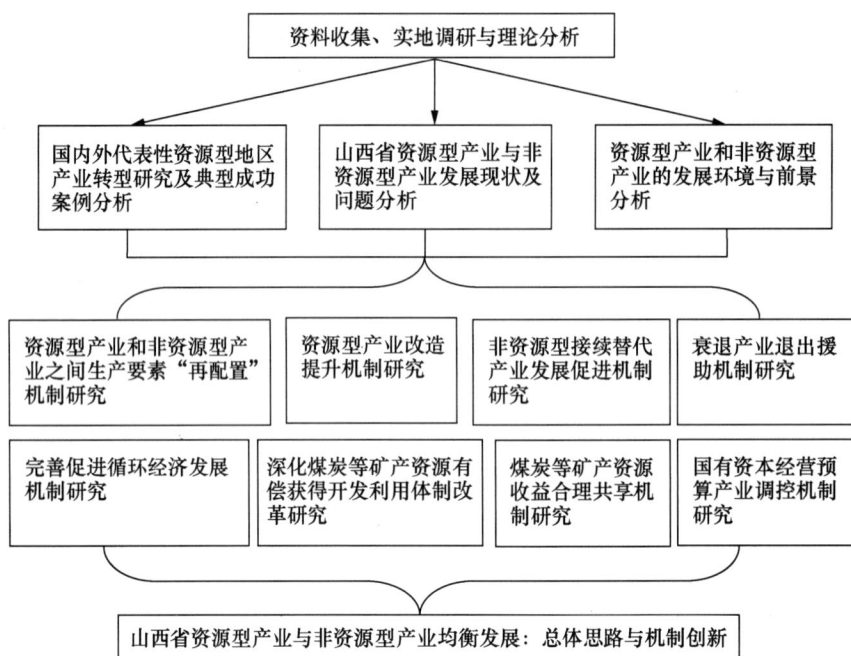

图1-1 技术路线图

二、主要内容

全书共分十章，从八个方面构建山西省资源型产业与非资源型产业均衡发展机制和制度体系，在此基础上提出山西省产业均衡发展的总体思路与政策措施。

第一章导论，提出全书的研究背景、总体思路、研究方法和分析框架，并对国内外相关研究成果进行梳理总结，形成文献综述。

第二章侧重山西省资源型产业与非资源型产业之间生产要素再配置机制研究。通过实地调研和理论分析，结合《山西省国家资源型经济转型综合配套改革试验实施方案（2013～2015年）》提出的产业结构调整目标，分析长期以来生产要素过多流入山西省资源型产业的深层次原因，及其对山西省内非资源型

8

产业要素产生的挤占影响。同时，估算山西省资源型产业和非资源型产业均衡发展对资金、劳动力、土地、水资源等生产要素的实际需求，对比近年来山西省主要生产要素的增量部分在不同产业之间的分布情况，提出改善"荷兰病"对山西省要素配置的扭曲现状、打破生产要素流向接续产业的主要体制和政策壁垒、引导各类资本投向非资源型产业的政策思路，构建实现山西省转型发展目标的生产要素再配置机制。

第三章主要研究山西省资源型产业改造、提升机制。目前，资源型产业在山西省的产业结构中占主导地位。因此，存量调整是山西省产业结构优化升级的必由之路，也是资源型经济综合改革的重点和难点。通过分析煤炭、炼焦、冶金、电力、煤化工等资源型产业链各环节的国内外需求状况和变化趋势、国际国内竞争环境与技术发展方向以及山西省资源型产业竞争优势和劣势，提出山西省资源型产业改造提升的目标方向和路径。同时，通过梳理国内外典型资源富集区资源型产业转型升级的成功经验，并结合山西省典型资源型企业在循环发展、低碳发展、绿色发展、全产业链发展、高附加值发展等方面面临的主要障碍，从园区建设、技术创新、节能减排、人才引进、组织保障等方面构建传统产业新型化的促进机制。

第四章的研究重点放在山西省非资源型接续替代产业发展促进机制上。通过比较山西省与国内其他资源型地区和非资源型地区在新材料、新能源、节能环保、生物产业、高端装备制造、新一代信息技术、新能源汽车、现代煤化工、煤层气开发以及旅游、金融、文化创意等接续替代产业发展的区位条件和要素构成差异，结合接续替代产业投资所需的产业链配套、临近终端市场、基础设施状况、人力资源供求等因素，提出促进现代制造和高端服务领域接续替代产业跨越式发展的主要"抓手"及其政策需求的实现机制。依托土地、税收、资产重组、人才引进等扶持政策，大力发展上下游产业，拉长产业链条，鼓励科技创新，提高资源利用效率。在把传统资源优势转化为可持续的经济优势的同时，深度挖掘山西省旅游、文化等潜在优质资源，结合用高新技术、先进适用技术改造传统产业，因地制宜，尽快形成一批新的主导产业。

第五章以煤炭清洁利用和煤炭产业链延展为切入点，设计山西省完善促进循环经济发展机制。大力发展循环经济是山西省资源型经济转型的重要内容。在对山西省发展循环经济的综合环境进行深入分析的基础上，重点研究山西省企业内部小循环、企业间或园区内循环、省域大循环三个层面的循环经济发展绩效及存在的主要问题。导入国内外循环经济发展水平较高地区在企业层面、工业园区层面、区域层面的运行条件、资金投入以及政府规制等方面的经验，结合山西省情，提出建立完善生产者责任延伸制度、完善排污权交易制度、试行碳排放权交易、完善循环经济信息交流制度，从而促进企业开展清洁生产和资源综合利用，推进园区（特别是能源化工产业园区）内企业形成共享资源和互换副产品的产业共生组合，加快山西省形成以污染预防为出发点、以物质循环流动为特征的区域循环发展模式，带动山西省循环经济发展迈上新台阶。

第六章着重分析山西省衰退产业退出援助机制。在山西省加快建设"以煤为基、多元发展"的现代产业体系的进程中，部分产能落后、长期亏损、资不抵债的企业和资源枯竭的矿山如何实现平稳、有序退出，不仅是国家资源型经济转型综合配套改革面临的客观难题，而且直接关系到社会民生事业的稳定发展。国内外的经验表明，衰退产业调整不可能完全依靠市场机制的自行解决，而必须辅之以有效的政府产业退出援助机制。

本课题通过分析日本 20 世纪 60 年代针对衰退的煤炭工业而颁布实施的《产煤地区振兴临时措施法》等政策法规的得失，设计涵盖资本调整援助、人力资源开发援助、技术创新援助、生态修复援助、社区重建援助等内容的山西省"一揽子"衰退产业退出援助政策体系，建立健全宏观宽松、微观有力、社保托底的衰退产业调整机制。

第七章围绕煤炭等重点资源，探讨山西省深化矿产资源有偿获得开发利用体制改革。从国函〔2006〕102 号文的落实情况看，矿产资源采矿权配置制度要从"双轨制"并为"单轨制"面临诸多难题，部分地区的实施效果不理想。本课题以资源租金理论为主要依据，科学、系统地分析绝对资源租金和相对资源租金制度对采矿权人行为的影响。并以此为理论支撑，结合临汾市一次性收取采矿权价款政策的成效分析，积极从中央争取操作性强的试点政策，对山西省内新设立的矿业权实施相对租金制度。同时，为保证和提高采矿权评估工作质量，针对现行采矿权评估规则体系的不足之处，构建全省统一的煤炭等矿产资源采矿权评估准则体系（包括技术准则、职业道德准则和质量控制标准等内容），促使煤炭等矿产资源采矿权评估规范化。

第八章在借鉴国际经验基础上，构建山西省煤炭等矿产资源收益合理共享机制。借鉴三个代表性资源型地区——德国鲁尔工业区、美国休斯敦、日本九州地区产业结构调整升级的经验，以《山西省国家资源型经济转型综合配套改革试验总体方案》为蓝本，在国家现行税制框架下探索在中央与地方、政府与企业之间合理分配资源开发收益的新方式。完善煤炭等资源产品定价机制，提高物流效率，提升资源产品综合市场竞争力，减轻海外煤炭价格变化对山西省资源需求的冲击，提高资源开发效益。同时，依托资源入股、资源价格优惠等手段，改善企业与员工的收入，逐步建立公共资源收益全民共享机制，缩小山西省当前行业之间、地区之间、体制内外的收入差距。

第九章落实中共十八届三中全会关于深化国有经济改革的精神，建立完善山西省国有资本经营预算产业调控机制。通过分析国有资本经营预算在增强政府产业调控能力中的重要作用，以《山西省人民政府关于试行国有资源经营预算的意见》为依据，结合山西省国有企业发展状况，围绕改善产业结构、协助企业转型、稳定经济增长等目标，构建科学合理的国有资本经营预算支出项目绩效评价制度。创新管理方式，明确重点支持的相关领域，引导预算向适合山西省长远发展的非资源型产业倾斜，提高省内的科技创新和环境保护水平。同时，以预算扶持为着力点，引导传统资源型企业加强自主创新，扩展价值链覆盖领域，力求降低对采掘行业的依赖度，推动资源型企业转型发展。

第十章山西省产业均衡发展的总体思路和政策建议。以上述八个方面的机制创新为支撑，考察山西省产业转型升级的优势条件和制约条件，提出实现山西省资源型产业与非资源型产业均衡发展的指导思想、基本原则、总体任务、推进路径和保障措施。

参考文献

[1] 牛仁亮，张复明. 资源型经济现象及其主要症结 [J]. 管理世界，2006（12）.

[2] Solow R. Intergenerational Equity and Exhaustible Resources [J]. Review of Economic Studies, 1974: 29 – 45.

[3] Stiglitz J. Growth with Exhaustible Natural Resources: Efficient and Optimal Growth Paths [J]. Review of Economic Studies, 1974: 123 – 137.

［4］ Barnes, Trevor J. , Roger Hayter. Economic Restructuring, Local Development and Resource Towns：Forest Communities in Coastal British Columbia ［J］. Canadian Journal of Regional Science, 1994（3）.

［5］ Hayter R. , Barnes T. J. Labour Market Segmentation, Flexibility and Recession：A British Colombian Case Study ［J］. Environment and Planning, 1992（10）.

［6］ Norcliffe G. Regional Labour Market Adjustments in a Period of Structural Transformation：An Assessment of the Canadian Case ［J］. The Canadian Geographer, 1994（1）.

［7］ Auty R. Resource – based Industrialization：Sowing the Oil in Eight Developing Countries ［M］. New York：Oxford University Press, 1990.

［8］ Sachs J. D. , Warner A. M. Natural Resource Abundance and Economic Growth ［D］. NBER Working Paper No. 5398, 1995.

［9］ Gylfason T. Natural Resources, Education and Economic Development ［J］. European Economic Review, 2001：847 – 859.

［10］ Stijn J. P. Natural Resource Abundance and Human Capital Accumulation ［J］. World Development, 2006：847 – 859.

［11］ Mehlum H. , Moene K. O. , Torvik R. Cursed by Resources or Institutions? ［J］. World Economy, 2006：1031 – 1117.

［12］ Wadho, Waqar Ahmed. Education, Rent – seeking and the Curse of Natural Resources ［D］. MPRA Paper 37831, University Library of Munich, Germany, 2011.

［13］ 安祥生, 张复明. 山西省资源型经济转型的思考 ［J］. 山西教育学院学报, 1999 （9）.

［14］ 张复明, 景普秋. 资源型经济的形成：自强机制与个案研究 ［J］. 中国社会科学, 2008（5）.

［15］ 冯宗宪, 姜昕, 赵驰. 资源诅咒传导机制之荷兰病 ［J］. 当代经济科学, 2010 （7）.

［16］ 于立, 姜春海, 于左. 资源枯竭型城市产业转型问题研究 ［M］. 北京：中国社会科学出版社, 2008.

［17］ 宋冬林. 东北老工业基地资源型城市发展接续产业问题研究 ［M］. 北京：经济科学出版社, 2009.

［18］ 李雨潼. 我国资源型城市经济转型问题研究 ［M］. 长春：长春出版社, 2009.

［19］ 张米尔. 市场化进程中的资源型城市产业转型 ［M］. 北京：机械工业出版

社，2005.

［20］黄溶冰．资源枯竭地区经济转型研究——基于复杂性科学的视角［M］．北京：
    经济科学出版社，2010.

［21］王开盛，杜跃平．资源型城市发展接续产业的影响因素分析［J］．企业研究，
    2013（3）.

［22］陈宾建，吕艳丽．煤炭资源型城市选择和培育新经济增长点的实践经验及启示
    ［J］．资源与产业，2013（2）.

［23］朱德义．资源型城市接续产业的选择和培育策略研究［J］．中国物价，2013
    （3）.

第二章 山西省资源型与非资源型产业的生产要素再配置机制研究

　　作为重要的能源和原材料供应基地，山西省是我国煤炭资源优势最突出的地区之一，长期以来为国家能源供应和工业化发展做出了突出贡献。然而，由于过度依赖煤炭等资源开发，加之资源性产品价格形成机制不完善，生产要素大量流入煤炭及以煤炭为主要原料的炼焦、冶金、电力等"两高一资"行业，导致山西省经济发展方式相对粗放，进而引发了产业结构单一、生态环境恶化、资源浪费严重、生产事故频发等一系列矛盾和问题。目前看来，此前推动山西省经济快速增长的要素禀赋桎梏渐现，亟须通过深化改革和体制机制创新，探索生产要素再配置的新路子，从而实现地方经济社会可持续发展。

　　2010 年 11 月，国务院批准山西省作为国家资源型经济转型综合配套改革试验区，并于 2012 年 8 月发布了《山西省国家资源型经济转型综合配套改革试验总体方案》。这一重大决策对于推动山西省经济结构战略性调整，破解长期积累的深层次矛盾，加快经济发展方式转变具有重要意义。本章重点考察当前山西省资源型产业与非资源型产业的生产要素配置状况，发掘产业间要素配置存在的问题及其成因，为科学、合理地再配置生产要素提供相应的思路和政策建议。

第一节　山西省资源型与非资源型产业生产要素配置的现状

关于什么是资源型产业，国内外并无统一的定义。仅从字面含义上看，资源型产业就是对于资源的依赖程度大或者说资源产品在其原材料投入中所占比重大的产业。基于本课题研究目的，笔者将资源的范围限定在矿产资源上。因此，相对于服务业和农业，工业就是资源型产业。在工业内部，各产业对矿产资源的依赖程度也存在很大不同。利用投入产出表的直接消耗系数可以判断各产业部门的自然资源投入情况。所谓直接消耗系数，也称投入系数，是指在生产经营过程中第 i 产品（或产业）部门的单位总产出直接消耗的第 j 产品部门货物或服务的价值量。我国的投入产出表每 5 年发布一次，最新一期的投入产出表是《2007 年中国投入产出表》。

利用我国"135 部门投入产出表（产品部门 × 产品部门）"的"直接消耗系数表"，笔者计算出矿产资源在各产业部门单位价格产出中的中间投入量，并将各行业平均的累计直接消耗作为阈值，将超过该阈值的产业界定为资源型产业。由于我国统计年鉴中一般只公布工业行业的两位数数据，因此笔者进一步将 135 部门中的资源型行业对应到相应的两位数行业。结果显示：①资源型采掘业 4 个，分别是煤炭开采和洗选业、黑色金属矿采选业、有色金属矿采选业、非金属矿采选业；②资源型制造业 6 个，分别是石油加工、炼焦及核燃料加工业，化学原料和化学制品制造业，化学纤维制造业，黑色金属冶炼及压延加工业，有色金属冶炼及压延加工业，非金属矿物制品业；③资源型公用事业 2 个，分别是电力、热力的生产和供应业，燃气生产和供应业（见附表 2 – 1）。

一、资源型产业依赖性有所改善，煤炭开采业是主要支柱

从 GDP 构成来看，2004 ~ 2011 年山西省资源型产业占 GDP 比重不断提高，由 2004 年的 35.58% 上升至 2011 年的 48.92%，而非资源型产业的比重则由 2004 年的 64.42% 下降至 2011 年的 51.08%（见图 2 – 1）。但 2012 年以后，该形势有所好转，2013 年，山西省资源型产业占 GDP 比重降至 46.15%，非资源型产业所占比重升至 53.85%，资源型产业所占工业生产总值的比重也从 2010 年的 87.92% 降至 2013 年的 84.08%，这表明山西省近年来的产业调整政策取得了一定成效。而在资源型产业内部，

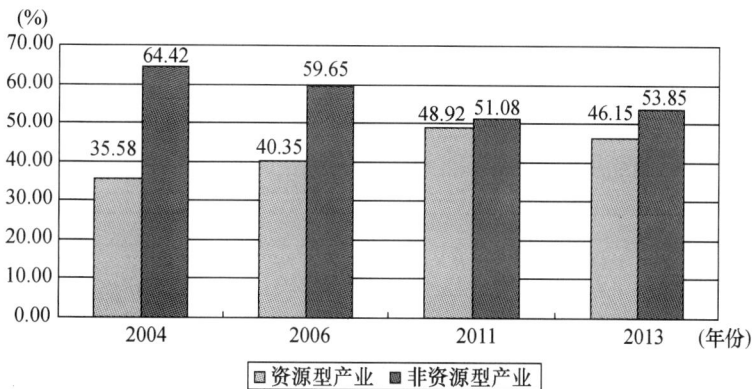

图 2 – 1 2004 ~ 2013 年山西省资源型产业占 GDP 比重变化

资料来源：根据《山西省统计年鉴》等整理。

可以发现煤炭开采业是最重要的资源型产业（见表 2 – 1）。2001~2013 年，采矿业所占工业增加值比重由 29.27% 上升至 57.59%，成为山西省工业中的主要支柱。其中，凸显山西省主要资源优势的煤炭开采和洗选业所占比重由 28.12% 上升至 57.59%。这表明，山西省产业结构仍呈现出"一煤独大"的发展状况。

表 2 – 1　山西省资源型产业分行业增加值占工业生产总值的比重

单位:%

行业	2001 年	2005 年	2008 年	2009 年	2010 年	2013 年
煤炭开采和洗选业	28.12	38.41	52.96	58.94	58.39	57.59
黑色金属矿采选业	0.67	1.60	1.53	0.88	1.73	2.54
有色金属矿采选业	0.13	0.07	0.28	0.16	0.14	0.22
非金属矿采选业	0.35	0.24	0.02	0.03	0.02	0.02
石油加工、炼焦及核燃料加工业	5.88	11.67	13.14	8.69	8.12	4.07
化学原料和化学制品制造业	6.01	4.00	3.08	2.49	2.58	2.84
化学纤维制造业	0.152	0.045	0.015	0.002	0.002	0.001
黑色金属冶炼及压延加工业	15.14	16.46	10.22	9.71	9.42	7.86
有色金属冶炼及压延加工业	5.29	4.69	3.00	0.88	1.87	1.61
电力、热力、燃气的生产和供应业	19.55	10.23	5.24	6.31	5.65	7.33
资源型产业	81.29	87.42	89.49	88.09	87.92	84.08

资料来源：课题组根据《山西省统计年鉴》等计算。

长期以来，我国是一个以煤炭为主要能源的国家，而山西省是全国产煤最多的省份。山西省煤炭储量最丰富，约占全国煤炭探明储量的 1/4，煤炭资源几乎遍布全省，素有"煤海"之称。在全国能源供给格局中，山西省具有不可替代的能源基地的重要地位。山西省的产业结构也主要是以煤炭产业为基础展开，高度依赖煤炭开采、焦化、煤化工等行业。近年来，受我国经济迅速发展导致国内能源原材料需求猛增、国际能源原材料价格不断上涨等影响，质量上乘、价格相对合理的山西省煤炭日益受到市场青睐，山西省的能源基地地位也更为凸显。山西省将大量资金投入能源重化工建设，进一步推动以资源型产业为代表的第二产业成为拉动山西省经济发展的主要力量。

二、资源型产业的资金要素配置过多，煤炭业是主要流入领域

(一) 资源型产业资金配置过多

由于山西省经济高度依赖于以煤炭为代表的资源型产业，这导致省内生产要素均向资源型产业集中，带来了生产要素配置扭曲的现状。2009～2013年，资源型产业的固定资产投资比重由41.40%上升至46.78%，再降至44.16%；非资源型产业的固定资产投资比重由58.60%降低至53.22%，再升至55.84%（见图2-2）。这显示出尽管资源型产业投资增长趋势有所改变，但其依然对资金要素充满了吸引力。而且，即使相比其他资源型省份，山西省资源型产业资金要素配置比重畸高（见图2-3）。2013年，内蒙古自治区资源型产业固定资产投资所占比重为28%，而陕西省为23%，两者皆明显低于山西省资源型产业固定资产投资所占比重（44%）。这表明，资源同样较为丰富的内蒙古自治区与陕西省都能实现相对合理的资金配置，资源禀赋优势并非是导致山西省目前资源型产业资金配置过多的唯一原因。与山西省不同，内蒙古自治区和陕西省均在非资源型产业进行了大量投资，内蒙古自治区的汽车制造、工程机械、风电设备、化工机械、轻工机械已经出现了良好的发展势头，而陕西省的食品、医药、旅游等行业也呈现出一定特色。相比之下，山西省目前还未找到可以重点发展的非资源型产业，这反映到资金配置上，就是资源型产业投资居高不下。

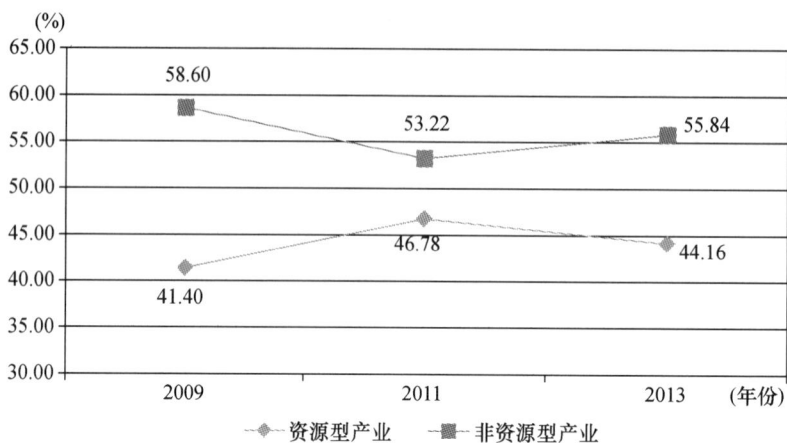

图2-2　山西省资源型产业固定资产投资所占比重变化

资料来源：根据《山西省统计年鉴》等整理。

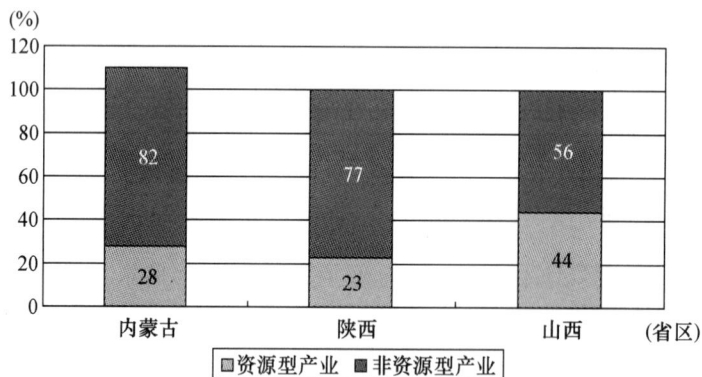

图2-3　2013年内蒙古、陕西、山西三省区固定资产投资分配比较

资料来源：根据《山西省统计年鉴》、《内蒙古统计年鉴》及《陕西统计年鉴》等整理。

（二）资源型产业内部，资金主要流向煤炭产业

在资源型产业内部，煤炭、冶金和电力是资金的主要流向部门。其中，煤炭行业固定资产投资比重已由 2000 年的 14.4%上升至 2013 年的 36.58%，在工业中的主导地位日益凸显（见图 2－4）。同时，依托资源优势衍生发展的冶金与电力行业所吸纳的投资也达到 10%以上。2005 年后，炼焦、冶金和电力行业固定资产投资均呈现出占比下降的趋势，炼焦行业已由 2005 年的 8.82%下降至 2013 年的 2.49%，冶金行业由 24.06%下降至10.17%，电力行业由 22.06%下降至 11.23%。这反映出炼焦、冶金和电力行业的资金有流出至煤炭行业的趋势，煤炭行业呈现"一家独大"的局面。

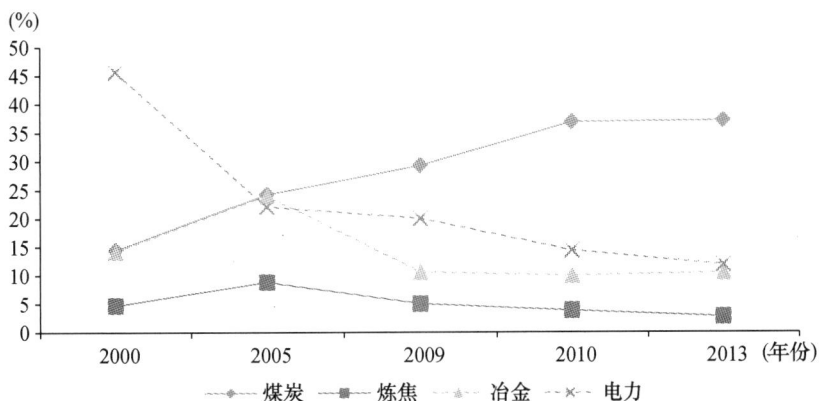

图 2－4　山西省资源型产业分行业固定资产投资所占工业总投资比重

资料来源：根据《山西省统计年鉴》等整理。

（三）非资源型产业内部，资金主要流向交通运输业和房地产业

而在非资源型产业内，交通运输和房地产业是资金要素的主要流入领域（见表 2－2）。相比之下，山西省第一产业的固定资产投资较低，2009～2010 年一直维持在 3% 左右，2013 年

有所好转，增至 6.84%，投资不足造成了山西省第一产业严重落后。而在第三产业中，近年来交通运输和房地产业的快速发展带动了相关行业投资的增加。目前，交通运输业和房地产业的固定资产投资所占比重均在 10% 以上，是投入资金最多的服务业。然而，对于计算机服务、批发和零售、金融、租赁及科学研究等对支撑经济有重要作用的生产性服务业，所投入资金依然较少。这也表明山西省第三产业的发展仍较为缓慢，与国内经济发达省份相比相差较远。

表 2-2 山西省非资源型产业分行业固定资产投资所占总投资比重

单位:%

行业	2009 年	2010 年	2013 年
农、林、牧、渔业	3.21	3.22	6.84
交通运输、仓储和邮政业	16.40	19.73	10.04
信息传输、计算机服务和软件业	1.91	0.57	0.56
批发和零售业	1.69	1.27	2.22
金融业	0.04	0.04	0.04
房地产业	16.60	16.76	22.15
水利、环境和公共设施管理业	9.37	7.64	11.13
教育	2.15	3.02	1.36
文化、体育和娱乐业	1.11	1.04	0.77

资料来源：根据《山西省统计年鉴》等整理。

（四）山西省资金配置结构同东部和中部地区相比存在较大差距

在资金配置结构上，山西省资源型产业新增固定投资所占总投资比重不仅远远高于东部沿海地区省份，也高于中部地区省份（见表 2-3）。2013 年，东部和中部地区省份的新增固定资产投资最多行业均为制造业，且所占比重均超过了 35%。相比之下，山西省的固定资产投资最多行业为采矿业，制造业所占比重仅为 22.67%。采矿业所吸纳的资金过多，而制造业所吸纳的资金过少。同时，在一些生产性服务业领域，如计算机服务、金融等行业，山西省所投入的资金占比均低于东部和中部地区省份的平均水平。作为旅游业发展重要支撑的住宿和餐饮业，山西省的资金投入占比不足 1%，同样低于东部和中部地区省份的平均水平。

表 2 - 3   2013 年各地区新增固定投资所占总投资比重

单位:%

行业	东部地区省份平均	中部地区省份平均	山西省
农、林、牧、渔业	1.32	3.82	6.84
采矿业	0.27	3.18	13.17
制造业	35.19	40.07	22.67
电力、燃气及水的生产和供应业	4.47	3.71	6.13
交通运输、仓储和邮政业	7.13	5.23	10.04
批发和零售业	2.85	3.11	2.22
住宿和餐饮业	2.01	1.82	0.73
水利、环境和公共设施管理业	12.04	9.11	11.13
信息传输、计算机服务和软件业	1.52	0.57	0.56
文化、体育和娱乐业	1.41	1.05	0.77

资料来源：根据《山西省统计年鉴》及《中国统计年鉴》整理。

三、资源型产业吸纳劳动力比重偏高，配置结构不合理

(一) 资源型产业吸纳劳动力比重偏高

资源型产业中，2012 年山西省采矿业从业人数达到 130 万，所占总就业人数比重达到 16.37%（见表 2 - 4）。2009～2012 年，采矿业所占比重均超过了 15%，是吸纳劳动力的第二大部门。受采矿业吸纳劳动力过多影响，制造业的劳动力占比优势并不显著，2012 年为 21.68%，比采矿业高 5 个百分点。在其

余非资源型产业中，2012 年，山西省第三产业从业人员数达 370 万，所占总就业人数比重达 46.37%。然而，第三产业中从业人数较多的是批发零售、教育与公共管理等公共服务部门，诸如金融、租赁、科学研究、交通运输、信息计算机服务等重要的生产性服务业从业人员依然较少。与第二、第三产业相比，山西省第一产业对劳动力的吸纳严重不足，2012 年从业人员仅为 34 万人，所占比重为 4.32%。农业基础设施落后、对农业投入少、生产水平低、产量不稳、粮食短缺等因素导致农、林、牧、渔业对从业人员的吸引力不大。

表 2—4 山西省资源型产业和非资源型产业分行业从业人数及其占比

行业	2009 年	占比（%）	2010 年	占比（%）	2012 年	占比（%）
农、林、牧、渔业	205755	2.71	218512	2.68	344877	4.32
采矿业	1151720	15.18	1303343	16.00	1306626	16.37
制造业	1745399	23.00	1831511	22.49	1730958	21.68
电力、燃气及水的生产和供应业	153998	2.03	189385	2.33	143480	1.80
交通运输、仓储和邮政业	214542	2.83	220887	2.71	189283	2.37
信息传输、计算机服务和软件业	86695	1.14	80511	0.99	71886	0.90
批发和零售业	648065	8.54	701918	8.62	768251	9.62
住宿和餐饮业	186049	2.45	202989	2.49	211688	2.65
金融业	186641	2.46	196121	2.41	178742	2.24
教育	606282	7.99	596959	7.33	513712	6.43
公共管理和社会组织	843164	11.11	825299	10.13	919537	11.52

资料来源：根据《山西省统计年鉴》等整理。

（二）山西省劳动力配置结构同东部和中部地区相比存在明显差异

在劳动力要素配置结构上，与东部地区及中部地区相比，山西省的劳动力要素过多分布在采矿业（见表 2-5）。2013 年，山西省制造业从业人数占城镇总从业人数比重仅为 15.76%。相比之下，东部地区已超过了 40%，而中部地区也超过了 27%。在计算机服务、金融、租赁和商务服务、科学研究等生产性服务业领域，山西省与东部、中部地区其他省份相比差距并不明显，这表明在该领域山西省的劳动力要素供应基本充足。在作为旅游业发展重要支撑的住宿和餐饮业中，山西省从业人员占比低于东部和中部平均水平，这显示山西省在发展旅游业时，应注重加大劳动力供给。

表 2-5　2013 年各省市分行业城镇就业人数所占总人数比重

单位:%

行业	东部地区平均	中部地区平均	山西省
农、林、牧、渔业	0.52	1.31	0.47
采矿业	0.19	2.22	22.20
制造业	40.12	27.18	15.76
电力、燃气及水的生产和供应业	1.66	2.32	2.47
交通运输、仓储和邮政业	4.15	4.14	5.09
信息传输、计算机服务和软件业	1.78	1.25	1.30
批发和零售业	4.31	4.04	4.57
住宿和餐饮业	2.37	1.58	1.20
金融业	4.01	3.29	3.36
房地产业	2.22	1.61	0.70
租赁和商务服务业	2.80	1.33	1.57

资料来源：根据《山西省统计年鉴》和《中国统计年鉴》等整理。

四、山西省工业企业技术水平不高，并且低于全国平均水平

区域内规模以上工业企业 R&D 项目数和有效发明专利数可

展示制造业技术的发展程度。由图 2-5 可见，2013 年，山西省共有规模以上工业企业 R&D 项目数 2885 个，与全国平均 10405 个存在较大差距。东部沿海的江苏省、浙江省、广东省科技企业数已突破 4 万个，是山西省的 10 倍以上。同时，中部的河南省、湖北省、安徽省的科技企业数也突破 1 万个，为山西省的 3 倍以上。在规模以上工业企业有效发明专利数方面，2013 年山西省专利数为 3008 个，位居全国第 18 位，而全国平均水平为 10819 个，为山西省的 3 倍以上（见图 2-6）。东部的广东省、江苏省专利数已突破 50000 个，中部的湖南省、安徽省专利数也在 10000 个以上，山西省均与其存在较大差距。可见，山西省较低的工业生产效率是与其较低的科技活动和创新水平相关。沿海省市的专利数和工业规模以上企业科研活动数目都远大于内陆和西部省份，尤其是长三角和珠三角地区的技术基础实力雄厚，这与当地的经济支撑密不可分。因此，山西省要提高工业的技术要素水平，需要加大科研资金投入，向沿海与中部其他省份看齐。

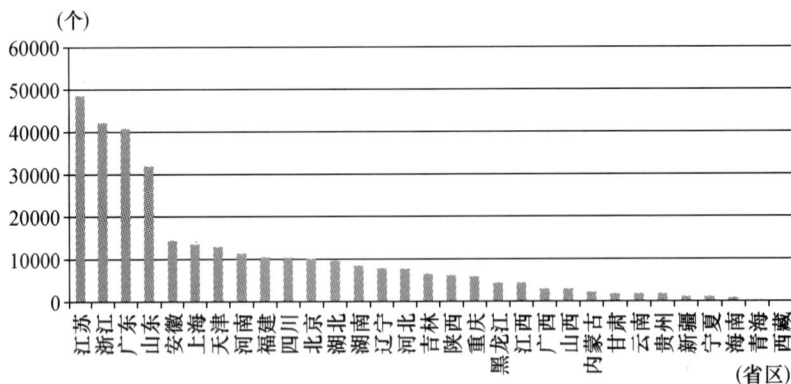

图 2-5 2013 年全国工业企业 R&D 项目数

资料来源：国家统计局。

26

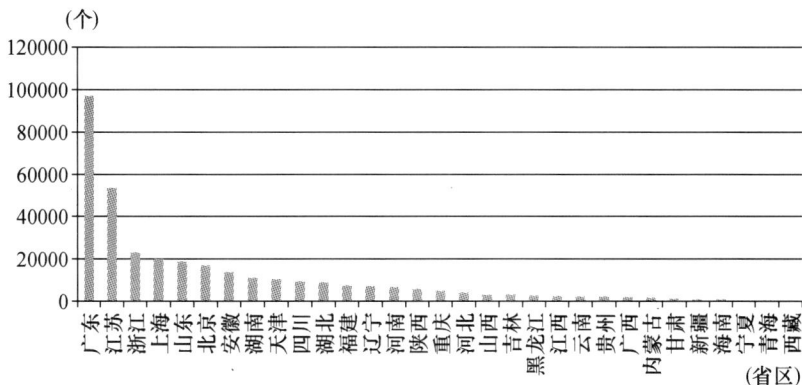

图 2 - 6 2013 年全国规模以上企业有效发明专利数

资料来源：国家统计局。

第二节　山西省资源依赖型经济的成因

一、计划经济时代国家对山西省经济发展的要求

新中国成立后，受制于当时的国际环境，我国开始重点发展重工业。由于重工业需要消耗大量的能源，为了降低其生产成本，中央政府选择了"利用山西省煤炭，服务全国工业"的发展战略，依托计划经济控制山西省煤炭的产量和供应价格。自 1979 年国务院批准了《关于把山西省建设成全国煤炭能源基地的报告》后，山西省的经济发展战略也开始转变成为煤炭驱动型经济，并为新中国的工业建设做出了巨大贡献。1979 ~ 1988 年，山西省对其他省份输出煤炭总量达 11.76 亿吨，电力总量达 217.44 亿千瓦时，分别比 1950 ~ 1979 年的输出总量增长了 230% 和 1310%，均位居全国第一位。然而，如此大额度的能源供应也让山西省做出了巨大牺牲。一方面，国家计划经济

扭曲了山西省煤炭的正常市场价格，使其在常年的低价销售过程中蒙受了较大损失，同时，大量的煤炭开采也对当地的生态环境造成了严重破坏，而对此国家也未给予相应的补偿；另一方面，山西省在购进其他省份的轻工业消费品时，却未享受到国家的优惠价格，如此一来，产生了巨大的双向价格流失，在较大程度上制约了山西省经济的增长速度。

二、市场经济条件下山西省资源凸显的比较优势

1992年，中共十四届三中全会通过了《中共中央关于建立社会主义市场经济体制若干问题的决定》，全面描绘了社会主义市场经济体制的基本蓝图和推进改革的基本举措，市场化改革开始全面推进。为顺应市场经济的发展，山西省开始实施"三个基础、四个重点"的战略，狠抓农业基础、基础工业、基础设施，重点突出挖煤、输电、引水、修路工程，把"扬长"和"治短"密切结合起来，既强调了发挥山西省的资源优势，又注重了克服经济发展的制约"瓶颈"。然而，随着社会主义市场经济的不断发展，山西省长期以来形成的经济结构问题暴露得越来越明显。一方面，2000年后我国经济的迅速增长带动了巨大的能源需求，由于山西省煤炭资源优势十分突出，在能源价格不断上涨的市场环境中，煤炭资源开发带来了大量可观的收益；另一方面，山西省在吸引外资，发展先进制造业和服务业方面相比东部沿海地区并无优势，同时，农、林、牧、渔业也因先天禀赋不高，难以成为国家粮食基地。因此，在市场机制的调节下，生产要素开始逐步向优势产业——资源型产业集聚。在比较优势机制的推动下，山西省成了国内其他省市的重要资源供应地（见表2-6）。2000~2011年，山西省资源外调出省和出口量由22542万吨上升至58811万吨，年平均增长率达到

9.1%。尽管近年来随着山西省本省工业的发展，资源外调出省所占比重有所下降，但 2011 年仍在 60% 以上。

表 2-6　山西省资源外调情况

单位：万吨

年份	当年资源产出总量	外调出省、出口量	调给外省市	供应外贸出口	外调出省、出口所占比重（%）
2000	27816.35	22542.00	19805.80	2736.20	81.04
2005	59351.76	43277.00	39983.00	3294.00	72.91
2010	83330.02	51197.64	50714.22	483.42	61.44
2011	97120.45	58811.16	58427.82	383.34	60.56

资料来源：山西省统计局。

三、资源开发超额议价

一直以来，山西省煤炭企业的生产成本构成主要包括企业的各项生产经营成本、上缴国家的各种资源税费和各类专项资金三大类。然而，由于现行的各类资源税费制度存在一些缺陷，企业的成本构成并不能真实地反映其实际成本。一方面，山西省一级市场中矿产开采权的"招、拍、挂"制度实施并不理想，依然存在一些"非正规转让渠道"，这使得煤炭企业获得矿产开采权的进入成本较低，从而导致煤炭资源价值不能在招拍挂过程中得到直接补偿；另一方面，山西省煤炭开采过程中涉及的环境补偿税费不仅标准较低，而且征收困难。这两个方面导致了煤炭资源较低的开发成本，再加上较低的资本价格与劳动力成本，推动煤炭企业盈利水平偏高，使得企业投资回报率高估，进而造成山西省煤炭行业投资过度增长，成为生产要素的主要集聚部门。资源价值补偿相关的成本计提相比不断上涨的煤炭资源品价格严重不足，从而出现了"资源开发超额议价"现象

（见图 2 - 7）。

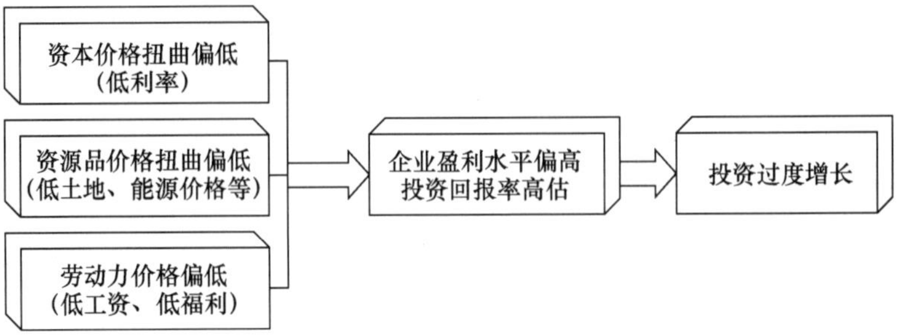

图 2 - 7　资源开发超额议价带来的投资过度增长

资料来源：课题组整理。

第三节　实现"再配置"对生产要素的实际需求测算

　　针对当前资源型产业吸纳生产要素过多的现状，山西省推进资源型经济转型，就要进行生产要素再配置。生产要素再配置，是指生产要素从一个生产部门、地区、经济活动通过市场或者政府行为被再次配置到另外一个生产部门、地区或者经济活动的过程。一般来说，生产要素再配置是伴随着产业结构的转型而实现。一个国家或地区的结构转型可以被定义为：随着人均收入增长而发生的需求、贸易、生产和要素使用结构的全面变化。结构变动是从宏观层面对经济发展过程的描述，要素再配置是从微观层面对经济发展过程的描述。对于山西省而言，则是通过政府引导与市场调节，将当前配置在资源型产业的部分资金与劳动力要素转移至非资源型产业。

　　在具体的生产要素再配置过程中，如何配置、配置多少与需要发展的非资源型产业密切相关。根据《山西省国家资源型经济转型综合配套改革试验总体方案》、《山西省国民经济和社会发展第十二个五年规划纲要》与《山西省国家资源型经济转型综合配套改革试验实施方案（2013～2015 年)》等政策文件，山西省将在未来重点发展现代物流业、生产性服务业与现代制造业等非资源型产业。本节将利用生产函数测算法，先设定山西省未来的经济发展与产业结构调整目标，再对该目标下非资源产业需要的生产要素进行估计，以此对未来生产要素调整进行合理规划。

一、山西省未来经济发展目标设定

在未来经济发展目标的设定中，我们分短期（至 2015 年）和中长期（至 2020 年）进行设定（见表 2 - 7)。《山西省国家资源型经济转型综合配套改革试验实施方案（2013～2015 年)》提出"产业结构调整取得明显成效，经济对以煤炭为主的资源依赖明显降低，以循环经济为基本路径，以全产业链为基本模式，推动传统产业改造提升，传统产业新型化率达到 75% 以上，接续替代产业和服务业比重显著提高，服务业增加值比重达到 40% 以上"的目标。因此，假定 2015 年服务业占 GDP 比重达 41%，较 2012 年增加 2.3 个百分点。其中，交通运输业由当前 7% 增加至 8%，金融业由当前的 5.3% 上升至 5.8%，批发零售餐饮由当前的 10.7% 上升至 11.2%，房地产业由当前的 2.5% 上升至 2.8%。假定 2015 年农业维持在 6% 的水平，则第二产业由当前的 55.6% 降至 2015 年的 53%，较 2012 年降低 2.6 个百分点。为了保证转型效果，假定下降的 2.6 个百分点均来自采矿业。《山西省国民经济和社会发展第十二个五年规划纲要》中设定未来五年 GDP 增长率为 13%，但考虑到目前国内外较为严峻的经济形势，我们将 2013～2015 年的 GDP 年均增长率下调至 10%。

表 2-7　2015 年和 2020 年山西省资源与非资源型产业占 GDP 比重设定

单位:%

年份	2015	2020
GDP 增长率	2013~2015 年均 10	2016~2010 年均 8
第一产业	6	8
第二产业	53	42
采矿业	29.7	18.7
第三产业	41	50
交通运输业	8	—
批发、零售、餐饮业	11.2	—
金融业	5.8	—
房地产业	2.8	—

资料来源：课题组设定。

《山西省国家资源型经济转型综合配套改革试验总体方案》中对 2020 年的转型目标做了展望，其中提到"到 2020 年，山西省资源型经济转型综合配套改革取得重大进展，支撑资源型经济转型的政策体系和体制机制基本建立，产业结构调整取得重大进展、生态环境显著改善、城乡区域发展协调性不断提高，以民生改善为重点的社会建设明显加强；综合经济竞争力和城乡居民收入达到全国中等偏上水平"。考虑到 2020 年中国的产业结构变化，结合山西省的资源禀赋优势，假定 2020 年山西省服务业所占 GDP 比重达到 50%。同时，参考同为资源型省份的内蒙古、陕西当前的农业占比，假定山西省 2020 年农业占比上升至 8%，则第二工业占比下降至 42%，同样假定下降的份额均来自采矿业。由于 2015~2020 年中国经济整体增速可能将放缓，假定该段时间山西省的年均 GDP 增长率下降至 8%。

32

二、各行业为实现转型目标所需的生产要素测算

在计算过程中，我们使用生产函数测算法。先根据山西省历年来的各行业统计数据，分别估算出资源型产业和非资源型产业的生产函数：$Y = f(A，K，L)$。再根据山西省未来两阶段的各行业发展目标，利用生产函数和数据插值算法，反推分别估算出未来两阶段资源型产业和非资源型产业对资本和劳动力要素的需求，具体测算结果见表2-8。

表2-8　2015年和2020年山西省资源型和非资源型生产要素需求估计

行业	2015年		2020年	
	固定资产投资（亿元）	劳动力（万人）	固定资产投资（亿元）	劳动力（万人）
第一产业	568.90	3.50	1266.47	5.53
第二产业	5546.07	226.90	6542.19	240.48
采矿业	1848.61	94.25	1703.18	91.69
制造业和建筑业	3697.46	132.65	4839.01	148.79
第三产业	5387.44	243.66	10114.92	300.46
交通运输仓储业	2438.55	27.47	—	—
批发零售餐饮业	358.09	35.31	—	—
金融业	5.06	18.24	—	—
房地产业	2478.37	5.25	—	—
资源型产业	1848.61	94.25	1703.18	91.69
非资源型产业	9653.8	379.81	16220.4	454.78

注：劳动力数据为城镇从业人数估计。

资料来源：课题组计算。

由表2-8可见，为了实现设定的转型目标，第一、第二和第三产业对资本要素和劳动力要素的需求各不相同。我们可以描绘出2013～2020年山西省资源转型生产要素再配置的"路线图"（见图2-8）。

	2013年	2015年	2020年
第一产业	占GDP比重5.8% •固定资产投资381.41亿元 •劳动力2.82万人	占GDP比重6% •固定资产投资568.9亿元 •劳动力3.5万人	占GDP比重8% •固定资产投资1266.47亿元 •劳动力5.53万人
第二产业	占GDP比重55.6% •固定资产投资4146.66亿元 •劳动力210.45万人	占GDP比重53% •固定资产投资5546.07亿元 •劳动力226.9万人	占GDP比重42% •固定资产投资6542.19亿元 •劳动力240.48万人
采矿业	占GDP比重32.3% •固定资产投资1581.69亿元 •劳动力90.26万人	占GDP比重29.7% •固定资产投资1848.61亿元 •劳动力94.25万人	占GDP比重18.7% •固定资产投资1703.18亿元 •劳动力91.69万人
制造业和建筑业	占GDP比重23.3% •固定资产投资2564.97亿元 •劳动力120.2万人	占GDP比重23.3% •固定资产投资3697.46亿元 •劳动力132.65万人	占GDP比重23.3% •固定资产投资4839.01亿元 •劳动力148.79万人
第三产业	占GDP比重38.7% •固定资产投资3477.38亿元 •劳动力222.72万人	占GDP比重41% •固定资产投资5387.44亿元 •劳动力243.66万人	占GDP比重50% •固定资产投资10114.92亿元 •劳动力300.46万人
交通运输仓储业	占GDP比重7% •固定资产投资1236.47亿元 •劳动力22.31万人	占GDP比重8% •固定资产投资2438.55亿元 •劳动力27.47万人	——
批发零售餐饮业	占GDP比重10.7% •固定资产投资195.91亿元 •劳动力19.16万人	占GDP比重11.2% •固定资产投资358.09亿元 •劳动力35.31万人	——
金融业	占GDP比重5.3% •固定资产投资2.02亿元 •劳动力15.77万人	占GDP比重5.8% •固定资产投资5.06亿元 •劳动力18.24万人	——
房地产业	占GDP比重2.5% •固定资产投资1856.71亿元 •劳动力2.61万人	占GDP比重2.8% •固定资产投资2478.37亿元 •劳动力5.25万人	——

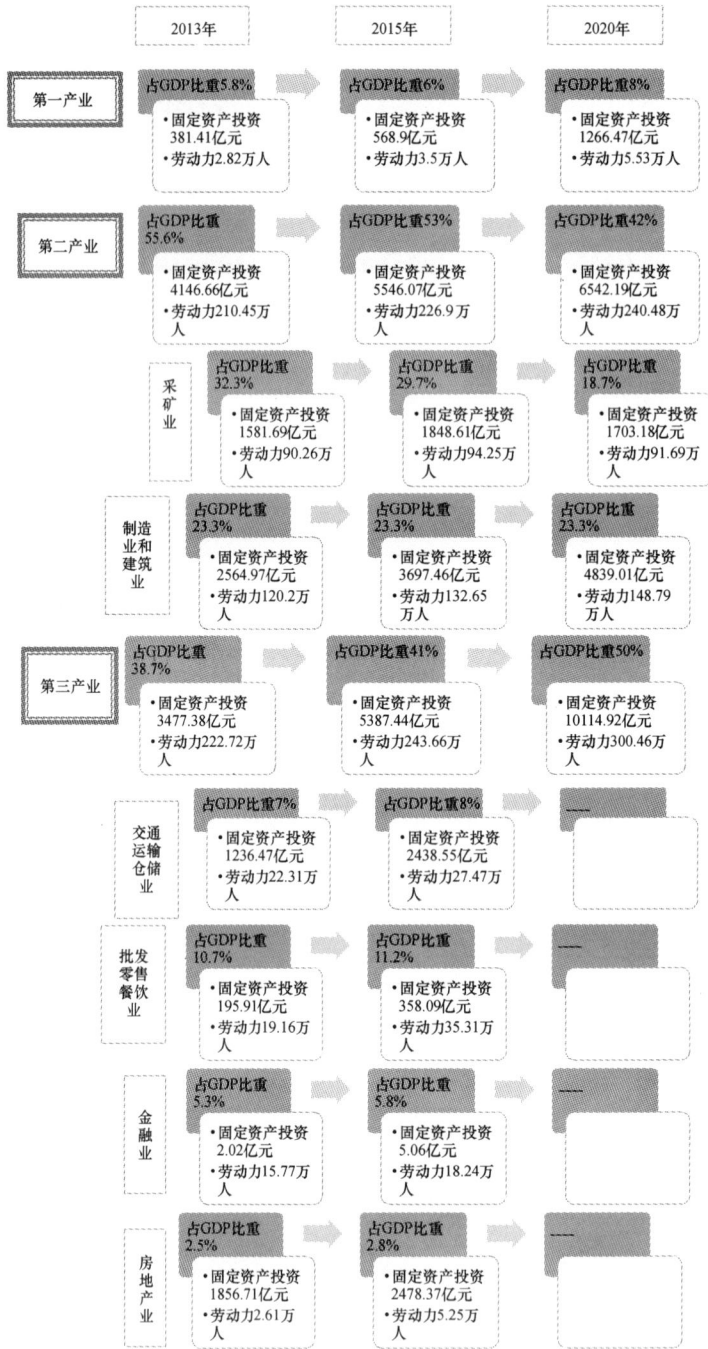

图 2-8　2013~2020 年山西省生产要素再配置"路线图"

资料来源：笔者编制。

为实现第一产业 2015 年占 GDP 比重 6% 的目标，山西省需要逐年增加第一产业的固定资产投资，至 2015 年需达到 568.9 亿元，劳动力需增至 3.5 万人。

为实现第二产业 2015 年占 GDP 比重 53% 的目标，山西省需要逐年增加第二产业的固定资产投资，至 2015 年需达到 5546.07 亿元，劳动力需增至 226.9 万人。第二产业中，为了将采矿业 GDP 占比下降至 29.7%，减少对资源型经济的依赖，山西省需减缓采矿业的固定资产投资增速和劳动力增速，2015 年固定资产投资达到 1848.61 亿元，劳动力达到 94.25 万人。然而，为实现传统产业新型化，加快发展现代制造和高新技术产业的目标，制造业和建筑业的投资增速和劳动力增速仍需提高，2015 年固定资产投资达到 3697.46 亿元，劳动力达到 132.65 万人。

为实现 2015 年第三产业占 GDP 比重 41% 的目标，山西省需提高针对服务业的投资增速，2015 年固定资产投资需达到 5387.44 亿元，劳动力需增至 243.66 万人。而在第三产业中，交通运输仓储业需达到 2438.55 亿元的固定资产投资和 27.47 万劳动力，批发零售餐饮业需达到 358.09 亿元的固定资产投资和 35.31 万劳动力，金融业需达到 5.06 亿元的固定资产投资和 18.24 万劳动力，房地产业需达到 2478.37 亿元的固定资产投资和 5.25 万劳动力。

至 2020 年，为实现资源型经济转型综合配套改革取得重大进展的既定目标，第一产业的固定资产投资需增加至 1266.47 亿元，劳动力增至 5.53 万人。第二产业的固定资产投资需增加至 6542.19 亿元，劳动力增至 240.48 万人。第二产业中，由于届时采矿业占 GDP 比重已进一步降至 18.7%，采矿业的固定资产投资和劳动力在 2015~2020 年间将从峰值开始回落，固定资产投资 2020 年将降至 1703.18 亿元，劳动力降至 91.69 万人。而制造业和建筑业的固定资产投资和劳动力将仍处在上升态势，固定资产投资将达到 4839.01 亿元，劳动力将达到 148.79 万人。第三产业的固定资产投资 2020 年将增至 10114.92 亿元，所吸纳的劳动力超过 300 万人。

通过对 2013～2020 年山西省未来各行业生产要素需求的测算，可得出在 2013～2015 年和 2016～2020 年山西省各行业固定资产投资和劳动力需要达到的最低增速（见表 2-9）。2013～2015 年，从固定资产投资年均增速来看，第三产业最高，至少需要达到 15.71%，其中金融业年均增速至少需要达到 35.81%，这是与当前金融业固定资产投资基数较低有关；第二产业年均增速需达到 10.18%，为了再配置资源型产业中的资金要素，其中的采矿业年均增速必须控制在 5.34% 以内，而制造业和建筑业的年均增速需达到 12.96% 以上；第一产业年均增速至少需达到 14.26%。从劳动力年均增速来看，三大产业中第一产业劳动力年均增速最高，需达到 7.47%，这也是与当前农业较低的从业人员基数有关，2012 年仅有 2.82 万的从业人员；第二产业需达到 2.54% 的年均增速，其中采矿业的年均增速需控制在 1.45% 以内，而制造业和建筑业增速至少需达到 3.34% 以上；第三产业需达到 3.04% 的年均增速，其中批发零售餐饮业需达到 22.6% 的年均增速，这与其劳动密集型的行业性质有关，而房地产业也达到 26.23% 的年均增速，原因在于其目前较低的从业人员基数。

进入 2016～2020 后，为了实现 2020 年的资源型产业转型目标，山西省需继续增加非资源型产业的要素供给。固定资产投资方面，第一产业需达到 17.36% 的年均增速，第三产业也需达到 13.42% 的年均增速，而第二产业需降至 3.36% 的年均增速。

第二产业较低的增速主要受采矿业的影响，届时采矿业每年将至少要达到 1.63% 的下降速度，将更多的资金用于非资源型产业，而制造业和建筑业仍将保持 5.53% 的年均增速。劳动力方面，第一产业的劳动力增速需达到 9.58%，可见，为了发展现代农业，发挥山西省特色农产品优势，山西省还需进一步加大农业劳动力供给，至少需要保障 2020 年农业从业人员突破 5 万人。第二产业的劳动力增速需达到 1.17%，其中的采矿业劳动力至少需要保证 0.55% 的年均下降速度，以此给予其他非资源型劳动力要素支持，而制造业的和建筑业仍需保证 2.32% 的年均增速。第三产业的劳动力年均增速需达到 4.28%，未来第三产业将是山西省吸纳就业和带动经济的主导力量。

表 2-9　山西省未来两阶段固定资产投资和劳动力增速控制

单位:%

时间段	2013～2015 年		2016～2020 年	
	固定资产投资年均增速	劳动力年均增速	固定资产投资年均增速	劳动力年均增速
第一产业	14.26	7.47	17.36	9.58
第二产业	10.18	2.54	3.36	1.17
采矿业	5.34	1.45	-1.63	-0.55
制造业和建筑业	12.96	3.34	5.53	2.32
第三产业	15.71	3.04	13.42	4.28
交通运输仓储业	25.41	7.18	—	—
批发零售餐饮业	22.27	22.60	—	—
金融业	35.81	4.97	—	—
房地产业	10.10	26.23	—	—
资源型产业	5.34	1.45	-1.63	-0.55
非资源型产业	13.76	4.31	11.13	3.65

资料来源:笔者计算。

第四节　山西省内外主要生产要素的供给条件分析

一、山西省资金供给有一定基础

资金供给方面，通过比较全国各个省市居民的人民币存款，可以发现山西省拥有的居民存款资金略低于全国平均水平，2013 年为 13339.4 亿元，位居全国第 13 位，较落后于东部沿海地区（见图 2 - 9）。由于最先实行改革开放政策，东部沿海省市吸引了大量的国际投资资金、先进的生产技术和管理经验，居民收入显著提高，从而迅速积累了各类经济资源。东部沿海省市靠前的资金存款排名，也反映了其经济运行水平和经济运行效率要领先于其他省市，山西省与之相比存在着一定程度上的差距。然而，山西省与中西部的河南、湖北、湖南等省市差距并不大，基本处在同一层次上。可见，山西省的资金供给有一定基础，经济结构的失衡只是由于资金配置结构出现了问题，资金更多地流入了采矿业，而对制造业、服务业流入过少。

二、山西省人口结构合理，但劳动力质量有待提高

劳动力供应方面，山西省的人口结构合理。2005 年后，山西省 15~64 岁人口所占总人口比重一直处于上升阶段，至 2013 年已达到 75.8%，高于全国平均水平（见图 2 - 10）。可见，山西省可提供的劳动力资源较为丰富。而在人力资本方面，山西省一直较为重视教育，2013 年教育行业新增固定资产投资占比和从业人数占比甚至超过了江苏、浙江等经济领先省份。2013 年，

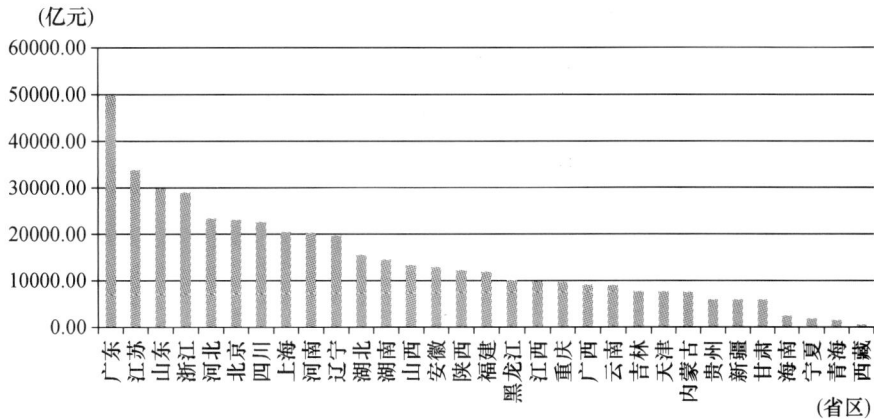

图 2－9　2013 年全国各省区居民人民币存款余额

资料来源：国家统计局。

全省高等教育毛入学率 33％，高中阶段毛入学率 90％，也高于全国平均水平。山西省拥有普通高等学校 67 所，独立设置的成人高等学校 13 所。2013 年全省研究生在校生 3 万人，普通高等学校在校生 64 万人。然而，山西省的知名高校较少，仅有太原理工大学一家"211 工程"院校，这意味着山西省急需具备先进知识技术的高级人才，大部分需要从外省市引进。

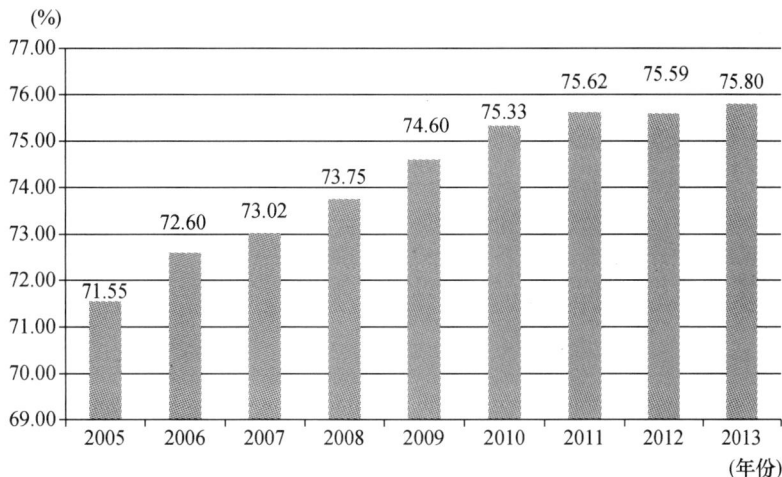

图 2－10　山西省 15～64 岁人口比重变化情况

资料来源：国家统计局。

作为反映劳动力质量的主要指标,人力资本是推动一个区域可持续发展的重要力量之一,也是一个区域内创新能力的集中体现。当一个区域内的经济发展到一定程度后,人力资本投资将具有更高的收益率,其比物质投入带来的收益更加具有可持续性。人力资本可以由省内文化教育程度反映。一个区域内的教育程度和人员素质在很大程度上会提升该区域内生产效率,可以利用每十万人口高等院校平均在校人数来确定这些省市人员所受的教育程度。2013 年,山西省每十万人中拥有大专学历以上在校人数为 2474 人,低于 2493 人的全国平均水平,但领先于安徽、湖南等中部省份(见图 2-11)。可见,总体上看,山西省的人力资本落后于全国平均水平,在加大劳动力供给的同时,山西省还应注重提高劳动力质量,为发展制造业与服务业提供高素质的人才。

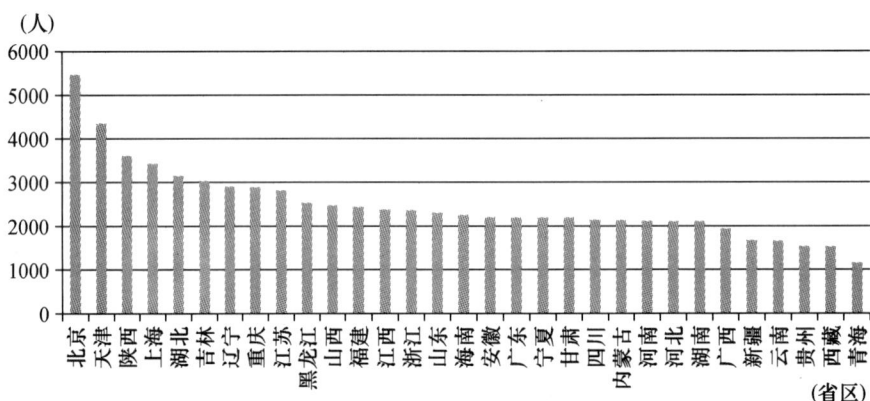

图 2-11　2013 年全国各省市每十万人口高等院校平均在校人数

资料来源:国家统计局。

三、山西省研发投入强度有待提高

技术供应方面,我们通过分析工业 R&D 投入强度来反映技术投入的力度。工业 R&D 投入强度由工业 R&D 经费除以工业总产值得出，表示工业每生产一单位的产品中含有多少技术投入。2013 年，山西省工业 R&D 投入强度为 0.0061，位居全国第 17 位，低于全国平均 0.007 的水平。目前，国内排名靠前的北京、上海工业 R&D 投入强度均以超过了 0.01，山西省不仅与东部沿海地区相比存在较大差距，也落后于安徽、湖南、湖北等中部省份（见图 2 - 12）。这表明虽然山西省的技术研发保障有一定基础，但还有较大的提升空间，有待进一步加大相关经费支持。

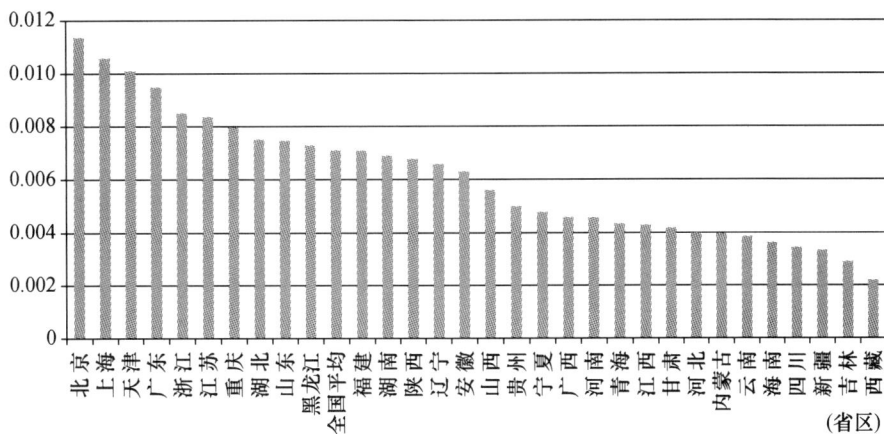

图 2 - 12 2013 年全国各省市工业 R&D 投入强度

资料来源：国家统计局。

四、山西省基础设施建设有待加强

基础设施要素水平能为区域内的产品流通提供有力保障。从微观角度看，良好的基础设施对企业生产具有强有力的正外部性，能够较大地促进微观企业提升生产效率以及资源利用效率。基础设施在物质基础中具有服务性的特点，与固定资产形成协同、互补效应。基础设施要素包括了交通运输、仓储以及邮政通信等方面。

2013 年，山西省铁路里程达到 0.38 万公里，高于全国平均 0.33 公里，位居全国第 12 位（见图 2－13）。尽管总量上不低，但铁路中煤炭专线所占比重较大，对非资源型替代产业的支持较为有限。山西省发展制造业，需要加强非煤专线的道路网络建设。邮政通信方面，一个区域内的邮政网点数可以反映该区域的物流服务群体发展情况。邮政网点越多通常意味着物流运营商越多。2013 年，山西省邮政网点数为 3228 个，远远落后全国平均水平，位居国内第 17 位（见图 2－14）。相比之下，国内最高的广东省已突破 14000 个。完善的物流运营是电子商务等服务业发展的关键所在，山西省发展服务业，也需增加对物流服务供应群体的投入，吸引更多物流运营商加入山西省，改进配送网络。

(公里)

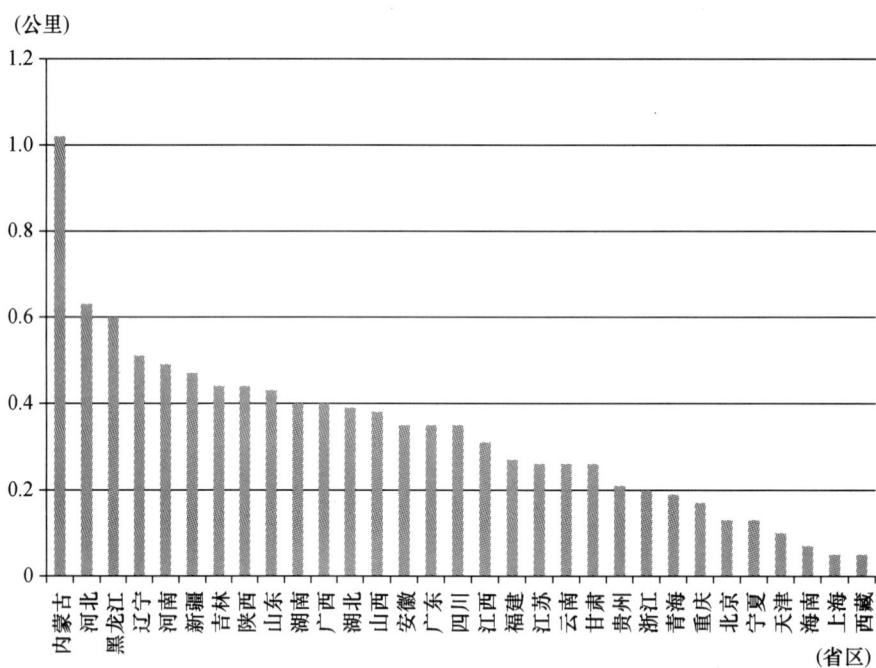

图 2－13　2013 年全国各省市铁路里程

资料来源：国家统计局。

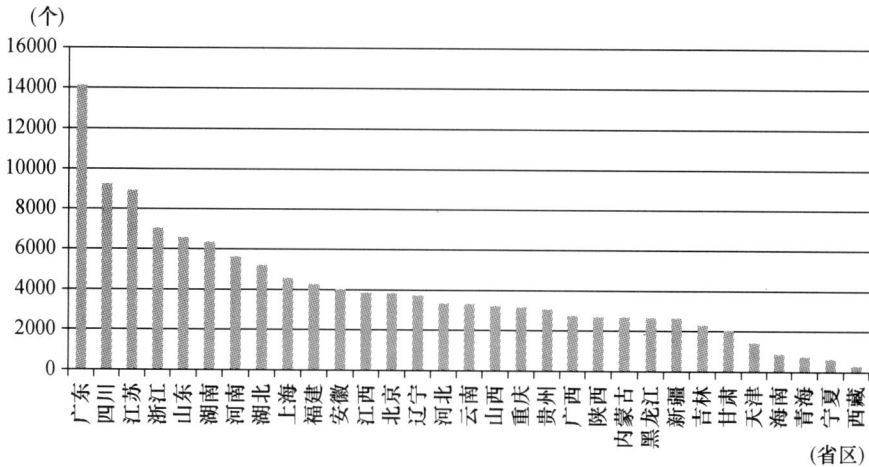

图 2 - 14　2013 年全国各省市邮政网点数量

资料来源：国家统计局。

第五节　机制建设与保障措施

根据前文描绘的山西省生产要素再配置"路线图"，我们可以得出未来两阶段山西省需重点配置生产要素的行业推进方案（见表 2 - 10）。

在第一阶段（2013～2015 年），山西省须把资金重点配置到服务业，尤其需要加强对金融业的投资，降低采矿业的投资速度；在劳动力方面加强对批发零售餐饮业和房地产业的配给，降低采矿业的人员增速；技术上注重对采矿业和制造业的扶持，用新兴技术改造传统产业，而对交通运输仓储业和金融业等生产性服务业，也需用信息化等高新技术加快其发展。

在第二阶段（2016～2020 年），山西省须把资金重点配置到农业和服务业，逐年减少对采矿业的投资；在劳动力上重点配置农业，提高农业的从业人员年均增速，同时逐年减少采矿

43

业的从业人员数；把技术重点配置到制造业，同时也需用新型技术改造农业、服务业和采矿业。

表 2-10　未来两阶段山西省各行业生产要素再配置推进方案

推进阶段	第一阶段（2013～2015 年）：资源经济转型体系初步形成			第二阶段（2016～2020 年）：资源经济转型体系基本建立		
生产要素	资金	劳动力	技术	资金	劳动力	技术
第一产业	★★★	★★★	★★★	★★★★	★★★★	★★★★
第二产业	★★★	★★	★★★★	★★	★	★★★★
采矿业	★	★	★★★★	★	★	★★★★
制造业和建筑业	★★★	★★	★★★★★	★★★	★★	★★★★★
第三产业	★★★★	★★	★★★	★★★★	★★★	★★★★
交通运输仓储业	★★★★	★★★	★★★★	—	—	—
批发零售餐饮业	★★★★	★★★★★	★	—	—	—
金融业	★★★★★	★★★	★★★★	—	—	—
房地产业	★★★	★★★★★	★★	—	—	—

资料来源：笔者整理。

在实行推进方案的过程中，可以借鉴表 2-9 中测算出的山西省未来两阶段固定资产投资和劳动力增速控制，考察推进的力度是否合乎转型发展。表 2-9 中的固定资产投资和劳动力增速预测，可以作为山西省为了判断资源转型效果的"预警机制"。当一些非资源型产业的固定资产投资、劳动力增速低于"预警增速"时，可能意味着非资源型产业的发展低于预期，有关部门应当给予重视，加大对非资源型产业的要素投入。同时，若资源型产业的固定资产投资、劳动力增速高于"预警增速"时，则意味着资源型经济转型速度低于预期，有关部门应当加强资源型产业的要素转移，控制资源型经济发展速度。

为实现山西省的均衡发展，产业转型与再配置要素是根本出路。矿产资源不可再生的特性决定了资源型经济由兴盛到衰竭的客观规律。"巴库悲剧"就是一个典型例证。德国鲁尔、法国洛林、日本北九州等成功转型的经验，也为山西省走出资源优势陷阱提供了借鉴和启示。中共十八届三中全会提出"建设统一开放、竞争有序的市场体系，是使市场在资源配置中起决定性作用的基础。必须加快形成企业自主经营、公平竞争，消费者自由选择、自主消费，商品和要素自由流动、平等交换的现代市场体系，着力清除市场壁垒，提高资源配置效率和公平性"，为山西省进行生产要素再配置指明了方向。"市场化"、"效率"和"公平"应成为山西省未来再配置生产要素的关键词。由上文分析可见，目前，山西省的资金与劳动力等生产要素的供给能力并不弱，但配置结构存在严重问题。生产要素主要配置于以采矿业为代表的资源型行业，非资源型的制造业、生产性服务业与旅游业配置均严重不足。资源型产业与非资源型产业之间生产要素再配置的主要方向应是将过多配置于采矿业的资金与劳动力一部分转向于非资源型制造业与生产性服务业。鉴于山西省技术、人力资本、基础设施等生产要素的供应存在不足，难以保障生产要素的合理再配置，这就需要进一步加大内部开发，同时引进外部资源。基于此，我们提出以下四个方面的机制建设和四大保障措施。

一、机制建设

（一）价格机制：核算成本，提价限产

目前，较低的资源税费无法反映煤炭资源的真正价值，使得价格机制的调节作用不能充分发挥。山西省需要按照国家统一的会计制度对资源性产品进行成本核算，全面、规范地把矿

业权取得、资源开采、环境治理、生态修复、安全投入、基础设施建设、企业退出和转产等费用列入资源性产品的成本构成，实现资源开发外部成本的内部化，建立起科学合理的资源性产品价格形成机制。同时，还应完善水价形成机制，以价格调节用水总量、提高用水效率，限制水功能区污染。根据该标准按梯度收取差别化的税费，由此解决企业和个人获取矿业权的经济成本过低，资源税、排污收费等标准低的问题。对于相比资源型产业利润相对较低的非资源型制造业与服务业，实行一些价格补贴政策。通过提高资源产品的实际生产成本，降低非资源型产品的实际生产成本，推动资源型产业中的生产要素流入非资源型产业。

（二）援助机制：申请资金，放宽审批

长期以来，山西省为服务国家的能源安全、经济发展大战略安排做出了巨大贡献。今后，要将原来"山西省资源支持国家发展"转变为"国家资源支持山西省转型"，寻求国家给予更多政策和要素支持。首先，可向中央政府申请煤炭产业转型资金，帮助煤炭企业改造传统设施，治理落后产能，加大开采的环境保护力度；其次，可向中央政府申请放宽山西省相关产业的准入条件，对于一些可发挥山西省资源优势的项目，如煤层气、煤生油等，可不受国家产能总量控制，只要达到环保要求即可；最后，可向中央政府申请战略性产业扶持，引导一些中央企业赴晋投资，与本地企业联合发展战略性新兴产业，以此解决当地企业资金和技术不足的问题。

（三）财税机制：清费立税，财政支持

政府应完善资源环境税收制度。按照"清费立税"的原则，加快推进煤炭等资源税改革，将煤炭资源税由从量计征改为从价定率计征。统筹推进各类矿产资源税费制度综合改革，促进资源高效节约利用和生态保护。落实有利于资源综合利用和促进循环经济发展的税收政策。在煤炭市场不景气的条件下，应降低或减免一些重复征税的税种或不合理收费，规范部门和地方政府行为，让企业有资金转型、少负担转型。同时，政府还应加大对转型的财政支持，提高资金利用效率。一方面，寻求中央财政对山西省水源保护和生态恢复给予支持，加大对社会保障、基础教育、公共卫生等民生项目的转移支付力度，逐步提高中央财政对山西省的转移支付水平，以此促进非资源型产业要素的流入；另一方面，提高现有煤炭可持续发展基金的利用效率，以转型为主要考核目标，加强对资金去向的核算。根据调研过程中企业的反馈，目前从企业提取的可持续发展基金用于煤炭行业转型方面的较少，反而加重了企业负担。

（四）开放机制：内外开放，互补要素

有关部门应努力提高开放质量和效益，下大力气改善投资环境，规范市场行为，提高行政效率，结合经济发展方式转变和产业结构优化升级，更加强调择优选资，形成招商引资与招才引智联动机制。在利用方式上应力求顺应市场发展趋势，使发展方式多样化。在继续扩大合资、合作、外商独资等传统利用外资方式的同时，鼓励外资以并购、参股、股权置换、再投资等方式进行投资，促进外资创业投资发展，积极探索排放权转让、应对气候变化、服务外包等领域利用内外资方式。充分利用会展等多种招商引资平台，以世界 500 强和国内 100 强为重点目标，围绕重大产业化项目，突出产业链和产业集群招商。同时，深化国内区域合作，紧紧抓住京津地区产业向中西部地区梯度转移的机遇，努力成为京津地区工业的后备基地。推进与中央企业的全方位、多领域、深层次战略合作，积极引导内外资投向山西省传统产业改造提升、现代煤化工、装备制造业、新型材料、特色食品和战略性新兴产业以及现代物流、文化旅游等领域。鼓励内外资投向现代农业，重点发展特色农业和高技术含量、高附加值的种植业、养殖业及农业废弃物综合利用、现代农机装备开发与制造和农产品深加工等产业，鼓励引进先进农业技术和管理方式。

二、保障措施

(一) 加快国有企业转型，优化国有企业要素配置

鉴于山西省当前的经济发展主要依托国有企业，大型国有企业不合理配置生产要素，整个山西省资源型产业转型将无从谈起。对于资源型的国有企业，政府应推动国有资本进一步向煤层气、煤制油等新兴能源技术利用行业集聚，拓展煤炭资源的产业链，通过大型企业提高煤炭资源开采回采率、就地转化率和综合利用率，进而改造提升资源型产业。发挥大型企业在转型跨越与要素优化配置中的主力军作用，启动实施采矿、焦化、冶金、建材等行业整合重组，提高资源型行业集中度。在利用大型企业规范资源市场的同时，鼓励其扩张产业链，加大对高新技术产业和服务业的投资。由于缺乏相关运营经验，国有资源型企业可不必自身经营高新技术企业和服务业，只需进行股权投资，由相应的专业人士进行运营，改变原有的国有资本经营思路，重点在于经营资本，让国有资产保值升值，同时通过配置资金要素促进省内的高新技术产业发展壮大。当前，国有资本应重点投资新材料、装备制造等高新技术产业，以及物流会展、信息网络、研发设计等生产性服务业。政府对投资效果要严格审核，加大对企业战略、规划执行情况的考核力度。

开展经常性、阶段性督察，形成抓落实的强大推动力。实行规划评估制度，对发展规划的实施情况组织评估，以此确保国有资本为山西省产业转型服务。

（二）推动城乡转型一体化，促进城乡之间生产要素优势互补

可借助城乡转型一体化，推动农民工市民化，对于山西省农村较为富裕的劳动力加以利用，为山西省非资源型产业提供充足的劳动力要素支持。政府应对城市和农村的就业市场分别管理，重点帮助农村的基础地区。可联合相关招聘网站，即时发布地区性的招聘信息，同时搜集劳动者信息，通过大数据等技术手段进行匹配。对于企业所需的劳动技能，应开展相应的免费技能培训课程，帮助劳动者顺应市场需求。对于培训质量要跟踪考核，通过用人单位、学员、专家三方考评，来决定政府今后是否该继续与该培训机构合作。政府也要鼓励城镇企业大举向农村进军，特别是向乡镇的现代农业、文化旅游产业进军。推进城镇中相对富足的资本要素进入特色农业，如因山西省特殊地理环境孕育出的谷子、杂豆、莜麦、红枣、核桃、陈醋、小米、芦笋等产品行业，推进农业现代化。

（三）推进中小企业集群化发展，提高非资源型产业要素活力

有关部门可以以中小企业为切入点，扶持发展一批具有代表性的创新型非资源型企业。政府应在优先发展产业目录的基础上，设立中小企业创业基金，鼓励高校教师、科研院所研究人员、大学生等高知群体创业。对于重点发展的相关制造业和服务业，给予较多的资金、用地和政策优惠。对于取得一些技术专利的中小企业，政府应通过召开产业发展论坛、区域性商贸会等形式，帮助其进行市场推广，帮助其他企业了解该企业的生产技术工艺和产品设计理念，扩大市场知名度。同时，对具备一定质量和品质的产品，优先考虑纳入政府采购计划，激励中小企业将产品做好、做精。重点支持中小企业集群式发展，充分发挥各地的产业孵化器职能，依托园区和孵化器与当地的金融系统合作，力争使得若干具有代表性的中小企业上市或进入"新三板"系统，发挥金融市场的力量，帮助中小企业解决融资问题。

（四）引导和规范科技人才交流，提高劳动力要素质量

由于非资源型产业的人才需求与资源型产业存在很大差异，资源型产业就业的劳动力不经过培训很难在非资源型产业实现就业。应鼓励学校与企业开展合作，为企业职工进行在职培训，同时资助学校开办转岗再就业培训班。鼓励山西省企业与具备较强科研实力的高等院校、科研院所、民间技术组织合作，成立联合参股公司，相互利用各自的研究设备和技术专利，有效互补资源，加快科技成果市场化步伐。高校可按企业所需，设立相应的专业培训班，帮助企业人才即时补充所在领域的最新知识；而企业也可成立实习基地，招收高校在校学生参与实践锻炼，将所学知识接受实践检验，以此帮助高校改进教学模式。允许企业和高校互设客座研究人员，指导产、学、研合作项目。对于为完成特定服务项目，聘请属于海外留学人员和国内外享受政府特殊津贴的专家、"百千万人才"国家级人选、行业领军人才等所支付的咨询费、劳务费可直接进入成本，政府予以补贴或优惠。通过扩大宣传，发掘山西省内外高等院校和科研机构资源，改善山西省人力资本较为薄弱的状况。

参考文献

[1] 王元生，李东．以转型综改为统领实现资源大省转型跨越发展——山西转型综改试验区建设管窥 [J]．中国经贸导刊，2014（5）．

[2] 赵淑芹, 刘京会, 齐志国. 成本视角的矿产资源价值及测算模型 [J]. 中国矿业, 2008 (10).

[3] 杨彤. 基于价格传导网络的煤电价格传导研究 [D]. 中国矿业大学博士学位论文, 2008.

[4] 潘越. 关于科学事业单位税收筹划与管理的思考 [J]. 财经界 (学术版), 2010 (6).

[5] 方世南, 何卫星. 论城乡一体化进程中的体制创新 [J]. 中共杭州市委党校学报, 2010 (3).

[6] 李伟毅. 在新准则下企业研发支出的会计核算与税务处理 [J]. 会计之友, 2009 (6).

附表 2-1 资源型产业分类

产品部门	直接消耗系数（单位价格产出的矿产资源中间投入）	对应二位数行业
煤炭开采和洗选业	0.101900912	煤炭开采和洗选业
黑色金属矿采选业	0.135161143	黑色金属矿采选业
有色金属矿采选业	0.097474481	有色金属矿采选业
非金属矿及其他矿采选业	0.081483509	非金属矿采选业
石油及核燃料加工业	0.659702586	石油加工、炼焦及核燃料加工业
炼焦业	0.378165638	
肥料制造业	0.208204778	化学原料和化学制品制造业
基础化学原料制造业	0.151291977	
合成材料制造业	0.060593689	
化学纤维制造业	0.091892559	化学纤维制造业
炼铁业	0.323379663	黑色金属冶炼及压延加工业
铁合金冶炼业	0.243759284	
炼钢业	0.164963489	
钢压延加工业	0.146075492	
有色金属冶炼及合金制造业	0.301561222	有色金属冶炼及压延加工业

产品部门	直接消耗系数（单位价格产出的矿产资源中间投入）	对应二位数行业
陶瓷制品制造业	0.195742095	非金属矿物制品业
砖瓦、石材及其他建筑材料制造业	0.157705978	
耐火材料制品制造业	0.142068857	
水泥、石灰和石膏制造业	0.130740998	
石墨及其他非金属矿物制品制造业	0.116887585	
玻璃及玻璃制品制造业	0.110787153	
水泥及石膏制品制造业	0.057163652	
电力、热力的生产和供应业	0.116550621	电力、热力的生产和供应业
燃气生产和供应业	0.563167503	燃气生产和供应业
中间使用合计	0.047350275	

注：矿产资源部门包括煤炭开采和洗选业、石油和天然气开采业、金属矿采选业、非金属矿及其他矿采选业。

资料来源：根据《2007 年中国投入产出表》"135 部门投入产出表（产品部门×产品部门）"之"直接消耗系数表"编制。

第三章　山西省资源型产业改造、
　　　　提升机制研究

　　山西省具有得天独厚的煤炭资源优势，大同市更有"中国煤炭之都"的美誉，山西省煤炭资源总储量达 3899.1 亿吨，探明储量达到 2661.7 亿吨，占全国已探明储量的 40%。然而，山西省矿产资源的优势并没有完全转化为经济优势，山西省经济发展水平在全国的排名并不靠前，资源型产业的粗放式发展对环境造成了较大压力，却没有真正形成难以取代的竞争优势。就现阶段而言，资源仍是山西省发展中最重要的禀赋优势，资源型产业能否成功实现改造、提升，是决定山西省经济全面转型发展的关键因素。不同学者对资源型产业有着不同理解，涉及的产业范围也有所不同。在本章中，资源型产业是指以矿产等自然资源的勘探、保护、开发、更新、利用等为基础，依托资源的开采、利用、加工，而形成的对自然资源极度依赖的产业，并按照国家统计局颁布的行业分类标准，确定采矿业和制造业中的部分资源加工业作为资源型产业。具体范围为采矿业中六个行业，包括煤炭开采和洗选业、石油和天然气开采业、黑色金属矿采选业、有色金属矿采选业、非金属矿采选业、开采辅助活动和其他采矿业，以及制造业中九个行业，包括石油加工业、炼焦及核燃料加工业、化学原料及化学制品业、化学纤维制造业、橡胶和塑料制品业、非金属矿物制品业、黑色金属冶炼和压延加工业、有色金属冶炼和压延加工业、废弃资源综合利用业。

第一节　山西省资源型产业的发展状况

一、山西省资源型产业为全国经济建设和发展做出了巨大贡献

　　山西省资源型产业的贡献主要体现在向省外输出了大量的一次、二次能源，从而支持了其他地区的经济发展和人民生活（见图3－1）。一是外调了大量的煤炭资源（包括原煤和洗煤），近十年来每年外调的煤炭资源总量占生产量的比重达到了75%左右。山西省自新中国成立以来，累计生产原煤超过120亿吨，外省调煤70多亿吨，而长期以来山西省的煤炭价格一直是比较低廉的，在计划经济时代，煤炭资源更是无条件服从国家调配。二是对外输出了大量电力能源，近十年来每年外调的电力资源占电力生产和输入总量的65%左右。部分东部地区的电力资源短缺，形成了对山西省等省份电力输入的严重依赖。三是外调了大量的焦炭产品，近十年来每年外调的焦炭产量占生产总量的60%左右。焦炭是冶金业重要的基础能源，山西省充足的焦炭供应对我国炼铁等冶金行业的发展起到了重要作用。四是为国家应对一些自然灾害或突发事件做出了巨大贡献。煤炭是我国的第一大能源，对维持工业生产和人民生活承担着不可或缺的作用。当遭遇一些自然灾害或突发事件时，煤炭资源的保障供给往往成为维持当地生产和生活的必要条件。山西省作为中国煤炭基地在一些自然灾害或突发事件中，发挥了重要作用。例如，2008 年 1~2 月，正值冬季取暖用煤、用电的高峰期，南方大部分地区和西北地区东部发生了新中国成立以来罕见的持续大范围雨雪、冰冻灾害，严重影响了电网运行、煤炭供应、交通运输和居民生活，引发了断电及煤炭供应紧张等危机状况。在这种情况下，山西省迅速加大了煤炭的生产，在党中央的统一部署下源源不断向灾区供应煤炭资源，为抗灾、救灾做出了重大贡献。

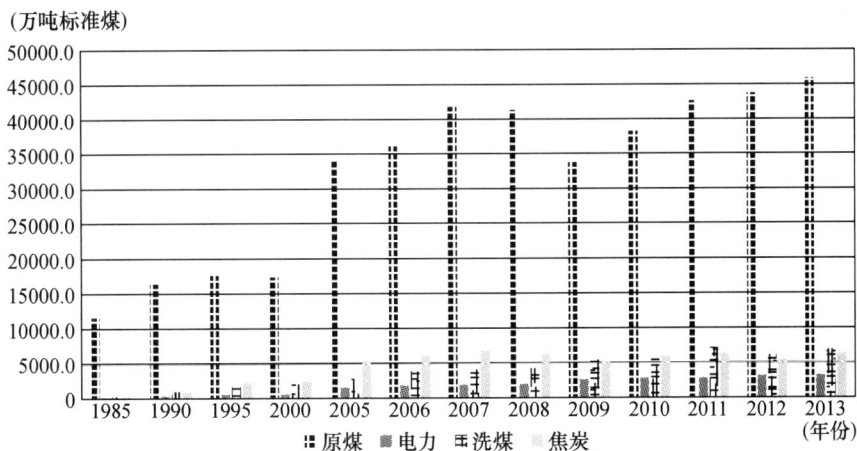

（万吨标准煤）

图 3-1　山西省主要年份一次、二次能源外调量

资料来源：《山西省统计年鉴》（2014）。

二、资源型产业已成为山西省经济发展的支柱产业

2013 年山西省资源型产业增加值、销售产值、利润总额、本年应交所得税、本年应交增值税占整个工业的比重分别为 80.03%、74.78%、63.29%、81.66% 和 82.17%，尤其采矿业

更是资源型产业中的支柱产业，2013 年其增加值、销售产值、利润总额、本年应交所得税、本年应交增值税占整个工业的比重分别为 60.74%、40.48%、64.40%、72.33% 和 64.97%（见图 3－2）。也就是讲，山西省大部分的工业增加值、销售产值、利税均来源于采矿业。资源型产业的不平衡发展导致了山西省产业结构的严重失衡，2013 年三次产业比重分别为 5.9%、53.3% 和 40.9%，第二产业比重高于全国整体水平，其中轻、重工业比重分别为 5.63% 和 94.37%，处于严重失衡状态。目前，资源型产业已经成为山西省经济发展的支柱，也是山西省经济的基本特征。下一阶段，为更好地促进山西省经济平稳可持续发展，更好地发挥山西省在全国经济中的作用，山西省应坚持以煤为基，同时加大对资源型产业的改造提升，提高资源型产业的发展质量。

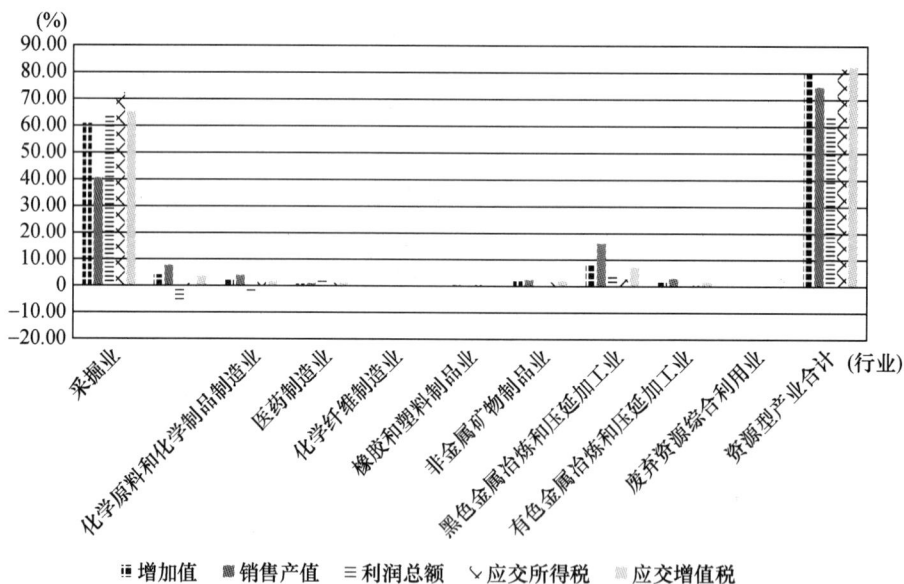

图 3－2 2013 年山西省资源型产业各项指标占工业总体比重

资料来源：《山西省统计年鉴》（2014）。

三、山西省资源型产业面临竞争力下滑的危险

山西省的发展严重依赖于原煤等资源型产业，然而山西省煤炭资源经过多年开采，很多企业开采条件恶化、成本攀升，与内蒙古、陕西、新疆等新矿区相比，竞争劣势凸显。在这些地区的竞争下，山西省煤炭产业很多指标呈下降趋势。从原煤数量来看，山西省原煤产量占全国的比重大概为 20%～30%，一直享有"煤海"之誉，在过去很多年里一直保持"中国煤炭第一省"地位，2012 年煤炭产品占全国的比重与 1995 年前后基本相当。然而，山西省作为全国最大的煤炭基地的地位目前逐步受到内蒙古等省份的挑战，内蒙古自治区无论在数量上，还是质量上都开始超越山西省，成为全国产煤第一大省份，而且内蒙古自治区在煤炭精深加工、走新型现代化能源之路方面，同样走在全国前列。从焦炭含量来看，山西省焦炭产量占全国比重仍处于领先的地位，但存在逐步下降的趋势，由 2000 年的40%，下降到目前的不足 20%。从发电量来看，山西省发电量占全国的比重一直稳定在 5% 左右，但 2005 年以来被内蒙古自治区赶超（见图 3－3）。对山西省来讲，要想维持其资源型产业在全国的竞争地位，应对新兴矿区的竞争，必须要对自身的资源型产业进行改造升级。

四、山西省资源型产业面临着转型升级压力

煤炭是我国最重要的能源，总体上每年煤炭能源消费占能源消费总量的比重在 70%～80%。如果分阶段来看，20 个世纪80 年代，我国每年煤炭能源消费占能源消费总量的比重处于上升趋势，然而进入 20 个世纪90 年代以后，煤炭消费比重开始

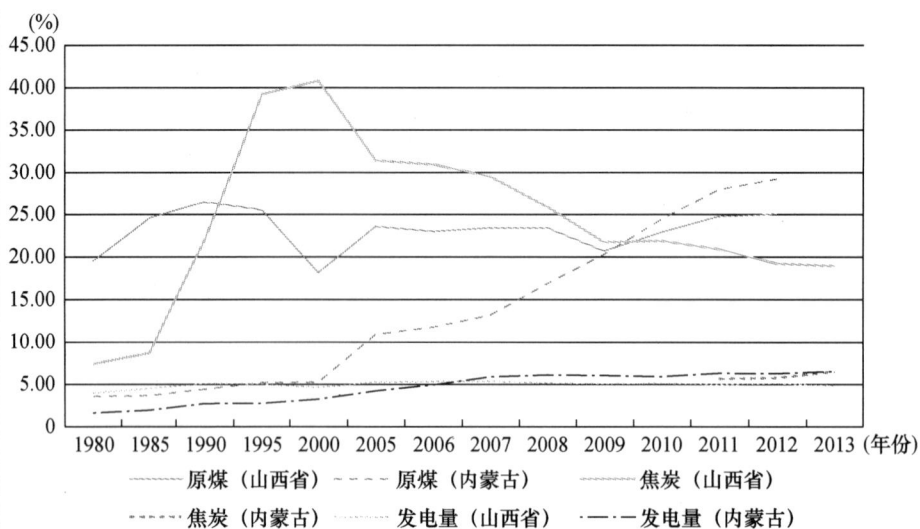

图3-3　山西省煤炭工业产品占全国比重及与内蒙古的比较

资料来源：中经数据。

逐步下降，由最高的79.5%，下降到目前的66%。煤炭消费比重的下降，伴随了石油、天然气、水电、核电、其他能源发电消费比重的上升，这反映了煤炭在我国能源体系中地位的稳中略降（见图3-4）。从世界范围来看，2011年全球煤炭消费增长5.4%，是唯一增幅超过历史平均水平的化石燃料，也是除可再生能源之外增长最快的能源种类。煤炭现在占全球能源消费的30.3%，这也是1969年以来的最高份额。然而，这一增长主要是因中国煤炭消费增长的拉动，而相比之下，美国和日本等发达国家对煤炭消费处于负增长。

煤炭作为能源，其未来利用会面临制约，加大了山西省资源型产业的转型升级压力。具体来看，煤炭产业发展态势将主要体现在两方面：一是煤炭作为传统能源，与清洁能源竞争，面临清洁利用的压力，但较长时期内我国以煤为主的能源结构难以改变。煤炭是中国第一大能源，在此基础上中国形成了自

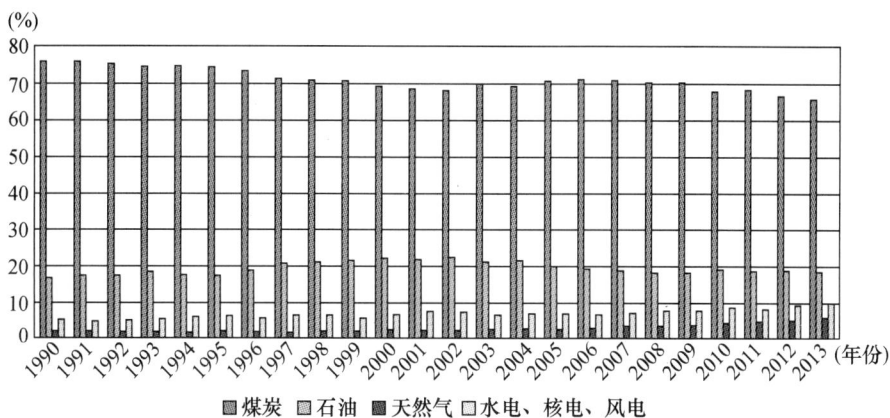

图 3-4　我国不同类型能源消费占总能源消费比重

资料来源：《中国能源统计年鉴》（2012）。

身的工业体系，推动了自身的工业化。下一阶段，中国的能源消费结构会进一步向石油、天然气、水电、核电、其他能源转变，但这需要一个较长的过程，煤炭消费仍将保持持续增长态势。山西省煤炭资源储量和资源密集型产业的发展具有较大优势，为保持和扩大这种优势，应当对资源型产业进行改造提升，提高资源利用效率，降低煤炭生产和使用中对环境的破坏。二是煤炭作为化工原料的比重将进一步上升。我国煤炭资源丰富，煤种齐全，发展煤炭液化、气化等现代煤转化技术，对发挥资源优势、优化终端能源结构、大规模补充国内石油供需缺口有现实和长远的意义。随着中国能源消费结构的变化，煤炭将越来越多作为化工原料进入工业生产体系。对于山西省来讲，应进一步建立和强化煤化工产业在全国中的地位，加大产业的转型升级，在现有煤炭资源优势的基础上，向产业链下游延伸，提高产品加工度，朝着高附加值化方向转变，提升煤化工产业的发展水平。

第二节　推动山西省资源型产业改造、提升的主要因素分析

一、市场环境变化带来了压力和机遇

2000 年以来，煤炭价格呈持续上涨趋势，2008 年国际煤炭价格比 2000 年上涨了 3 ~ 5 倍，从而带来了山西省等资源密集型地区经济的快速发展，而且很多过去经营比较困难的企业也迎来了利润倍增的时期。然而，2008 年以来，国内外煤炭价格均出现了一定幅度的下降，且波动较为剧烈，很多煤炭企业面临利润大幅下滑的压力，政府也面临着税收减少的压力。事实上，国外一些学者的研究认为，资源价格的波动能够对资源输出地区经济发展造成巨大影响，甚至是很多资源出口国贫困化加剧的症结。在这种情况下，煤炭等资源型产业的转型升级已经刻不容缓，严峻的市场环境既带来了压力，同时也提供了难得的转型升级机遇。也正是在这一时机之下，山西省开始了煤炭企业的兼并重组工作，通过这一轮整合重组，山西省煤炭工业进入了一个全新发展阶段，产业水平显著提高，安全生产状况明显改善，能源基地的地位进一步巩固。目前，山西省很多煤炭企业仍面临着较大的经营压力，在这种情况下，政府加以适当引导和支持，能够使企业走上转型升级的轨道，从而实现在更高平台上实现新的发展，从而推动山西省从煤炭资源大省向煤炭资源强省转变。

二、工业化阶段变化使资源型产业难以延续过去的粗放式发展道路

2010年中国工业化已经逐步进入了工业化中期的后半阶段或工业化后期的前半阶段（陈佳贵、黄群慧、吕铁和李晓华，2012）。与前期和中期相比，工业化后期经济的增长趋势和运行机制将发生转变。一是工业规模继续大幅扩张的空间面临制约。一个国家在工业化的初期和中期，通常是工业规模迅速扩张的阶段，而到了工业化后期，工业规模的扩张速度会大大放缓。二是工业对国民经济的作用由增长拉动转向结构升级和效益提高。进入工业化后期的一个重要特征就是技术进步取代要素投入成为经济增长的核心动力。工业作为技术进步的基础载体，将不断改造第一产业和第三产业，从而带动整个国民经济的生产组织方式和资源利用方式的改进。三是工业对服务业的带动作用大大增强。先进制造业是一个国家进入工业化后期以后工业发展的主要形式，也是当今世界西方国家控制全球分工体系的战略制高点。先进制造业实质上是工业和服务业的融合发展，是将高新技术成果综合应用于产品的研发、设计、制造、检测、销售、服务和回收全过程。下一阶段，随着中国先进制造业的发展，工业企业会越来越多将服务业务外包，逐步形成对生产性服务业发展的巨大需求，从而带动服务业比重和质量提升。随着中国工业化阶段的转变，山西省资源型产业的发展模式需要发生根本性转变。在工业化的前期和中期，为满足中国工业迅速扩张的需要，山西省资源型产业可以采取一种相对粗放的发展模式，从而在短期内实现规模的迅速扩张，然而到了工业化的后期，工业对煤炭等资源的需求将逐步减少，但对于煤炭资源在环保、高效、节能等方面的要求大幅提高。在这种情况

下，山西省煤炭企业的发展也应当从过去的粗放式发展转向集约式发展，将转型升级作为发展的根本任务和核心动力。

三、全面深化改革带来重大契机

2013 年 11 月 12 日，中国共产党第十八届中央委员会第三次全体会议通过《中共中央关于全面深化改革若干重大问题的决定》（下称《决定》），贯彻落实中共十八大关于全面深化改革的战略部署。《决定》中提出一系列的重大改革措施，尤其是资源性产品价格以及资源税、环境税改革将对山西省资源型产业改造提升带来重大机遇。一是改革资源产品的价格形成机制。《决定》提出"加快自然资源及其产品价格改革，全面反映市场供求、资源稀缺程度、生态环境损害成本和修复效益"。资源产品价格形成机制的改革，意味着资源型企业的生产成本结构将发生重大变化，过去很多没有被纳入生产成本的环节必须要被重新纳入，资源型企业粗放式发展道路将难以继续，对山西省资源型企业来讲，成本结构的变化将推动自身进行改造升级，向着更加集约、更加清洁的方向转变。二是完善资源产业的税收制度。《决定》提出"调整消费税征收范围、环节、税率，把高耗能、高污染产品及部分高档消费品纳入征收范围"，并且要"加快资源税改革，推动环境保护费改税"。资源产业税收制度的改革意味着整个社会的分配结构和消费结构将发生重大变化，国家不再对那些粗放式的资源型产业进行补贴，而是引导社会消费朝着更加节约、环保的方向转变。对山西省资源型企业来讲，高耗能、高污染的资源型产品的需求空间将面临巨大的制约，需求结构的转换将推动自身进行改造升级，向着产业链高端领域延伸。

四、国家资源型经济转型综合配套改革试验区建设创造了良好的政策环境

2010 年 11 月，国务院批准山西省作为国家资源型经济转型综合配套改革试验区，这对于推动山西省经济结构战略性调整，破解长期积累的深层次矛盾，促进经济发展方式转变具有重要意义。《山西省国家资源型经济转型综合配套改革试验总体方案》（以下简称《综改方案》）提出以循环经济和技术进步为基本路径，全面推进产业优化升级，而对于推动产业优化升级方面，主要提出了七个方面内容：一是提高煤炭资源开采回采率、就地转化率和综合利用率；二是继续推进煤炭资源整合和企业兼并重组；三是改造提升资源型产业；四是培育壮大接续替代产业；五是大力发展现代服务业；六是促进循环经济发展；七是加快推进产业集聚区发展。在这七个方面的内容中，第一、第二、第三、第六、第七个方面均是与资源型产业改造提升直接相关，反映了国家和山西省政府对资源型产业发展的高度重视。事实上，从山西省当前的产业结构来看，资源型产业占据了绝对优势的地位，增加值占工业总体的比重达到了 80% 以上，仅采矿业就占据了工业总体比重的 60% 以上。在这种情况下，山西省在实施《综改方案》时，最优选择是从改造提升资源型产业入手，促进资源型产业的转型升级，同时逐步培养接续型非资源型产业。也正是在这种思路下，山西省政府提出建立"以煤为基、多元发展"的产业体系，并将资源型产业的改造提升作为当前工作的重点。因此，《综改方案》的逐步推进必然会为资源型产业的改造提升创造良好的政策环境，对于推动山西省资源型产业转型升级起到积极作用。

第三节　山西省资源型产业改造、提升的主要任务与实现机制

一、主要任务

山西省资源型产业应在《中共中央关于全面深化改革若干重大问题的决定》和《山西省国家资源型经济转型综合配套改革试验总体方案》的指导下，根据发展阶段和外部环境的变化，在市场机制的决定作用下，在充分发挥自身比较优势的基础上，加强区域经济合作，积极主动地谋求资源型产业的转型升级，打造先进制造业，实现产业发展中的经济效益、环境效益和社会效益的统一。

（一）市场化

中共十八届三中全会提出"使市场在资源配置中起决定性作用和更好发挥政府作用"，将市场在国民经济中的地位和作用提高到了前所未有的高度。山西省在进行资源型产业改造提升中，也应当将推动资源型产业体制机制的深化改革作为核心任务，发挥市场机制的决定性作用，提高资源配置效率。目前，山西省资源型产业发展面临的结构性问题，很多都是由于体制、机制性障碍造成的，为从根本上改变山西省资源型产业的粗放式发展道路，实现转型升级，必须要从体制机制着手，改革资源产品的价格形成机制，完善资源产业的税收制度，为产业发展创造良好的体制机制环境。

（二）生态化

山西省在发展资源型产业时，应妥善处理人与自然的关系

以及发展经济与保护环境的关系，在充分考虑资源和环境容量的基础上，既重视经济增长，又要重视生态环境的保护，以最小的能源消耗成本与环境污染成本，最有效地推动经济发展，实现能源和环境效益的最大化。山西省资源型产业应加快发展循环经济，全方位推进煤炭资源和其他矿产资源清洁利用，大力推进节能减排和资源综合利用，实施重点节能工程；加大淘汰落后产能、"关小上大"等量或减量的替换力度，积极探索高碳产业实现低碳发展的新模式；在电力、冶金、焦化等高耗能、高排放行业，推进碳捕捉、碳封存、碳利用的技术研发示范和产业化。

（三）集约化

山西省在发展资源型产业时，应注重提高资源利用效率，主要通过经营要素质量的提高、要素含量的增加、要素投入的集中以及要素组合方式的调整来增进效益。山西省应以"多联产、全循环、高端化"为基本模式，加大技术改造投资力度，用先进适用技术改造、提升煤炭、焦化、冶金及电力等资源型产业，使多数资源型企业的主要工艺水平达到国内先进水平。同时，提高煤炭企业经营管理水平，全面提升煤炭产业规模化、机械化和信息化水平，加快建设晋北、晋中、晋东三大煤炭基地和晋北、晋中、晋东南三大煤电基地，加强晋电外送能力。

（四）规模化

山西省在发展资源型产业时，应注重培养具有国际竞争力的大型企业集团，通过对大企业集团进行规范化管理，形成有序竞争、良性循环的市场秩序。山西省应坚持依法行政，遵循市场原则，全面落实矿产资源规划，按照一个规划区块范围内原则上只设一个勘查开发主体的原则，进一步推进煤炭资源整合和煤矿企业兼并重组，提高煤炭回采率和安全生产、清洁生产水平，减少生态破坏、加快生态修复。推进焦化、冶金及电力等行业的产业整合和兼并重组。打破产业边界，加快推进煤炭、冶金、焦化、电力及建材等上下游关联产业的联合兼并重组整合，促进资源型企业跨行业、一体化发展。

（五）集聚化

山西省在发展资源型产业时，应将企业以完善的组织方式集中于产业园区，并引发更多的同类企业出现，在大企业的主导下建立"大、中、小"企业相互配合、相互支持的良好产业生态，形成有效的地方性集聚效应，提高区域竞争力。山西省在发展资源型产业时，应把国家级经济技术开发区和国家级高新技术产业开发区等产业集聚区作为产业转型的主要载体，推动重大项目相对集中布局；创新产业园区发展模式，加大规划、建设和改造力度，提升各类园区承载力和发展水平。

二、实现机制

实现山西省资源型产业改造提升的五项主要任务，必须要建立起相应的实现机制，具体包括技术提升机制、组织优化机制、地域整合机制、产业链再造机制、管理创新机制和信息化发展机制。

（一）技术提升机制

山西省很多资源型企业已经有几十年的历史，其设备水平在当时的历史条件下处于十分领先的地位，但是随着整体行业技术水平的提升，这些企业的技术设备也应当得到相应的提升，否则就会落后于行业先进水平。为提升山西省资源型产业的技术水平，必须要制定相应的政策，加大技术改造、促进技术创新。

（1）加强技术改造。技术改造实质上是对企业的一种补偿性投资，补偿生产活动和技术进步对企业生产设备造成的有形和无形损耗。如果企业技术改造长期无法弥补这种损耗，就会造成企业技术水平的相对下降，从而大大削弱其国际竞争力。从近年来山西省技术改造投入强度来看，山西省总体上对技术改造工作非常重视，技术改造投入额占全国比重总体上高于工业增加值占全国比重（见图3-5），这也反映了山西省技术改造取得了重要成绩。从趋势来看，近年来山西省技术改造投入占全国比重出现逐步下降的趋势，2007年和2008年占全国比重为4.6%以上，但到了2009年、2010年和2011年下降到了3%左右。这说明在国际金融危机后，在全国普遍加大技术改造投入力度时，山西省技术改造投资没有得到相应的增长。从技术改造投入的构成来看，山西省的技术改造投资更多应用于现有技术设备的消化吸收，而用于购买国内、外更先进技术的经费较少，说明了山西省的技术改造没有带来大范围的技术设备更新。

今后，山西省在加强技术改造上应注意三个方面：一是将技术改造与落后产能淘汰相结合。山西省可对现有企业的技术设备进行普查，对于达不到要求的设备进行淘汰，同时对于那些总体上设备技术较为先进，但存在一些薄弱环节的企业进行技术改造。尤其要高度重视一些产业发展的基础环节，将关键零部件等产业列为技术改造的重点支持领域，提高制造工艺水平，夯实产业发展基础。二是将技术改造与节能环保相结合。中国"十二五"的节能环保目标是单位GDP能耗降低16%，单位GDP二氧化碳排放降低17%。这一目标的实现依赖于产业，尤其是高耗能产业技术设备的水平的提升。对于山西省来讲，资源密集型产业占整个工业的比重达到了80%以上，对这些产业进行技术改造，采用更为节能环保的技术设备，能够有效地降低能耗及二氧化碳排放。三是将技术改造与安全生产相结合。山西省应将提高生产安全作为技术改造的重点目标，对于存在安全隐患的企业进行改造。不仅重视技术设备的更新，而且重视企业生产管理水平的提升，加强教育培训，强化安全监管，切实抓好以煤矿为重点的安全生产工作。

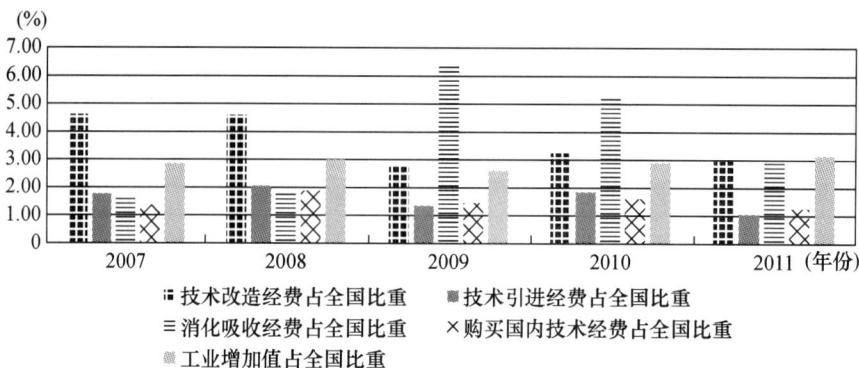

图3-5　山西省技术改造投入占全国比重

资料来源：《中国科技统计年鉴》（2008~2012）。

（2）促进技术创新。持续的技术创新是企业保持竞争力的根本途径，而技术创新的实现需要企业不断地进行研发投入。总体来看，山西省大中型企业的研发投入水平一直低于全国平均水平，同时在专利申请和受理等反映企业技术创新成果的指标上也滞后于全国平均水平。从研发投入结构来看，山西省在大中型工业企业R&D人员全时当量方面投入要高于大中型工业企业R&D经费投入水平。从研发效率来看，山西省大中型企业在R&D人员全时当量和R&D经费方面的研发投入占全国的比

68

重要高于专利申请受理数和专利授权数占全国的比重，反映了企业研发效率较低。从研发产出来看，山西省专利申请数占全国的比重要高于专利授权数，这说明企业已经有了较强的创新意识，但创新能力尚有欠缺（见图3-6）。

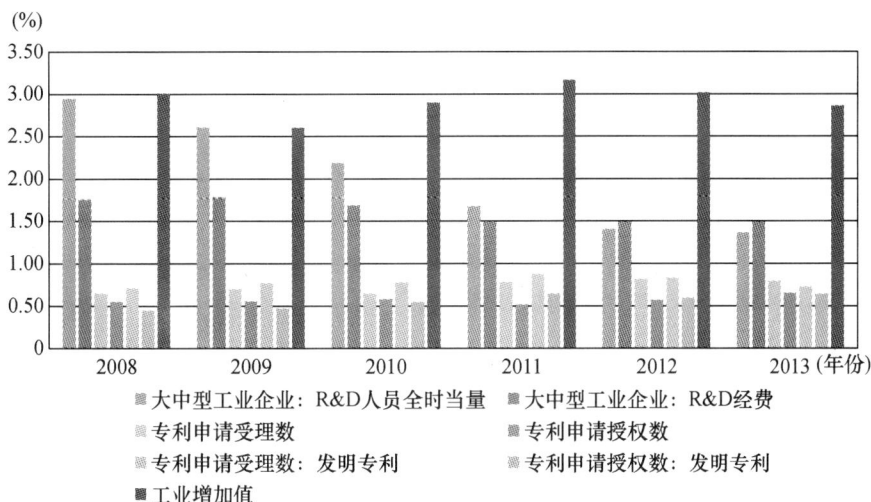

图3-6　山西省研发活动投入和产出占全国比重

资料来源：Wind 数据库。

今后，山西省在促进技术创新方面应从两个方面着手：一是加大研发投入。中国企业存在的一个重要问题就是研发强度太低，不仅低于西方发达国家，而且低于一些发展中国家，同时，山西省企业的研发强度又远远低于中国的平均水平，这充分说明了山西省企业研发投入严重不足。企业研发投入长期不足会导致企业丧失发展后劲，在未来的竞争中处于不利地位。为此，山西省企业应大幅度加大研发投入，提高企业技术水平。二是提高研发效率。造成山西省研发效率低下的原因有很多方面，但最根本的是研发机制问题。一方面企业尚未真正成为研发活动的主体，全省80%的大中型企业还没有建立起自己的技术创新机构，已经建立的也有一半以上不能正常运行；另一方面科技创新驱动的产业发展格局尚未形成，科技与经济结合的中间环节不畅通，产、学、研合作仍然停留在项目协作层次，以产权为纽带的产、学、研一体化机制尚未真正建立。对此，山西省应改进现有研发机制，切实使企业成为研发活动主体，加强产学研合作，提高技术的转化率，使科技创新真正起到对经济发展和社会进步的引领和支撑作用。

（二）组织优化机制

产业组织结构直接影响产业的发展水平。当前山西省资源型产业发展中存在很多结构性问题，很大程度上是由于产业组织结构不合理，包括产业集中度不高、产品同质、生产规模与范围不合理、企业行为缺乏协同性等。要提升山西省资源型产业的发展质量，促进企业的转型升级，必须要推动产业组织结构的优化，发挥规模经济，形成专业化协作为特征的大批量生产体系，同时促进产业结构向多样化方向演变，促进大中小企业关系协调，规范市场竞争秩序，避免过度竞争。

（1）推动兼并重组。兼并重组有利于推动企业对资源进行优化配置，提高自身竞争力，同时也有利于促进产业升级，淘汰落后产能，提高产业整体的效率水平，使其能够在更高层次上获得新的发展。兼并重组是一种企业以追求效率为目的的市场行为，但政府在其中同样需要发挥重要作用。尤其是在中国这种市场化改革没有完成，某些体制上的矛盾没有完全理顺，生产要素的自由配置和流动存在较多障碍的情况下，政府作用就尤为重要。2009年山西省对煤矿企业进行了大规模的兼并重组。经过一年多的煤矿企业兼并重组整合，山西省煤炭行业办矿主体由2200多家减少到130家，矿井数量由2600座减少到

1053座，年产30万吨以下煤矿已全部淘汰，平均单井规模提升至年产100万吨以上。通过这次大规模重组，山西省煤炭产业素质大大提升，安全生产问题得到了改善，市场竞争秩序得到了优化。

山西省应重点考虑推进焦炭产业的兼并重组。目前，山西省焦炭产业存在着产能严重过剩的情况，其产能利用率仅为50%，结果使得焦炭产量占全国1/3的山西省丧失了焦炭市场的话语权。山西省焦炭产业集中度非常低，全省目前有270多家焦化企业，平均产能只有60万吨，而产能200万吨以上的只有10家，在焦炭价格好的时候，焦化企业盲目投产，容易形成产能过剩，且产业集中度低，也不利于政府对焦化企业进行宏观调控。山西省很多焦炭企业在炼焦的过程中对资源的综合利用率不高，除了近几年来对焦油和粗苯的回收率大约在80%以上，而其他的净煤气则通过直接燃烧排放，煤炭化工业的深加工还没有形成规模，不仅造成了环境的污染，还形成了资源的浪费。因此，为促进焦炭产业的健康可持续发展，山西省政府可考虑将焦炭产业作为兼并重组工作重点，促进产业资源的重新优化配置。

（2）淘汰落后产能。一定规模的过剩产能是维持市场竞争机制的必要条件，但严重产能过剩却会造成大量的资源浪费，加重了环境压力，同时也造成了企业之间的恶性竞争，削弱了企业技术创新的动力和能力，影响了产业组织整体效率的提高。产能过剩甚至已经成为我国经济运行中的突出矛盾和诸多问题的根源。山西省在近年来的落后产能淘汰工作中取得了十分可喜的成绩。从炼铁行业来看，山西省2010～2013年每年炼铁产能淘汰占全国的比重平均为20.7%，大量落后产能被淘汰，山西省生铁产量占全国的比重也从2001年的接近15%，下降到

2013 的 6% 左右（见图 3−7），为治理中国钢铁产业产能过剩做出了巨大贡献。

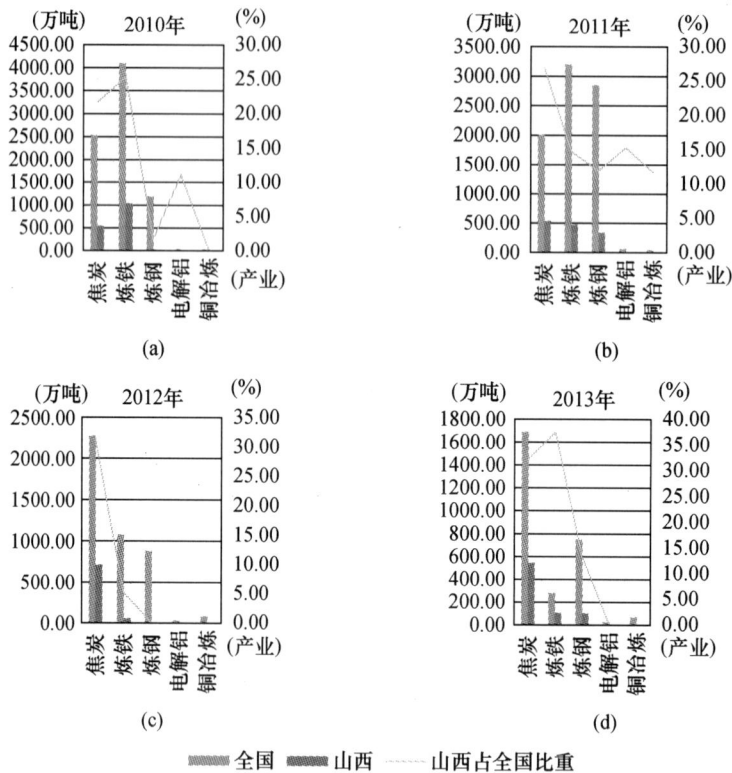

图 3−7　山西省主要资源型产业的落后产能淘汰情况

资料来源：Wind 数据库。

下一阶段，山西省应加大落后产能淘汰的力度，尤其加大对焦炭等产业落后产能淘汰的力度。山西省焦炭产量占全国比重在 30% 以上，而且存在大量技术落后的小企业，通过产业重组对这部分产能进行淘汰，有助于提高山西省焦炭产业的竞争秩序，提高在焦炭市场的话语权。山西省在加大淘汰落后产能力度的同时，也应在严格限定环保门槛、技术门槛和规模门槛的前提下，鼓励先进项目的上马，支持企业先进产能对现有产能的替代。西方发达国家的历史经验表明，许多产业都是在淘汰落后产能、新增先进产能的不断循环中实现产业结构升级和产业国际竞争力提升的。在全国每年上马大量先进项目的情况下（见图3－8），如果山西省不加快用先进产能替换落后产能，促进产业发展的上层次、上水平，可能会导致自身在一些传统优势领域里竞争力的下降。在上新项目时，考虑实行煤炭资源的捆绑式开发，提升资源综合效益，严格限制新上单纯的煤炭开发项目，按照"煤—电—冶—建"和"煤—焦—化"等产业链群的发展要求，促进煤炭资源的综合开发，形成煤炭产业链群的综合优势。

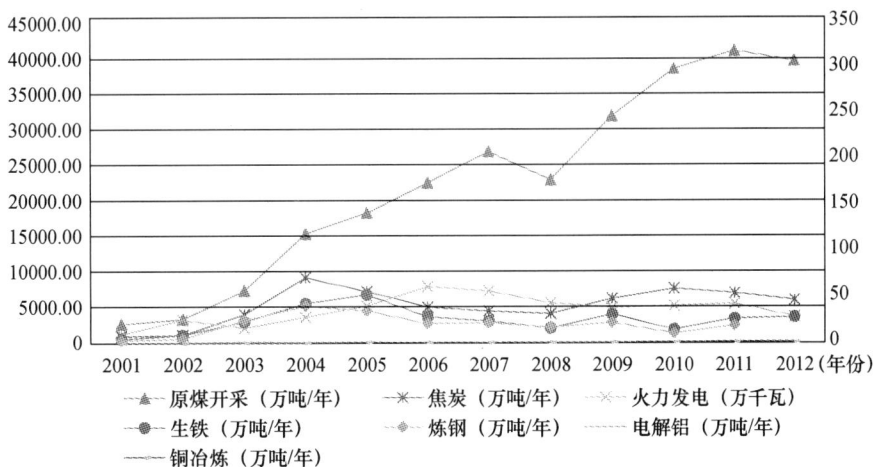

图3－8　全国主要资源型产业的新增产能

注：其中原煤开采、焦炭、火力发电、生铁、炼钢对应左边坐标轴；电解铝和铜冶炼对应右边坐标轴。

资料来源：Wind数据库。

（三）地域整合机制

地域分工的不合理往往是造成产业发展效率低下的重要原

因。为促进山西省资源型产业的改造提升，应在区域层面上进行产业整合，促进资源在部分优势地区集中，加大区域合作。

（1）打造产业集群。产业集群是指在特定区域中，具有竞争与合作关系，且在地理上集中，有交互关联性的企业、专业化供应商、服务供应商、金融机构、相关产业的厂商及其他相关机构等组成的群体。产业集群作为一种更加灵活的产业结构，在成本节约、信息共享、市场充分、创新高效等诸方面都具有突出的竞争优势。目前，山西省煤焦化产业主要分布在晋城、大同、阳泉、吕梁等主产煤区；钢铁、铸造产业主要分布在太原、运城、晋城等城市；玻璃器皿产业主要分布在晋中市；农产品加工产业主要分布在太原、运城、长治等地。目前，这些产业集群在当地已经形成一定规模，为当地经济发展做出了重要贡献。然而，山西省产业集群同样存在一些问题：一是普遍存在科技含量低，产品开发能力弱，加工程度浅，精特优产品少，产业链条短，市场辐射面小等问题，由此造成资源利用率低，产品附加值低，经济效益不高。二是集群内部企业之间无序竞争，扰乱竞争秩序，不利于集群健康可持续发展。三是产业集群所在区域中介组织少，缺乏技术开发服务组织，对产品的质量、销售、监测、信息网络等服务体系建设相对滞后，由于受组织功能局限，一些行业协会、中介组织没有充分发挥作用。

下一阶段，山西省在发展产业集群时应注意三个方面：一是将产业园区作为产业集群的基础载体，优化发展环境，对产业集群的发展进行规范化管理。产业园区是经济结构调整的战略支撑点，是资源型产业转型的重要发展平台。依托各类产业园区，推进"集聚发展、集群发展、链群发展"，有助于形成富有弹性和活力的多元化高效产业体系。产业集群可能是自发产生的，但形成以后必须要进行规范化管理，规范竞争秩序，严格实施统一的节能环保标准，实现产业发展与自然环境的和谐共生。二是发挥大企业在产业集群中的主导作用。大企业在产业集群中，尤其是资源型产业集群中，处于至关重要的地位，往往决定了一个产业集群的竞争力水平。应加大对产业集群中大企业的支持，发挥其在技术创新和产业升级等领域的重要作用。鼓励企业创新行为，加大产业研发投入，提高产业装备的机械化水平。三是完善产业集群功能，打造良好的产业生态。加强对公共基础设施和高度专业性的设备等共享资源的建设，加强法律服务和金融服务，建立专业化的市场服务体系。

（2）加强区域合作。区域协作是指处于不同地域间的利益主体或共同区域空间的不同地区之间的经济主体，为实现资源的优化配置和效率的提高而采取的某些措施和制度安排。与全国很多其他地区一样，目前山西省资源型产业发展中，区域合作相对较少，具体体现在两个方面：一是区域分割。在地区差距日渐扩大的背景下，受地方利益的驱使，各地方政府或以公开的形式，或以隐蔽的形式实行地方保护主义，如构筑名目繁多的贸易壁垒和行政壁垒，互相实行资源、技术、人才、商品的垄断和封锁等来保护本地区的利益。即使在区域合作中，更多考虑的也是索取利益，共赢意识不强。这不仅造成了流通渠道堵塞，各种商品和生产要素不能自由流动，而且使地区、行业、企业间的优势无法互补，造成资源浪费。二是产业同构。部分地区在引进项目投资时，缺乏对全省，乃至全国产业发展的全局性考虑，相互之间恶性竞争，低水平重复引进和重复建设情况突出，结果在经济发展的同时出现了严重的区域产业结构趋同化。

下一阶段，山西省为促进区域经济合作，应重点做好三方面工作：一是打破行政界限和市场分割，建立统一的商品市场、产权交易市场、人力资源市场，搭建资产交易信息对接平台，发挥信息集聚和资源整合能力。统一市场是发挥市场机制作用，促进资源优化配置的前提，山西省政府应加大统一市场的建设力度，维护良好的市场竞争秩序，为促进全省经济发展起到平台性作用。二是优化区域内产业分工。在山西省内建立起产业分工机制，不同地区根据自身要素禀赋特点参与分工，并形成相应的竞争优势。三是加强政府在收入再分配中的作用。山西省内不同地区由于煤炭资源储量等要素禀赋不同，经济发展条件相差很大，经济发展水平也存在很大差距。然而，经济欠发达地区通过一些其他途径同样也为山西省经济发展做出了很多贡献，例如保持生态环境，提供劳动力输出等，这部分价值应当在收入分配中得到体现。山西省政府可考虑建立生态补偿和人文要素补偿等机制，在收入分配中更多向经济欠发达地区倾斜，形成不同地区合作共赢的局面。

（四）产业链再造机制

"微笑曲线"理论认为，产业链可以分为左、中、右三段，左段为技术、专利，中段为组装、制造，右段为品牌、服务。一般来讲，产业链条上的价值最丰厚的区域往往集中在产业链的两端，由此整个产业链的价值形成了一个两头高、中间低的形状。事实上，不仅研发、服务环节与制造环节的附加值水平不同，而且制造环节内部也同样存在着附加值差异。目前来看，山西省资源型产业主要是围绕煤炭资源建立起来的，主要集中于组装制造环节，也就是"微笑曲线"的最低端，而且从制造环节来看，很多也往往处于低端环节，附加值不高。下一阶段，为促进山西省资源型产业的改造提升，应推动资源型产业链的深化，促进资源型产业链再造。

（1）提高煤炭产品的综合利用程度。加强伴生、共生资源的综合开发利用，加大对废水、废渣、废气等煤化工过程中产生的各种不同产品和副产品加以综合利用，加强对伴生、共生资源的开发利用是拓宽资源开发领域的有效途径。适当控制资源开采强度、延长资源服务年限，在追求规模效益与可持续发展之间寻求一个平衡点，来进行适度开发，以保持一定时期内资源生产的相对稳定。

（2）大力发展化工新材料等产业链高端环节。从煤炭产业链来看，上游的煤炭开采和粗加工是附加值最为薄弱的环节，往往也是高耗能、高污染的环节，而下游的深加工环节，附加值就要丰厚得多。山西省长期以来，业务主要集中于煤炭产业链的低附加值环节，而在下游的深加工环节却缺乏竞争力。下一阶段，山西省加大对产业链下游高附加值环节的支持力度，提高产品技术含量，增加产品附加值。

（3）鼓励企业积极参与煤炭工业具有高度相关性的产业，在企业现有技术基础上进行产业链延伸，发展新产业。企业可根据与上下游产业的关联关系，按照产业链发展模式，发展前向和后向连锁的关联项目，或通过与具有纵向关联特点的企业建立战略联盟，相互入股参股等方式，实现纵向一体化发展。

（五）管理创新机制

产业竞争力从根本上取决于企业，尤其是核心大企业的竞争力，而管理水平的高低是决定企业竞争力的根本性因素。山西省很多资源型企业，尤其是一些国有企业，规模在全国处于领先，且在我国的国民经济中也有着非常重要的地位。然而，由于计划经济体制下，资源型产品主要是通过调配方式进行分配，这些企业参与市场竞争的程度相对较低，而且近10年来，煤炭等资源性产品的价格处于持续上升的趋势，这些企业盈利

77

状况较好,因此没有真正经历过市场竞争的洗礼,企业内部管理上积累了一系列问题,且缺乏管理创新的动力。下一阶段,山西省要促进资源型产业的改造提升,首先要促进这些大型企业的改造提升,通过管理创新,实现自身效率提升。针对当前山西省企业存在的主要问题,课题组认为应当主要从三个方面建立起资源型企业的管理创新机制。

(1)提高市场竞争意识。从调研来看,山西省部分企业市场竞争意识不强,一旦经营面临着一些困难,往往将希望寄托于政府救助,而不是积极适应市场需求变化,调整自身的产品方向和经营模式。这样的结果就是企业对市场变化和经营环境变化反应迟钝,必然在竞争中处于不利地位。事实上,资源型企业的转型升级从根本上还需要依赖于企业的内生动力。内生动力指的是企业自发形成的,对自身技术水平、资源配置方式、生产工艺等方面提升的需求,其源泉主要是市场竞争的结果,其核心是市场机制的作用。如果没有产业内生的动力机制发挥作用,无论外部力量如何作用,资源型产业均无法真正意义上实现改造提升,因此为促进山西省资源型产业的改造提升,首先要提升资源型企业的市场竞争意识,发挥其改造提升的内生动力。

(2)培养企业社会责任意识。企业社会责任意识的提升是企业经营管理水平提升的重要标志。对企业来讲,更积极、主动地承担社会责任有利于促进企业的可持续发展。从调研来看,山西省很多企业对于承担企业社会责任缺乏足够的认识,也不够主动,很多都是在国家管理部门各种规制手段下才采取相应行动。事实上,资源型企业的改造提升是企业承担社会责任的重要手段,而且更好地承担社会责任也应当成为资源型企业进行改造提升的重要动力,通过改造提升有利于促进企业技术水平的提升,提高资源的利用效率,减少企业经营活动对环境的损害。为促进资源型企业对自身进行改造提升，应加强企业社会责任意识的培养，真正实现企业发展中经济利益与社会公共利益的统一。

（3）促进管理模式创新。从调研来看，山西省部分企业在管理上还比较粗放，先进管理方法在企业内部尚未得到普及。为促进资源型企业改造提升，必须要促进企业管理模式创新，向精细化管理转变。精细化管理以专业化为前提、技术化为保证、数据化为标准、信息化为手段，把服务者的焦点聚集到满足被服务者的需求上，以获得更高效率、更高效益和更强竞争力。"精"就是切中要点，抓住运营管理中的关键环节；"细"即管理标准的具体量化、考核、督促和执行。精细化管理的核心在于实行刚性的制度，规范人的行为，强化责任的落实，以形成优良的执行文化。对山西省资源型企业来讲，应在企业内部推行精细化管理，将复杂的事情简单化、简单的事情流程化、流程化的事情定量化、定量化的事情信息化。

（六）信息化发展机制

企业信息化是指企业以业务流程（优化）重组为基础，在一定的深度和广度上利用计算机技术、网络技术和数据库技术，控制和集成化管理企业生产经营活动中的所有信息，将信息技术、现代管理技术和制造技术相结合，并应用到产品生产和企业管理的各个环节中去，以提高企业的经济效益和市场竞争能力。企业信息化的基础是企业管理和运行模式，而不是计算机网络技术本身，其中的计算机网络技术仅仅是企业信息化的实现手段。山西省资源型企业应加大自身信息化建设力度，提高信息技术在企业管理中的应用程度，促进企业管理运行模式的变革。

（1）生产信息化。近年来，虽然我国企业在工业生产自动化方面有较大提高，但是在掌握工业信息化最新技术，突破自动化控制、计算机辅助生产、资源计划、电子商务等工业化和信息化融合的关键技术障碍，广泛利用信息技术、信息产品和信息设备，进而推进整个生产体系的信息化方面，与发达国家还存在较大的差距。山西省资源型企业应加大生产过程中信息化应用，包括设计过程自动化、制造和控制过程的自动化，等等。

（2）管理信息化。利用现代信息技术，建立信息网络系统，集成和综合企业的信息流、资金流、物流、工作流，实现资源的优化配置，不断提高企业管理的效率和水平。管理信息化的核心是运用现代信息技术，把先进的管理理念和方法引入到管理流程中，通过对业务流程的分析和梳理，有效地优化企业的业务流程和管理模式，同时，借助信息手段，加快企业管理信息的传递、加工的速度，使这些信息资源得到可靠的保存和有效的利用。

第四节　山西省资源型产业改造、提升的政策组合

为确保资源型产业改造提升动力机制能够持续高效良性运行，政府应在保障其他各个动力要素正常发挥作用的基础上，不断完善自身职能，强化各项能力，切实担负起政府主导资源型产业改造提升的重任。具体来讲，政府应采取包括激励型政策、约束型政策、干预型政策和建设型政策的政策组合。

一、激励型政策

激励型政策主要是指通过制定一些奖励性和优惠性的政策，吸引资源型企业采取有利于实现自身改造升级的行为。激励型

政策是世界上很多国家在鼓励发展某种产业时，最经常采用的政策，是一种常见的生产性补贴。例如，美国是世界上对研发活动采取补贴最多的国家之一，也正是通过研发补贴，确立了美国在很多产业上的竞争优势。"二战"以后很长的一段时间里，美国政府的 R&D 投入补贴占到了美国总 R&D 投入的一半以上。山西省要想加快资源型产业的改造提升，也同样可以采取奖励性和优惠性的政策，对企业的技术研发和技术改造活动进行补贴，从而确立山西省在资源型产业领域里的竞争优势。

（一）"以奖代补"鼓励企业加大技术研发投入

山西省应在全省范围内设计较高金额的技术创新奖励，对于从事基础性技术创新，并取得成功的企业给予大幅度的奖励。鼓励企业加强煤炭开采利用技术的创新，大力开发煤炭开采、清洁高效利用、加工转化、综合利用的新工艺新技术，使山西省的煤炭资源优势向技术领域扩展，形成煤炭技术和煤炭技术服务的新优势。

（二）采取贴息的方式鼓励企业进行技术改造

利用贴息的方式鼓励企业进行技术改造，山西省可以通过并不是很大的投入，推动大量企业进行技术改造。企业在申请到技术改造贷款以后，可以进行大规模的设备更新，从而能够有力地促进企业技术水平的提高。值得提出的是，山西省在实施这一政策的时候，应加强对企业的监督，避免技术改造资金被挪作他用，从而导致难以发挥政策效果，同时不利于保障银行资金安全，带来金融风险。

（三）从项目审批、土地供给等方面给予优惠，鼓励资源型企业进行商业模式创新

鼓励资源型企业在现有产业的基础上延伸产业链，发展非

煤产业，尤其是鼓励企业发展能够与自身业务形成协同效应的生产型服务业，从而实现商业模式的创新。对此，山西省应在企业项目审批、土地供给方面给予充分支持。事实上，这也是世界上很多国家鼓励资源型产业转型的常用做法。例如，德国鲁尔工业区在实现转型的时候，对于其他产业的发展提供了非常优惠的地价，鲁尔区繁华地段土地售价约为慕尼黑土地价格的1/10，鲁尔区写字楼每平方米月租金仅为柏林市租金的1/3。

二、约束型政策

约束型政策主要是指对资源型企业现有的不符合节能环保标准或不利于构建公平有序市场环境的行为进行规制和约束，从而使产业朝着更加符合经济效益、环境效益、社会效益的方向发展。从全球来看，绝大多数国家都对本国企业的发展存在一定的规制，这些规制主要体现为各种标准上，企业只有满足这些标准才允许其进行经营。中国在过去的发展中，对企业设置的门槛过低，从而造成了很多不符合国家和地区发展利益的行为。山西省在促进资源型产业改造提升时，应设立更高的技术门槛、环境门槛、规模门槛、生产安全门槛等，从而对企业的行为进行有效约束。

（一）加大节能减排力度，对达不到要求的企业坚决整改或关停

目前，中国大部分资源型产业的环境标准相比于西方发达国家处于较低水平，结果是对资源环境造成了很大压力。山西省在改造提升传统产业时，应将提高环境标准作为重要的政策手段，用以促进企业走向绿色化发展。重点抓好共生矿、废弃物、污染物，特别是污水的再生资源化和综合开发利用，变废为宝，化害为利，促进资源循环利用。大力发展循环经济，对

于一些应当采取循环经济，但没有采取循环经济的大型企业，可以限令其在一定时间内进行整改。

（二）加强生产安全管理，对于生产安全难以达标的企业坚决整改或关停

针对当前生产安全问题频发的现状，山西省应在全省范围内进行普查，对那些无法满足生产安全的企业进行关停和整改。生产安全不仅体现在生产设备和生产技术等方面，更重要的是体现在日常经营管理上。对此，山西省都应当有明确的规范和标准，用于在企业中进行推广。

（三）控制产业过剩行业的项目审批，严格限制新上单纯的煤炭开发项目

对于目前已经处于产能过剩状态的资源型产业，要将新上项目与落后产能淘汰情况结合起来，采取产能置换原则，避免加大产能过剩压力。同时，实行煤炭资源的捆绑式开发，提升资源综合效益，严格限制新上单纯的煤炭开发项目，按照产业链群的发展要求，促进煤炭资源的综合开发。

三、干预型政策

干预型政策主要是指政府直接对产业的发展进行干预，这种干预可以通过市场机制来实现，也可以是直接的行政干预，从而快速、直接地改变产业发展方式，实现调控目标。总体来讲，政府直接的行政性干预可能会对市场机制造成破坏，不利于维护公平的市场秩序。然而，从世界不同国家的实践来看，在某些特定的背景和时机下政府直接对产业发展的干预能够起到较好的效果。也正因如此，很多国家在资源型产业转型中，也大量采取了政府直接干预的方式。例如，1962 年到 1992 年，日本政府先后 9 次制定、实施煤炭政策，采取直接干预经济的方式，在开采条件极困难的情况下，维持了本国的煤炭生产，并有计划地缩小煤炭生产规模，关闭矿井。山西省在一定范围内，可采取对资源型产业的发展进行直接干预，从而促进产业改造提升目标的加速实现。

（一）推动焦炭等资源型产业的兼并重组

山西省应重点整顿焦炭产业，提高产业集中度，改善市场秩序，提升煤炭、焦炭产品在国际国内市场的话语权。一是消除企业兼并重组中面临的各种障碍，为企业兼并重组提供良好的外部条件。加快实现金融创新，为企业兼并重组提供金融支持；改善企业经营环境，完善市场竞争机制，清除导致企业间不公平竞争的不利因素，使那些通过兼并重组获得效率提高的企业能够获得相应的经济利益回报；加快完善社会保障系统，完善失业保险制度。二是提供援助，做好人员安置工作。兼并重组是一种市场行为，更多需要依靠市场手段和社保系统来解决人员安置问题，但在目前社保系统和相关制度尚未完善的情况下，对兼并重组中的利益受损者提供国家援助是非常必要的。应尽量减少兼并重组中造成的失业员工数量，而对于那些确实难以安置的人员，要制定合理的补偿标准，坚持公平、公开的原则，帮助其实现下岗再就业。

（二）加快落后产能淘汰

对现有的资源型产业，尤其是煤炭、焦炭产业进行整合，坚决淘汰浪费资源、缺乏生产安全保障的小煤矿和小焦炭企业，防止煤炭和焦炭产量的过快、过多增长。同时，严格限制产煤市县的煤焦生产增长势头，严格限制大企业通过新开矿井增加生产规模。

（三）引进央企或其他大型企业，建设一批重点项目

直接由省内企业与中央企业或其他大型企业进行协调，引进一批重点项目，利用这些重点项目建设，带动全省资源型产业整体水平提升。引进的重点项目可以主要有三个方向：一是促进煤炭利用技术路径创新的项目，例如煤炭液化的项目等；二是促进煤炭综合利用的项目，例如煤层气开发利用、瓦斯发电等；三是和资源型产业发展具有高度协同效应的生产性服务业项目，例如物流服务、研发服务等。

四、建设型政策

建设型政策主要是指政府加强制度、市场和生产要素供给等方面的建设，从而为资源型企业改造提升提供良好的条件。建设型政策是资源型产业改造升级的基础条件，也是世界各国在进行资源型产业转型中普遍采用的政策。例如，鲁尔区为促进资源型产业转型，通过立法手段和管理措施，加强市场机制的建设，逐渐消除竞争中的信号失真和种种限制。为改善交通设施，发展和完善交通运输网，鲁尔区 1969 年架起高架铁路，1975 年波恩—科隆—杜塞尔多夫—多特蒙得和科隆—伍佩尔塔尔—多特蒙得两条高速公路竣工并规划出新的高速公路，使区内任何地点距高速公路都不超过 6 公里，并且在最大程度发挥本地水运优势的基础上完善水陆联运，加强南北线交通线路的建设，把全区彼此分割的工业区和城市紧密结合起来。山西省在资源型改造提升中，也应当加强各方面的建设，促进产业发展环境的改善。

（一）加强体制机制建设

一是改变过去资源无偿划拨的方式，煤炭开采区采取"招、拍、挂"的方式，对所有市场主体公开招标，不仅考虑经济效益，而且将资源效益和社会效益考虑到投标当中。目前，我国煤炭资源开发对资源环境造成了巨大压力，但这部分成本没有得到内部化。虽然目前煤炭企业需要交纳可持续发展基金，但这部分基金无论在金额上，还是在使用方式上，都难以满足对环境损耗的补偿需求。建议加大可持续发展基金的比例，同时将这部分基金全部用于生态环境的恢复，杜绝被挪作他用。同时，考虑尽快征收资源税，将资源环境成本内部化，将其反映在资源开采的成本当中。二是完善产、学、研合作机制。使企业真正成为研发活动的主体，鼓励大型企业兼并、收购科研机构或建立自己的技术开发中心，同时加强高校、科研院所与企业之间的合作，不仅在于项目层面，而且要扩展到产权层面，使不同主体的利益均能够得到很好的保证，从而调动各方面的积极性，提高研发效率。三是加强金融服务体系的建设。金融服务能够为工业提供强大的支持，促进企业运营效率的提高。山西省通过建设一些全国性资源服务性金融机构，能够有效提升自身在国际国内市场的话语权，提升资源型产业的竞争力。

（二）加强人才培养和引进

人才的缺乏是山西省产业发展的最大短板，为弥补这一短板，山西省应考虑采取人才培养为主、人才引进为辅的方式，来满足山西省资源型产业发展的需求：一是加强山西省内一些大学的建设，增加教育投资，提高这些学校在全国的排名，同时为毕业大学生就业提供良好的待遇和条件，吸引更多人才留在山西省。二是由政府补贴企业进行员工培训，可以针对山西省产业结构和人才需求结构，有针对性地将一部分人才集中在省内或者派到省外进行培训。三是吸引更多的人才，并创造好的条件留住人才。吸引人才的关键是为人才提供良好的发展空间，使其在事业上能够取得应有的成绩，同时保障其与家人的生活条件，包括收入水平、住房、社会保障和医疗服务等。

（三）加强基础设施建设

一是加强公路、铁路、航空等交通设施建设，改善山西省发展的区位条件，从而提升现有企业的竞争力，并吸引更多的企业来到山西省进行投资。二是加强产业园区建设。产业园区是现代工业发展的基础载体，也是提高产业发展水平的必要条件。产业园区建设并不仅仅包括公路、厂房、设施等硬件条件，而且包括商业服务、政府管理、文化娱乐等软件条件。三是加强信息网络建设。信息化已经成为工业发展的核心推动力，提高信息化水平能够有效促进资源型产业改造提升，提升山西省资源型产业的竞争力水平。

参考文献

［1］陈佳贵，黄群慧，吕铁，李晓华．中国工业化进程报告：1995～2010［M］．北京：社会科学文献出版社，2012.

［2］丁兆宏．论我国区域经济发展现状、趋势及路径选择［J］．中国商界，2009（19）．

［3］杨家栋．我国区域经济发展存在问题及对策［J］．扬州大学学报（人文社会科学版），2007（1）．

［4］原磊，王加胜．传统产业改造和先进制造业发展［J］．宏观经济研究，2011（9）．

［5］张复明，景普秋．资源型经济的形成：自强机制与个案研究［J］．中国社会科学，2008（9）．

［6］赵峰．我国区域经济发展现状、趋势及路径选择［J］．中国行政管理，2007（10）．

第四章　山西省非资源型接续替代产业发展促进机制研究

第一节　山西省非资源型接续替代产业发展的现状与条件分析

　　山西省非资源型产业的发展相对滞后，在国民经济特别是工业中的比重相对较低，资源型产业与非资源型产业发展的不平衡已成为影响山西省经济持续发展的严重阻碍。当前，国内外经济形势出现了新的变化，山西省发展非资源型接续替代产业优势和劣势同在，挑战与机遇并存。

一、山西省非资源型产业发展的现状

（一）规模与增长情况

　　2002年开始，我国进入一轮重新重工业化的阶段，工业特

别是重工业增长强劲，2002～2007年，我国工业的增长速度均保持在10%以上。① 山西省抓住这一增长机遇，国民经济取得快速增长。2000～2007年，山西省地区生产总值年均增长13.8%，比全国平均水平快2.1个百分点，居内蒙古、天津、山东、广东、江苏、浙江之后的全国第七位。从图4-1可以看到，2002～2007年，山西省第二产业和工业的增长速度超过第三产业。受国际金融危机的影响，山西省第二产业和工业增速在2008～2009年显著下滑，2010年开始增速又重新超过第三产业。2000～2012年，山西省地区生产总值年均增长12.3%，其中第一产业、第二产业、工业、建筑业、第三产业的年均增速分别为3.5%、13.6%、13.9%、11.0%和12.2%。

2012年，山西省地区生产总值达到12112.8亿元，其中第一、第二、第三产业分别为698.3亿元、6731.6亿元和4683.0亿元，工业为6023.6亿元。近十年来，山西省三次产业结构变化很大，第一产业比重稳步下降，第二产业比重大幅度提高，第三产业比重显著下降。2011年是第二产业比重的最高点和第三产业比重的最低点，2012年第二产业比重从59.0%下降到55.6%，第三产业比重从35.2%提高到38.7%。工业比重同样大幅度提高，从2000年的40.6%提高到2011年的53.0%，随后下降到2012年的49.7%。从工业内部的轻重结构看，重工业比重从2000年的86.7%提高到2011年的95.1%，随后下降到2012年的94.4%；轻工业比重从2000年的13.3%下降到2011年的4.9%，随后恢复到2012年的5.6%（见表4-1和表4-2）。

---

① 简新华提出了"重新重工业化"的概念，他认为从1999年开始我国出现重新重工业化的趋势。对于重新重工业化开始的时间有不同认识，但是2002年到2008年间重工业的增长速度超过轻工业的增长速度。

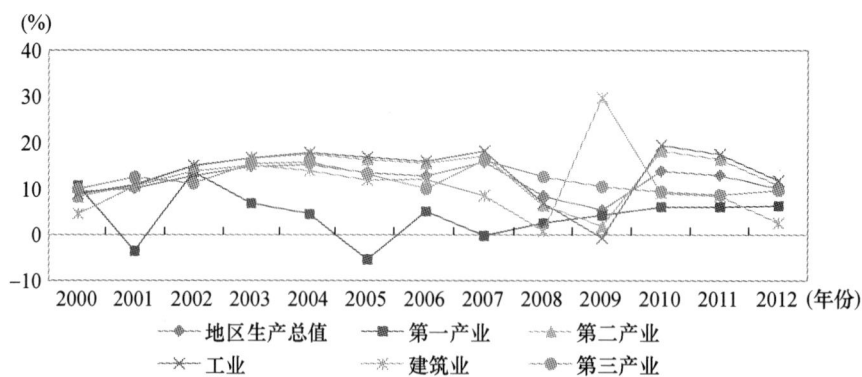

图4-1 山西省地区生产总值及三次产业增长速度

资料来源：根据《山西省统计年鉴》有关各年数据绘制。

表4-1 山西省三次产业结构及工业规模变化

单位：亿元

年份	2000	2002	2005	2010	2011	2012
地区生产总值	1845.7	2324.8	4230.5	9200.9	11237.6	12112.8
第一产业	179.9	197.8	262.4	554.5	641.4	698.3
第二产业	858.4	1134.31	2357.0	5234.0	6635.3	6731.6
工业	748.7	991.4	2117.7	4658.0	5960.0	6023.6
建筑业	109.7	142.9	239.4	576.0	675.3	708.0
第三产业	807.5	992.69	1611.1	3412.4	3960.9	4683.0
工业增加值	431.9	633.0	1756.7	4591.5	6046.6	6230.2
轻工业	57.4	66.2	107.1	224.9	298.3	350.9
重工业	374.5	566.8	1649.6	4366.6	5748.2	5879.3

资料来源：有关各年《山西省统计年鉴》。

表4-2 山西省三次产业结构及工业轻重结构变化

单位：%

指标		2000 年	2002 年	2005 年	2010 年	2011 年	2012 年
地区生产总值中三次产业比重	第一产业	9.7	8.5	6.2	6.0	5.7	5.8
	第二产业	46.5	48.8	55.7	56.9	59.0	55.6
	工业	40.6	42.6	50.1	50.6	53.0	49.7
	建筑业	5.9	6.1	5.7	6.3	6.0	5.8
	第三产业	43.7	42.7	38.1	37.1	35.2	38.7
工业增加值中轻重工业比重	轻工业	13.3	10.5	6.1	4.9	4.9	5.6
	重工业	86.7	89.5	93.9	95.1	95.1	94.4

资料来源：《山西省统计年鉴》（2013）。

进一步计算工业内部资源型工业与非资源型工业的规模与结构情况。从图 4－2 可以看到，从 2001 年到 2012 年，山西省资源型工业增加值从 406.5 亿元增加到 5490.1 亿元，非资源型工业增加值从 93.2 亿元增加到 740.1 亿元，如果不考虑价格因素，资源型工业与非资源型工业分别增长了 1250％ 和 694％。增长速度的差异造成资源型工业与非资源型工业结构的变化，前者比重从 2001 年的 81.3％ 增加到 2011 年的 90.7％，2012 年回落到 88.1％；后者比重从 2001 年的 18.7％ 下降到 2011 年的 9.3％，随后回升到 11.9％。

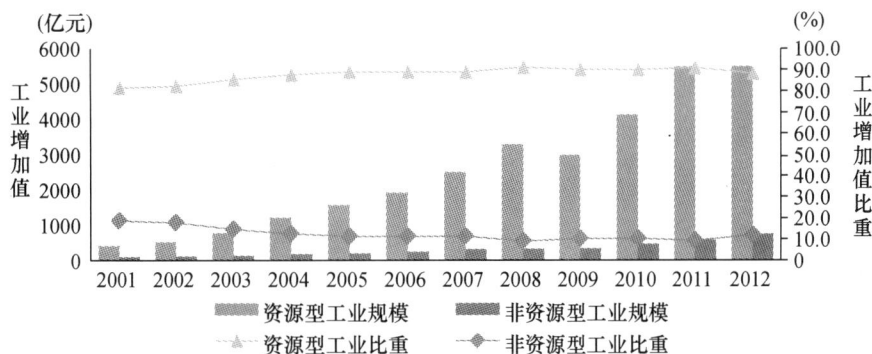

图 4－2　山西省资源型工业与非资源型工业的规模、结构变化

资料来源：根据《山西省统计年鉴》有关各年数据计算。

（二）　与周边省区比较

山西省周边的省区包括陕西、河南、内蒙古、河北四省区。与周边省区相比，山西省的经济规模偏小、经济发展水平偏低。山西省 2012 年地区生产总值是五个省区中最低的，人均生产总值 33628 元，仅高于河南，相当于内蒙古的 52.6％。从三次产业结构来看，山西省第一产业比重是最低的，五省区第二产业和工业比重大致相当，第二产业比重在 52.7％ 至 56.3％ 之间，工业比重在47.08%至50.7%之间，山西省第三产业比重略高于其他四省区。但从工业内部结构可以看出山西省资源型产业比重明显偏高的特征。按工业增加值来衡量，2012年山西省资源型工业、非资源型工业占规模以上工业的比重分别为88.12%和11.88%，非资源型工业比重远远低于河南的51.64%；按工业销售产值来衡量，2012年山西省资源型工业、非资源型工业占规模以上工业的比重分别为84.76%和15.24%，非资源型产业比重亦远远低于河北的40.04%、陕西的35.81%和内蒙古的26.95%。山西省资源型产业比重偏高的原因主要是采矿业比重偏高，2012年，山西省按工业增加值、工业销售产值衡量的采矿业比重分别为62.89%和42.89%，均远远超过其他四省区水平；山西省资源型制造业工业增加值、工业销售产值比重分别为19.33%和32.45%，在五省区中并不是最低的（见表4-3和表4-4）。

表4-3　2012年山西省及周边省区经济总量及三次产业结构比较

省区	年份	地区生产总值（亿元）	第一产业（亿元）	第二产业（亿元）	工业（亿元）	建筑业（亿元）	第三产业（亿元）	人均生产总值（元）
山西	2012	12112.8	698.3	6731.6	6023.6	708.0	4683.0	33628
	比重（%）	100	5.8	55.6	49.7	5.8	38.7	—
陕西	2012	14453.7	1370.2	8073.9	6847.4	1226.5	5009.7	38564
	比重（%）	100	9.48	55.86	47.37	8.49	34.66	—
河南	2012	29599.3	3769.5	16672.2	15017.6	1654.6	9157.6	31499
	比重（%）	100	12.7	56.3	50.7	5.6	31.0	—
内蒙古	2012	15880.6	1448.6	8801.5	7735.8	1065.71	5630.5	63886
	比重（%）	100	9.1	55.4	48.7	6.7	35.5	—
河北	2012	26575.0	3186.7	14003.6	12511.6	1492.0	9384.8	36584
	比重（%）	100	11.99	52.69	47.08	5.61	35.32	—

资料来源：有关各省统计年鉴。

表 4 - 4　2012 年山西省及周边省区经济资源型产业与非资源型产业结构比较

单位:%

行业	山西（工业增加值）	河南（工业增加值）	山西（工业销售产值）	河北（工业总产值）	陕西（工业总产值）	内蒙古（工业总产值）
采矿业	62.89	14.33	42.89	10.37	25.55	31.35
资源型制造业	19.33	29.85	32.45	43.06	30.62	31.66
资源型公用事业	5.90	4.18	9.42	6.53	8.02	10.04
资源型工业合计	88.12	48.36	84.76	59.96	64.19	73.05
非资源型产业	11.88	51.64	15.24	40.04	35.81	26.95

资料来源：根据有关各省统计年鉴数据计算。

在非资源型制造业内部，山西省非资源型各产业的规模与周边省区存在相当大的差距。例如，2012 年山西省农副食品加工业增加值为 79.8 亿元，仅相当于河南的 9.0%，2012 年山西省农副食品加工业销售产值 287.0 亿元，相当于河北、陕西、内蒙古的 15.1%、41.1% 和 21.7%。又如，2012 年山西省的纺织业，纺织服装、服饰业，皮革、毛皮、羽毛及其制品和制鞋业，木材加工和木、竹、藤、棕、草制品业，家具制造业，造纸和纸制品业，印刷和记录媒介复制业，文教、工美、体育和娱乐用品制造业，化学纤维制造业，其他制造业，废弃资源综合利用业与金属制品、机械和设备修理业的工业增加值均小于 10 亿元，其中皮革、毛皮、羽毛及其制品和制鞋业，家具制造业，化学纤维制造业与废弃资源综合利用业的工业增加值不足 1 亿元（见表 4 - 5）。

表4-5　2012年山西省及周边省区经济非资源型产业规模比较

单位：亿元

行业	山西（工业增加值）	河南（工业增加值）	山西（工业销售产值）	河北（工业总产值）	陕西（工业总产值）	内蒙古（工业总产值）
农副食品加工业	79.8	885.3	287.0	1904.4	697.4	1324.1
食品制造业	27.8	375.4	109.2	697.0	323.0	571.8
酒、饮料和精制茶制造业	70.5	269.6	147.2	386.1	342.7	266.8
烟草制品业	28.9	320.9	36.9	165.4	180.7	76.7
纺织业	6.7	485.6	32.3	1439.3	175.5	394.7
纺织服装、服饰业	4.4	130.9	16.9	373.3	36.0	100.2
皮革、毛皮、羽毛及其制品和制鞋业	0.3	260.1	3.8	966.3	4.4	22.0
木材加工和木、竹、藤、棕、草制品业	3.2	181.3	11.7	184.4	30.8	212.7
家具制造业	0.9	104.1	1.9	188.4	13.3	19.7
造纸和纸制品业	4.1	224.3	17.4	522.5	90.5	108.2
印刷和记录媒介复制业	5.5	71.8	15.4	204.3	65.6	16.0
文教、工美、体育和娱乐用品制造业	3.3	117.4	12.6	185.5	5.9	29.3
医药制造业	40.7	278.9	115.9	629.6	361.9	199.5
化学纤维制造业	0.0	24.1	0.4	80.1	14.6	0.3
橡胶和塑料制品业	16.1	288.6	80.6	1006.6	241.8	120.5
金属制品业	44.2	272.3	219.3	2059.9	207.0	450.0
通用设备制造业	47.5	474.8	189.7	1087.6	418.7	159.1
专用设备制造业	74.9	544.3	394.7	1181.4	470.9	117.9
汽车制造业	11.1	350.5	62.5	1463.1	855.9	277.3
铁路、船舶、航空航天和其他运输设备制造业	21.3	111.6	124.7	404.8	541.9	36.8
电气机械和器材制造业	31.5	348.5	131.7	1508.7	504.8	256.9
计算机、通信和其他电子设备制造业	188.5	283.8	438.4	356.3	279.1	79.5
仪器、仪表制造业	18.3	68.0	43.1	71.4	135.0	4.2
其他制造业	1.2	20.4	7.9	33.1	20.1	15.3

行业	山西（工业增加值）	河南（工业增加值）	山西（工业销售产值）	河北（工业总产值）	陕西（工业总产值）	内蒙古（工业总产值）
废弃资源综合利用业	0.8	21.3	2.2	76.0	6.6	16.5
金属制品、机械和设备修理业	1.4	4.2	9.2	30.4	21.9	3.3

资料来源：有关各省统计年鉴。

二、山西省发展非资源型接续替代产业面临的形势与机遇

（一）中国经济进入中高速增长"新常态"

按照经济增长的一般规律，成功追赶型国家的人均 GDP 达到 11000 国际元水平时，经济增长速度将出现"自然回落"。成功追赶型国家经济增长速度的回落主要是因为随着逐渐接近世界技术前沿，后发优势将耗散殆尽。对于我国而言，除相对黯淡的国际经济形势等外部环境变化与制约因素外，还要考虑在我国这样一个大国实现赶超式或追赶式工业化的特殊性。由于我国的经济总量已经很大，特别是我国经济的增量所占比重更为突出，因此我国经济依赖世界经济获得增长的可能性降低，反而自身成为带动世界经济增长的主要力量，这就要求我国更多地要从内部寻找增长的动力。此外，物质和能源消耗、污染物排放量过大、增长过快，也使我国难以支撑过快的经济增长特别是重化工业的过快增长，经济从高速增长转向中高速增长的"新常态"，增长动力也必须从主要依靠土地、资源、资本投入的粗放型方式转换到主要依靠创新驱动的集约型增长方式上来。从全国范围来看，我国经济增长速度已经从 1978~2010 年的年均 9.90% 回落到 2012 年的 7.7%。与此同时，国际金融危

95

机后我国出现全局性、持续性的严重产能过剩。对生态、环境保护保护标准的提高将会使山西省的资源型产业发展面临更严格的约束，同时在产能严重过剩的时期全面进入非资源型接续替代产业，将会面临很大的困难和风险。

（二）工业化和城镇化持续推进

根据陈佳贵等（2012）的研究，我国 2010 年工业化水平综合得分 66（《中国工业化进程报告（1995～2010）》），比 2005 年提高 15，刚刚进入工业化后期阶段，其中山西省工业化水平综合得分从 2005 年的 42 提高到 2010 年的 47。我国工业化的完全实现还需要十几年的时间[①]，特别是城镇化水平仍然比较低。1996 年开始，我国进入城市化加速发展时期，2005 年我国城市人口 56212 万人，城市化率 42.99%；2012 年城市人口增加到 71182 万人，城市化率 52.57%，城市化率年增幅均在 1.1 个百分点以上。城镇化的快速推进一方面伴随着大规模基础设施和城镇住宅建设从而对钢铁、水泥等资源型产品的需求；另一方面城镇化的推进也会使农民改变其生产和生活方式，产生对汽车、家电、服装等非资源型产品的大量需求，这就构成非资源型产业发展的机遇。

表 4-6　2010 年山西省及其周边省区所处工业化阶段

地区	全国	山西	河北	河南	陕西	内蒙古
工业化阶段	工业化后期前半阶段	工业化中期前半阶段	工业化中期后半阶段	工业化中期后半阶段	工业化中期后半阶段	工业化后期前半阶段

资料来源：《中国统计年鉴》（2013）及陈佳贵，黄群慧，吕铁，李晓华. 中国工业化进程报告（1995～2010）[M]. 北京：社会科学文献出版社，2012.

---

① 陈佳贵，黄群慧，吕铁，李晓华. 中国工业化进程报告（1995～2010）[M]. 北京：社会科学文献出版社，2012.

（三）沿海地区产业向外转移

近年来，由于包括劳动力工资、土地、原材料等成本的快速上涨，以及环境管制更加严格、人民币汇率升值等因素的影响，沿海地区的价格优势逐步被削弱，低端加工组装环节的劳动密集型行业出现向内陆迁移甚至转移到国外的趋势（见图4-3）。中国是一个发展中的大国，生产力水平由东向西存在着多个不同的梯度。虽然由于成本上涨较快，劳动密集型产业在沿海地区失去了竞争优势，但中国是一个巨大的经济体，中西部地区的低成本优势仍然存在。中央政府积极推进产业由东部向中西部地区转移，2010年国务院发布了《关于中西部地区承接产业转移的指导意见》（国发〔2010〕28号），这不但给东部地区的产业调整和升级提供了空间，而且对中西部地区发展外向型经济和劳动密集型产业提供了历史契机。

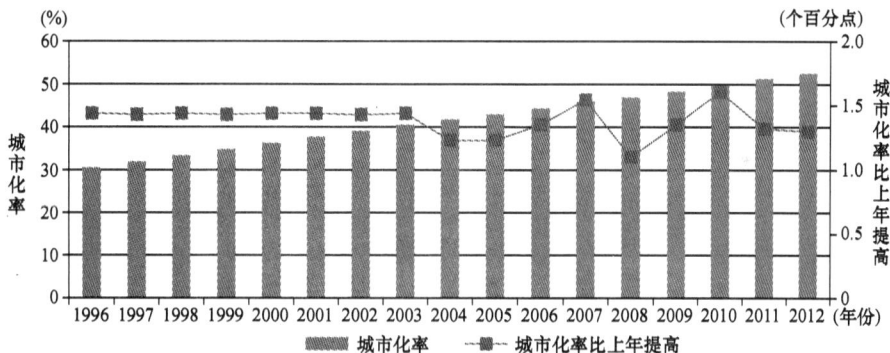

图4-3　1996~2012年中国城市化率

资料来源：根据《中国统计年鉴》有关年份数据绘制。

（四）世界各国培育和发展战略性新兴产业

国际金融危机爆发后，发达国家普遍陷入失业率上升、信贷增长乏力和财政状况恶化的困境，使它们重新认识到实体经

97

济的重要性。为尽快走出金融危机阴影，恢复国内经济增长，降低失业率，美国等发达国家先后抛出"再工业化"计划，以期让制造业重回发达国家。欧美发达国家提出的"再工业化"并不是简单地让工业的比重上升、不是通过外迁海外工厂的回归来恢复传统制造业，而是以高新技术为依托，大力发展节能环保产品、清洁能源、信息技术、新材料、生物等新兴产业，争夺未来产业竞争制高点。同时，机器人、人工智能、3D 打印、在线协作制造等技术逐步进入成熟阶段，以数字化制造为特征的第三次产业革命正在兴起，也将推进一批新兴产业的出现并将深刻改变传统产业。我国政府也在 2010 年 10 月 10 日和 2012 年 7 月 9 日先后发布《国务院关于加快培育和发展战略性新兴产业的决定》（国发〔2010〕32 号）和《"十二五"国家战略性新兴产业发展规划》（国发〔2012〕28 号），确立培育和发展节能环保、新一代信息技术、生物、高端装备制造、新能源、新材料及新能源汽车七大战略性新兴产业，给山西省新兴产业特别是有基础、有市场的新能源、节能环保、高端装备等产业的发展提供了重大机遇。

（五）低碳经济成为大势所趋

近百年来，全球气候系统性的变暖已经成为不争的事实，并威胁到人类社会的可持续发展。发展低碳经济作为保障能源安全、应对气候变化的基本途径正逐渐获得全球越来越多国家的认同。发达国家大力发展经济，一方面的确有助于减少二氧化碳等温室气体的排放、防止气候变暖；但另一方面也是发达国家在其世界经济主导地位遭受新兴国家挑战后，试图抓住低碳经济这一契机，利用自己的科技优势维持其产业的国际竞争力、重建国际经济秩序。国际金融危机爆发后，以美国为首的发达国家更是将发展新能源产业和低碳经济作为未来产业发展的重点和应对危机、重新振兴经济的重大战略。发达国家甚至以限制碳排放为由将气候变化与贸易挂钩，通过征收碳关税将低碳经济转变为实施贸易保护主义的一个新的借口。低碳经济的发展必将对世界经济发展产生深刻的影响，带来产业发展方向的重大转变和调整。我国政府也提出到 2020 年实现单位国内生产总值二氧化碳排放比 2005 年下降 40% ~ 45% 的减排目标，并加大对太阳能、风能等可再生能源的支持力度。我国以煤为主的能源结构决定了煤炭将在相当长时期内仍是最主要的能源，但煤炭在能源消费中的比重将会不断下降，从而对山西省提出加快发展非煤接续替代产业的要求。

三、山西省非资源型接续替代产业发展的优劣势

山西省目前处于工业化中期的前半阶段，发展非资源型接续替代产业既有优势，又有劣势，可谓机遇与挑战并存。

(一) 优势

(1) 矿产资源优势。山西省是我国煤炭储量最为丰富的省区，2012 年全国煤炭储量 2298.86 亿吨，其中山西省储量 908.42 亿吨，占全国储量的 39.52%，而储量全国第二的内蒙古煤炭储量占全国的比重仅为 17.47%。矿产资源优势不仅有利于资源型产业的发展，而且也为某些非资源型产业的发展创造了良好的条件。我国电力生产以火电为主，2011 年火电占电力生产量的 81.34%，而火电又以燃煤电厂为主，山西省煤炭丰富的资源状况决定了山西省的电力价格较低。从表 4 - 7 可以看到，2010 年山西省每千千瓦时平均销售电价为 452.31 元，仅高于青海、甘肃、云南、宁夏、贵州和内蒙古（东部），相当于其周边省区河北（北网）的 94.5%、河北（南网）的 87.2%、河

南的 94.7%、陕西的 92.5%。相对较低的电力价格能够为耗电较多的非资源型制造业和服务业提供成本优势。

表 4-7　2010 年度我国各省（市、区）平均销售电价和平均居民电价统计表

单位：元/千千瓦时

省份 电价	平均销售电价	增长额	增长率（%）	平均居民电价
北京	703.78	32.02	4.77	472.40
天津	606.53	25.99	4.48	488.15
河北（北网）	478.50	11.00	2.35	484.99
河北（南网）	518.92	24.07	4.86	486.84
山西	452.31	27.87	6.57	463.67
山东	557.13	17.16	3.18	519.48
内蒙古（西部）	452.84	19.99	4.62	448.20
内蒙古（东部）	435.04	18.51	4.44	450.57
辽宁	596.23	13.82	2.37	497.21
吉林	541.69	12.87	2.43	521.75
黑龙江	531.92	20.58	4.02	458.47
陕西	488.80	32.81	7.19	497.21
甘肃	389.53	20.20	5.47	486.96
宁夏	411.12	36.27	9.71	451.79
青海	333.10	34.47	11.54	351.85
新疆	472.78	1.01	0.21	525.36
上海	720.13	22.32	3.20	536.54
江苏	597.80	12.35	2.11	503.49
浙江	625.03	8.93	1.45	526.66
安徽	534.29	13.24	2.54	544.95
福建	536.48	20.26	3.92	473.79
湖北	584.87	29.20	5.25	562.62
河南	477.54	33.45	7.53	545.58
湖南	558.33	32.13	6.11	530.18
江西	573.44	9.95	1.77	599.43

电价 省份	平均销售电价	增长额	增长率（%）	平均居民电价
四川	493.12	19.59	4.14	508.04
重庆	558.56	20.73	3.85	517.06
西藏	624.90	54.43	9.54	497.11
广东	706.69	7.29	1.04	599.76
广西	495.06	24.23	5.15	445.01
云南	406.75	23.27	6.07	421.94
贵州	415.45	0.11	0.03	410.74
海南	682.02	20.85	3.15	694.56

资料来源：国家电监会。

（2）农业资源优势。山西省耕地面积较少，仅有405.58万公顷，占全国耕地面积的3.33%，但农作物的种类较多，主要粮食作物有小麦、高粱、豆类和薯类，经济作物有棉花、烟叶、甜菜、胡麻和油菜籽等，并形成有地方特色的农作物产。知名的农作物特产有晋祠大米、沁州黄小米、右玉莜麦、灵石苦荞麦、神池胡麻油、万荣花生、忻州葵花、大同黄花菜、代县辣椒、应县紫皮大蒜、平陆百合、巴公大葱（晋城）和高平萝卜等。野生药用植物1000多种，比较著名的药材50多种，如恒山黄芪、潞安党参、上党连翘、蟒河山茱萸（阳城）、雪花山人参和平遥长山药等。著名的果品特产有祁县红星苹果、代县酥梨、清徐葡萄、晋城山楂、蒲州青柿、临漪石榴、清徐沙金红杏、万荣白水杏、阳高京杏、垣曲猕猴桃、平陆冀都桃、稷山板枣、交城骏枣、运城相枣、太谷壶瓶枣、汾州核桃和夏县板栗等。丰富的农业资源为食品加工业、食品制造业和农业休闲旅游业乃至生物产业发展提供了物质基础。

（3）劳动力优势。人口红利的存在是我国经济高速增长的重要原因之一，劳动力无限供给的特征一度使我国劳动力工资保持在一个较低水平，而廉价劳动力的比较优势又适应了全球生产网络的形成以及发达国家劳动密集型产业离岸外包的趋势，推动中国发展成为世界的制造中心。但是从全国范围来看，"人口红利期"即将终结，"未富先老"现象即将出现①。与全国相比，山西省的人口结构相对年轻，劳动力资源相对比较丰富。2012 年，全国 15～64 岁年龄人口比重为 74.1%，山西省这一比例为 75.59%；全国总抚养比为 34.9%，山西省为 32.29%。山西省农业劳动者比重占工农业劳动者总数的 56.91%。相对年轻的人口结构以及大量的农业就业人口为非资源型产业的发展提供了劳动力基础。

（4）旅游资源优势。山西省复杂多变的地质、地貌、水文、气象条件造就了五岳之一的北岳恒山、四大佛教名山之首的五台山、道教名山北武当山、黄河壶口瀑布等雄伟壮观、引人入胜的自然景观。山西省是中华民族的摇篮，现存古建筑无论是数量还是历史、艺术、科学价值在全国都首屈一指，包括平遥古城、云冈石窟、悬空寺、应县木塔、运城关帝庙、太原晋祠、永乐宫壁画、黄河铁牛以及晋中晋商大院等古迹。山西省还是老革命根据地，八路军总部旧址等革命活动遗址和革命文物遍布全省。山西省全省旅游景点 220 余处，不乏世界遗产和国家级风景名胜区，被誉为"中国古代艺术宝库"和"中国古代建筑博物馆"。随着经济发展和生活水平的提高，我国城市居民的旅游需求快速增长，山西省发展旅游产业具有非常大的潜力。

（5）土地成本和空间优势。由于经济发展水平相对较低，山西省的生产要素成本也处于相对较低水平。从表 4－8 可以看

---

① 蔡昉. 未富先老与中国经济增长的可持续性 [J]. 国际经济评论，2012 (1).

到，2011 年太原的综合地价、商业地价分别为 1320 元/平方米和 1866 元/平方米，仅相当于全国 105 个城市总体水平的 1/3 或略强，也低于河北、陕西、河南、内蒙古省会城市的地价。尽管大同的土地价格高于太原，但也远远低于全国平均水平，仅高于周边省会城市中的呼和浩特。此外，相对于周边省份特别是东部沿海地区，山西省可供开发的土地较为丰富。

表 4-8　2011 年山西省及其周边省份主要城市土地价格比较

单位：元/平方米

城市		地面地价水平		
		综合	商业	住宅
105 个城市总体水平		3049	5654	4518
山西	太原	1320	1866	1379
	大同	1856	3483	2841
河北	石家庄	1708	2277	1932
	唐山	1445	2186	1777
	秦皇岛	1645	2411	2307
	邯郸	1123	2322	1579
	保定	1301	2568	2064
	张家口	974	1745	941
	廊坊	1783	3563	2702
陕西	西安	2938	4403	3682
河南	郑州	2364	2860	3120
	开封	1091	2009	1336
	洛阳	1153	2418	1500
	平顶山	1038	2258	1197
	安阳	827	1967	844
	新乡	1330	2374	1679
内蒙古	呼和浩特	1415	2309	1127
	包头	695	1339	901

资料来源：《中国国土资源年鉴》（2012）。

（6）区位优势。山西省位于黄河中游东岸的黄土高原，东部与河北接壤，与京津冀和环渤海经济圈毗邻。山西省省会太原距北京 523 公里，大同距北京 370 公里。山西省境内基本形成以南北同蒲和太中银、石太客运专线为主干，以石太、京原、京包、太焦、大秦等 10 余条铁路干线，10 条主要支线和 400 多条专用线构成的叶脉形铁路网络格局，特别是石太客运专线的建成通车，使得太原至北京车程缩短至 2.5 小时，极大地便捷了京晋两地的人员流动。"三纵、十一横、十一环"为骨架、东连京冀、西达秦蜀、南通中原、北出长城的高速公路网也已初具规模。发达的交通网络使山西省与东部和中西部各省的连接得到加强，逐步成为中部重要的交通枢纽省份，形成在发展物流业、承接东部特别是京津冀产业转移方面的得天独厚的区位优势。

（二）制约因素

从以资源型产业为主的产业结构向资源型产业与非资源型产业均衡发展转型的过程实际上就是生产要素再配置的过程。非资源型产业可以大致分为劳动密集型产业与技术密集型产业两类，二者对生产要素的需求存在显著不同。生产要素可分为初级生产要素和高级生产要素，初级生产要素是指天然资源、气候、地理位置、非技术工人及资金等，高级生产要素则是指现代通信、信息及交通等基础设施，受过高等教育的人员及研究机构等。[①] 劳动密集型产业的主要投入要素是低级生产要素特别是丰富的、低成本的劳动力；技术密集型产业的主要投入要素是高级生产要素特别是高素质的劳动力与创新资源和能力。在这两类产业的发展上山西省都存在着要素供给的不足。

---

① 迈克尔·波特. 国家竞争优势［M］. 北京：华夏出版社，2002.

（1）劳动力成本优势不明显。山西省的平均工资低于全国平均水平特别是东部沿海地区，但是劳动密集型产业的发展与承接东部劳动密集型产业的转移主要面临着周边省区的竞争，然而与周边省区相比，山西省的劳动力成本偏高。2012 年，山西省城镇单位职工平均工资是 44943 元，略低于内蒙古的 47053 元，显著高于河北的 25158 元和河南的 37338 元；具体到制造业，山西省城镇单位职工平均工资是 35082 元，仍然比河北、河南分别高出 9405 元与 1279 元（见表 4 - 9）。

表 4 - 9　2012 年城镇单位职工平均工资

单位：元

	全国	山西	河北	河南	内蒙古
总计	46769	44943	25158	37338	47053
1. 农、林、牧、渔业	22687	25055	22213	24226	26604
2. 采矿业	56946	71895	25338	55425	59874
3. 制造业	41650	35082	25677	33803	41708
4. 电力、热力、燃气及水的生产和供应业	58202	58070	24391	44667	59287
5. 建筑业	36483	35987	26586	31682	32715
6. 批发和零售业	46340	30677	23034	31177	37631
7. 交通运输、仓储和邮政业	53391	50021	28904	43478	53723
8. 住宿和餐饮业	31267	29719	23100	27252	30676
9. 信息传输、软件和信息技术服务业	80510	39086	25719	44518	45755
10. 金融业	89743	69094	25611	57364	67378
11. 房地产业	46764	29906	25891	36852	39709
12. 租赁和商务服务业	53162	26700	23894	30992	41833
13. 科学研究和技术服务业	69254	43009	28733	45988	48281
14. 水利、环境和公共设施管理业	32343	21727	21438	29856	37329
15. 居民服务、修理和其他服务业	35135	22806	21601	29170	33434
16. 教育	47734	39020	22185	39582	56498
17. 卫生和社会工作	52564	33132	25230	38814	51644
18. 文化、体育和娱乐业	53558	33098	21939	35925	50163
19. 公共管理、社会保障和社会组织	46074	33313	26803	33696	52104

资料来源：有关各省区 2013 年统计年鉴。

（2）劳动力素质与非资源型产业不匹配。2012 年，山西省每万人学校数为 0.021，在校生占人口比重为 1.8%，前者高出全国平均水平 0.003，后者与全国平均水平持平，能够为非资源型产业发展提供合格的人才。但是需要注意的是，既有的就业结构与产业结构一样集中于资源型产业。2012 年，山西省城镇单位采矿业就业人数占 20.70%，远远高于全国及周边省区，而制造业就业比重明显低于全国及除内蒙古外的周边省区。在工业内部，规模以上工业企业中，资源型产业就业比重高达 48.84%，而非资源型制造业就业比重仅为 50.77%（见表 4－10）。非资源型产业的发展一方面意味着农村剩余劳动力向非资源型产业的转移；另一方面意味着资源型产业的劳动力向非资源型产业的转移，而无论是农村剩余劳动力还是资源型产业的劳动力，其技能都无法满足非资源型产业的要求，需要对这些转移过来的劳动力进行培训。

表 4－10　2012 年城镇单位就业结构比较

单位：%

行业	全国	河北	山西	内蒙古	河南	陕西
农业	2.22	0.89	0.65	9.23	0.66	0.88
采矿业	4.14	4.65	20.70	7.93	7.15	7.29
制造业	27.97	23.45	16.12	15.76	24.77	20.97
电力、热力、燃气及水的生产和供应业	2.26	3.43	2.55	4.42	2.55	2.33
建筑业	13.19	13.13	8.89	6.74	14.25	10.41
第三产业	50.21	54.46	51.08	55.92	50.62	58.12

注：城镇单位数据不含私营单位。

资料来源：《中国统计年鉴》（2013）。

（3）创新能力不足。山西省 R&D 经费由 2005 年的 26.38 亿元增加到 2012 年的 132.3 亿元，年均增长 25.9%，略高于全国平均水平，但是由于起点较低，R&D 经费投入在全国仍然处于全国中下游水平，占 GDP 的比重为 1.09%，与全国平均水平的 1.97% 仍有较大差距。具体到规模以上工业，山西省 R&D 投入（人员和经费）、专利数、新产品开发经费、新产品销售收入等指标仅高于内蒙古，而低于周边的河北、河南、陕西等省份。详见表 4-11。

表 4-11　2012 年山西省及周边省区规模以上工业创新与新产品情况

地区	河北	山西	内蒙古	河南	陕西
R&D 人员全时当量（人年）	55979	31542	21509	102846	36728
R&D 经费（万元）	1980850	1069590	858477	2489651	1192770
R&D 项目数（项）	7574	2795	1857	9349	5164
专利申请数（件）	7841	3765	1650	12503	5467
发明专利（件）	2631	1390	770	3496	2170
有效发明专利数（件）	3358	2345	922	5133	4752
新产品项目数（项）	7541	2726	1567	9106	6052
开发新产品经费（万元）	1798885	1020706	529251	2313506	1285251
新产品销售收入（万元）	24576633	9283912	5814946	25762027	8715851

资料来源：《中国统计年鉴》（2013）。

（4）产业配套基础差。与资源型产业相比，非资源型产业往往具有产业链长、产业间分工程度高等特点，一家企业很难从事产业链上的所有活动，而需要众多配套企业相互协作才能实现产品的生产与价值的创造。我国东部地区在非资源型产业特别是劳动密集型产业以及高技术产业的劳动密集型环节的国际竞争优势很大程度上来源于完善的产业配套环境，包括上下游配套环境、物流环境及销售渠道等。山西省的非资源型产业规模偏小，企业数量少，产业配套不完善，因此在承接东部非资源型产业转移或是内生发展非资源型产业的时候均有较大难度。

第二节　国内外非资源型接续替代产业发展的经验借鉴

国内外有许多以资源型产业为主的地区和城市成功实现了产业的转型。总结这些地区和城市接续替代产业发展的成功经验，能够为山西省提供很好的借鉴。

一、接续替代产业发展的成功经验

（一）德国鲁尔区

从 20 世纪 50 年代起，德国鲁尔区先后经历了煤炭危机和钢铁危机，单一的资源型产业结构导致经济快速下滑。为此，德国曾提出三个地带的设想①，实施"去工业化"和"新型工业化"改革，对传统产业和新兴产业进行重新规划。

（1）基于社会稳定的传统产业再升级。鲁尔区对煤钢产业采取了循序渐进地整合升级方式。首先，对煤钢产业实行并购重组，依据不同情况采取关、停、并、转。例如，1969 年，鲁尔区 26 家煤炭公司联合成立鲁尔煤炭公司，关闭不盈利的小企业；1998 年，两大钢铁生产巨头蒂森钢铁公司与克虏伯公司实行强强联合，使得钢铁产量占全区 50% 左右。其次，加快传统产业技术改造和升级。例如，在煤炭工业方面，鲁尔区加强对煤炭生产和转换工艺的研究；在钢铁工业方面，引进世界上最先进的连续退火炉，提高产品质量和品种；利用信息技术对传

---

① 即"南方饱和区"、"重新规划区"和"发展地区"。"南方饱和区"主要是指沿鲁尔河一带的煤钢产业集中区，虽然这一区域经济地位已逐渐下降，但经济结构却相对协调；"重新规划区"是鲁尔区的核心地区，包括鲁尔区的主要城镇及埃姆舍河沿岸城镇，亟须重新规划和调控城市发展；"发展地区"包括鲁尔河东、西部的新兴工业和第三产业区。

统产业进行改造，使生产工艺流程、过程控制、产品用料、信息采集、运行管理、市场销售、物流配送等方面的综合效益明显提高。再次，调整传统产业布局。例如，针对区内铁矿进口的新趋势，将钢铁生产由沿鲁尔河的东西布局，改为以杜伊斯堡为中心的南北布局。最后，调整政府补贴政策，逐步减小产业保护力度。为了保证社会就业和稳定，德国政府设立了 5 亿马克的鲁尔地产基金用于收购企业闲置的土地，规定企业每创造一个就业岗位将获得 5 万马克的补助，工人的转岗培训费用全部由政府资助。但是，由于长期的补贴并没有实现经济的恢复，这种保护力度也逐渐降低。德国联邦政府给予鲁尔区矿业的补贴从 1998 年的 47 亿欧元逐年降低到 2005 年的 27 亿欧元。

（2）基于资源优势的新兴工业多元化发展。首先，基于区内资源禀赋，加快发展新兴产业集群。1984 年，北威州政府启动"朝阳技术"项目，将政策重点从引进投资转移到推动创新和建立地方技术转移中心上。在改善投资环境方面，各级政府加大了对企业的补贴。北威州规定，凡是从事信息技术、新材料等新兴产业的企业在当地落户，将给予大型企业投资者 28%、小型企业投资者 18% 的经济补贴。在选择引入的新兴产业方面，鲁尔区特别注重从区内的现有资源禀赋出发，而非盲目加快引入各类产业。例如，鲁尔区环保产业的兴起就是基于煤钢产业对环境造成的长期破坏，逐步从对可再生资源、废物回收与处理等领域的研究发展起来。目前，鲁尔区已形成拥有 1600 多家环保企业的产业集群，成为德国环保技术研究的中心（见表 4 - 12）。此外，鲁尔区还重点发展了生物、医药、化工、新能源、IT 等产业，并在新兴工业引进的同时发展了物流等配套产业。

其次，鼓励发展中小企业，充分发挥政府、园区和科研机构的扶持和孵化作用。在资金支持方面，鲁尔区通过《关于中小企业研究与技术政策总方案》、《欧洲复兴计划》和《新企业投资项目》等政策为中小企业提供低息贷款和部分无偿援助，以较低的价格将工业废弃地出售给新企业，并制订了鼓励向科技型中小企业进行风险投资的计划。北威州实施了"NRW - EU - Ziel - 2 - Program 计划"，帮助中小企业获得项目资助。在研发支持方面，鲁尔区建立了科学技术革新信息中心，推动科技型中小企业联合研究和创新网络计划，帮助企业拟订技术革新计划，并鼓励优先向中小企业转让技术。同时，依托于区内十余所高等院校和众多科研机构，提供灵活多样的培训服务，建立各类科技园区作为科研转化的孵化器。此外，鲁尔区通过多次修订《反对限制竞争法》，保护中小企业的合法利益。

表 4 - 12　鲁尔区初步形成的产业集群

产业	一级聚集地	二级聚集地
医药	埃森	科隆、杜塞尔多夫、明斯特、波鸿
医疗器械	波鸿	帕德博恩、杜塞尔多夫
物流	杜伊斯堡	盖尔森基兴、奥伯豪森
IT、媒体	多特蒙德、科隆	杜塞尔多夫、波恩
生物	多特蒙德、科隆	相对分散

资料来源：笔者整理。

（3）基于环境保护和历史传承的文化旅游产业深开发。鲁尔区在恢复区内生态环境的基础上，将生态保护战略和工业遗产旅游战略深化结合。鲁尔区政府投资 50 亿马克成立环保机构，负责处理老矿区遗留下来的环境污染和土地破坏等问题。政府鼓励当地工矿改造成历史文物，引入剧院、画廊、餐厅等，形成风格独特的工业化历史旅游文化区。例如，北威州政府买下并改造的埃森煤矿关税工业纪念遗址，已于 2001 年被联合国教科文组织列入世界文化遗产保护名单。通过"IBA 项目"的推动，鲁尔区探索出了一条从零星经典的独立开发到区域性的统一开发的道路，形成了多条涵盖工业化历史、产业结构变革、工业景观和废旧建筑再利用等内容的旅游专线，并形成了博物馆开发模式，休闲、景观公园开发模式，购物旅游相结合的开发模式，传统的工业区转换成现代科学园区、工商发展园区、服务产业园区模式。接续产业发展直接改变了鲁尔地区的就业结构，该地区第三产业就业占比由 1961 年的 36.3% 上升到 2009 年的 71.1%，同期第二产业就业占比由 61.3% 下降到 27.8%（见表 4 - 13）。

表 4 - 13　1961~2009 年鲁尔区三次产业就业结构

单位：%

年份	第一产业		第二产业		第三产业	
	鲁尔区	德国	鲁尔区	德国	鲁尔区	德国
1961	2.4	13.6	61.3	46.6	36.3	38.8
1970	1.5	9.1	58.4	49.4	40.0	41.5
1980	1.4	5.3	51.7	45.3	47.0	49.4
1990	1.2	3.6	44.4	40.6	54.4	55.8
2000	1.2	2.5	33.3	33.5	65.4	64.0
2009	1.1	2.2	27.8	25.5	71.1	72.0

资料来源：De Pablos P. O., Lee W. B., Zhao J. Regional Innovation Systems and Sustainable Development: Emerging Technologies [J]. Information Science Reference, 2011.

（二）美国匹兹堡

20 世纪 70 年代以后，匹兹堡钢铁工业日趋衰落，工厂倒闭、人口外迁，城市发展陷入危机。为此，匹兹堡提出了转型发展的"两个并存"①，鼓励发展高科技产业与服务业，推进多元化战略。

（1）传统钢铁工业转向钢铁技术服务业。由于放弃了对钢铁工业的倾斜保护，钢铁工业已不再是匹兹堡地区的主导产业，占匹兹堡就业的比重不到5%。虽然钢铁工业经济比重逐渐回落，但传统钢铁制造业也逐步实现了向钢铁技术与服务业的转型。匹兹堡形成了拥有丰富的钢铁技术和劳动力资源，以及稳定的供应商网络，有利于相关配套企业的"一站式购买"，吸引了钢铁技术服务企业向本地流动。这些钢铁技术与服务业公司提供钢铁原材料、辅助产品、单个设备和大型炼钢成套设备以及系统工程、程序控制、金属铸轧等技术服务，构成了庞大的钢铁技术服务集群。此外，匹兹堡政府机构和科研院校，对钢铁行业的培训和咨询方面也提供了重要支持。

（2）大力发展高新科技产业集群。首先，完善政府和社会对高新技术产业的服务体系。在政策导向方面，匹兹堡政府多次强调发展信息技术、生物医学、机器人、环保技术等高技术产业的重要地位，鼓励社会资源向高技术产业整体倾斜。同时，政府加大对工业园区的规划和建设，通过"重新利用环境修正标准法案"消除了使用工业废地的障碍，建立了匹兹堡技术中心、华盛顿登陆地、滨河地带等新工业园区，并通过完善基础设施建设、减免税收等优惠政策吸引企业迁入。在完善社会非营利组织建设方面，匹兹堡发挥了非营利组织的领导合作模式的优势，在不同主体之间形成高效的联动机制。在资金和管

---

① 《增长的战略：匹兹堡地区的经济发展计划》指出了匹兹堡转型发展的"两个并存"，即既要使制造业经济发展和服务业经济发展并存，也要使原有产业和新兴产业并存。

理支持方面，匹兹堡出现了一批帮助小企业建立和成长的组织和基金，如匹兹堡种子基金、CEO 风险基金、创新工程组织等。通过对企业在成长期和发展期提供指导，帮助其获得可持续化的经营能力。

其次，高新技术产业的重点发展。在培育高新技术产业方面，匹兹堡一直坚持重点发展本地技术和人才，特别突出了生物医药、信息通信、环保技术、现代材料等领域（见表 4 - 14）。以生物医药产业为例，匹兹堡政府调动各参与主体在技术、组织和资金等方面提供全面支持。在技术支持方面，受到当地大学的支持，匹兹堡生物医药技术一直处于世界领先地位。在组织协调方面，匹兹堡技术联盟和匹兹堡生物技术发展公司联合成立了"生物医药界网络"（the Biomedical Business Network），通过提出产业的共同需求，支持生物医药和生物科技企业的发展；匹兹堡技术发展和教育公司则主要协助生物医药领域内的商业化运作。在资金保障方面，1999 年创新工程组织将一半的小额贷款投在了生物技术领域；2000 年匹兹堡提出创立公私合作投资基金，专门帮助本地区成长为世界级的生物医药中心；匹兹堡大学也成立了主要以生物技术为投资领域的风险资金公司。

表 4 - 14　匹兹堡地区主要的高科技产业集群

集群名称	公司数量（个）	就业人数（人）	主要公司
生命科学	3293	121630	匹兹堡大学医学中心、美德瑞达、飞利浦伟康医疗、赛默飞世尔科技
能源技术	910	30448	贝克特尔—贝提斯国家实验室、康索尔能源公司、爱迪生使命集团、第一能源、基金煤炭公司、太阳能产业、西屋电气公司

113

集群名称	公司数量（个）	就业人数（人）	主要公司
信息技术	1538	29083	有限元分析软件公司、苹果、黑匣子、康卡斯特、谷歌、英特尔、IBM、华谊仪表
先进制造	842	22409	美国铝公司、治天公司、伊顿公司、考伯斯、德国朗盛、亨氏、PPG、西门子、美国钢铁公司
现代材料	254	11465	拜耳公司、卡尔冈炭素公司、美国赫西铜公司、瑞士努发化工
环境技术	1601	33129	民用与环境咨询公司、西门子环境系统与服务公司、威立雅环境集团、纺工镇环境集团公司

资料来源：朱华晟. 匹兹堡地区的产业重构［J］. 城市问题，2011（5）.

最后，充分发挥高等院校在技术研发与转让、企业孵化和培育、地区建设和文化推广方面的助推作用。在技术研发与转让方面，匹兹堡地区大学的研发费用一直稳定增长，依托于本地大学的研究能力，匹兹堡在医药、生物技术、信息技术、人工智能等领域具有国际一流的技术和研发实力；各主要大学纷纷成立技术转让办公室，负责本校对企业的技术转让，加速研发成果的商业化运作。在企业孵化和培育方面，大学承担了当地企业的孵化工作。近年来，匹兹堡大学和卡内基梅隆大学分别扶持创办了 40 多家和 50 多家企业，为企业的技术和管理等方面提供支持和保障。在地区建设和文化推广方面，大学对参与褐地开发起到了重要作用。众多褐地被大学开发成教学科研设施及进行部分产业衍生活动，例如卡内基梅隆大学机器人学院利用黑泽伍德区的废弃褐地扩建了新的研究中心并成立了公司；博恩特帕克大学在匹兹堡新创建的文化区购置房产发展世界级表演艺术教育，在促进旅游业和文化区建设的过程中发挥了作用。

目前，匹兹堡地区已经形成生命科学、新能源技术、信息技术、先进制造、现代材料和环境技术六个高科技产业集群，成为拉动经济增长、加快产业升级、保障地方就业的多极力量。

（3）着力发展现代服务业和总部经济。在匹兹堡传统工业和高科技产业变化的同时，服务业内部结构的变化亦较为明显。传统的批发零售商、运输仓储、住宿餐饮等服务业比重显著下降，专业科学技术服务、金融保险、医疗保健与社会援助等现代服务业所占比重不断提高。首先，高新技术产业的发展带动了相关生产性服务业的兴起，专业化科学技术服务业不断壮大。其次，总部经济的模式吸引了300多家公司在匹兹堡地区设立总部，大规模的资本运作也带动了相关的金融保险业。最后，匹兹堡拥有丰富的艺术文化和体育运动资源，形成了具有较高价值的文化创意产业和体育运动产业。

（三）日本九州

20世纪50年代以后，日本能源结构由"煤主油辅"变为"油主煤辅"，工业布局逐渐东移，九州老工业基地日渐衰落。为此，日本九州基于国际化战略，提出建设"科技之乡"与"母工厂化"战略①，加快实现转型发展。

---

① "技术之乡"，即通过保持与亚太地区的共同发展，实现九州地区作为高技术产业基地的目标；"母工厂化"，即使九州地区的工厂具有对海外生产基地的综合管理功能、人才培养功能和研究开发功能，以确保在生产型工厂不断向海外发展的新形势下得以继续生存。

（1）传统煤炭产业有序退出。从 1961 年到 1991 年，日本对煤炭产业进行了 9 次政策调整，体现了对煤炭产业从保护到放弃的选择过程。在 1969 年第四次煤炭政策调整时，日本政府明确提出"煤炭工业的自立发展已没有可能"。从九州对煤炭产业的退出安排来看，首先成立了专门的行政机构，对全区进行总体规划。1962 年成立产煤地域振兴事业团，通过开发工业园小区的方式，将开发好的土地附以长期贷款、减免税等方式转让给投资者，吸引投资者进行改建。同时，重视完善社会保障，提供失业人员的再培训。日本政府为安置关闭煤矿后的失业人员，制定了《煤炭矿业结构调整临时措施法》、《煤矿职工队伍稳定雇佣临时措施法》和《煤炭矿业年金基金法》等法规，对在调整中离岗的煤矿职工发放退职金和离职金；通过实施就业援助，使离岗人员实现再就业，避免因工厂关闭造成社会和经济出现混乱。

（2）利用区位优势发展新兴替代产业。强化政府导向与促进区域合作。为加快九州转型发展，日本在九州地区划定了多个"新产业城市"①。政府对"新产业城市"优先配置工业投资，建设交通和通信等基础设施，给予财政、金融和税收上的优惠。同时，九州地区加强区域内的分工合作。在中央及地方政府的主导下，通过举办"区域集群成果共同发布会"，促进各个产业集群之间的合作。在国际化战略的主导下，九州地区加快了航空运输的现代化，使其能够更加便捷地实现国际合作与产业引进。

以"技术城"模式实现"产、学、官"有机结合。在城市

---

① 在日本第一次全国综合开发计划中，九州被划为"开发地区"，九州的大分、日向·延冈、不知火·有明·大牟田等地被划定为"新产业城市"。

转型建设中，日本提出了"技术城"发展模式①。1983 年，日本在全国设立的 26 个"技术城"中，九州地区占了 6 个，即久留米·鸟栖（福冈、佐贺两县）、环大村湾（长崎县）、熊本（熊本县）、县北国东（大分县）、宫崎 SUN（宫崎县）和国分隼人（鹿儿岛县）"技术城"。在"技术城"的带动下，遵循"产、学、官"有机结合的原则，九州地区发展显著。1994 年，九州 6 个"技术城"区域的工业生产总值达到 42541 亿日元，占九州当年工业总值的 22.5%。此外，2002 年九州成立了"产、学、官交流中心"，负责促进企业、科研院所和政府的合作发展。

大企业主导的新兴产业布局模式。由于创新技术从研发到商业化运作，不仅需要投入大量资源，而且还具较高风险，因此九州在发展新兴产业的过程中，采取了大企业主导的布局模式。以九州的半导体产业为例，就是以 1967 年三菱电机在熊本建设半导体工厂为开端，依靠索尼、东芝、日立、富士通等大型企业，才逐步发展起来。伴随大型半导体企业的建成，大量劳动密集型任务外包给了地方中小企业，一方面，大企业对中小企业进行了培训和技术转移，使得地方中小企业的技术能力迅速提高；另一方面，大量中小企业积极地参与相关模具、设备、仪器等生产环节，健全了配套生产和服务体系。20 世纪 80年代，九州半导体产业快速成长，到 1987 年其世界市场占有率达到 15.3%。但是，由于原有集群相对独立导致发展乏力，因此九州又开始实施半导体产业集群的整体升级。通过九州经济

---

① "技术城"即以高技术研究开发为基础，将"产、学、住"有机结合，以原有地方城市为母城的新型中小城市。在地域上，"技术城"形成了三个圈层，即"产、学、住"基本功能齐全的独立生活圈规划为内圈，高速公路或铁路行程为 1～2.5 小时范围的中心城市地区规划为中间圈，飞机航程在 1 小时左右范围规划为外圈。

产业局和九州半导体创新协议会,以半导体技术为轴,通过动员政府、企业、大学、研究所、个人积极参与,促进知识创造与产业活力的良性循环。此外,九州半导体产业的繁荣还吸引了德国国立信息处理研究所(GMD)、英国 Granfield 大学等世界性研究机构落户。

充分发挥大学的科研和技术转化能力。九州地区拥有九州大学等数十所高等院校,为产业发展提供了智力保障。同时,各大学为促进科技成果的产业化,成立了技术许可办公室,负责学校的专利申请、技术许可等事务。此外,九州实施了大学风险企业支援项目。到 2004 年 3 月,九州地区的大学共创办 78 家风险企业,占日本大学风险企业总数的比重为 9.8%。目前,日本九州不仅发展为全球重要的"硅岛"和"车岛",还在机器人、电子、环保、生物科技和物流等产业取得了显著发展,带动了该地区产业结构演变,实现了老工业基地的成功转型(见表 4-15)。

表 4-15   日本九州地区产业结构演变

单位:%

年份	1955	1975	1990	2000
第一产业	48.9	21.6	12.3	2.9
第二产业	18.2	25.8	26.8	25.6
第三产业	32.9	52.6	60.9	71.5

资料来源:杨振凯. 日本九州老工业基地改造政策分析 [J]. 现代日本经济,2006 (6).

(四)东北老工业基地

从 2003 年实施东北地区老工业基地振兴战略以来,东北老工业基地坚持以改革创新推进产业复兴,加快了对调整产业结构等问题的探索,积累了一定的经验。

118

（1）传统农业再升级。在加快振兴工业的同时，东北地区将推进传统农业再升级作为整体发展的有益补充。为了巩固东北粮食主产区地位，2004年率先在黑龙江、吉林两省实行全面免征农业税政策，扩大东北地区粮食生产补贴范围和规模。2011年，黑龙江粮食产量达1114亿斤，成为全国产粮第一大省。积极推进农业现代化。黑龙江在推进农业现代化的过程中，将其总结为"八化"，即规模化、机械化、科技化、产业化、水利化、合作化、品牌化和城镇化。农产品加工业是吉林省重点发展产业，已成为该省第二大支柱产业，长春大成等一批农业企业已经在国际市场上占有一席之地。

（2）以改革创新为核心推进工业复兴。深化国企改革。回顾东北老工业基地振兴十年历程，深化国有企业改革是其发展关键。以沈阳市铁西区为例，沈阳市专门成立铁西工业区改造办公室，通过对企业的破产重组，实现优势企业重组增强，劣势企业逐步淘汰。但是，由于区内国有企业最初归属于机械工业部直接管理，沈阳市并没有管理权限，因此改革方案难以执行。直到中央批准将国有企业管理权限下放到市委，国企改革才正式启动。铁西区鼓励和支持企业跨行业、跨国界、跨所有制的兼并重组和股份制改造，先后实现六十余家国有企业的重组改制，推动沈阳机床等七家企业上市，促成沈阳机床收购德国希斯公司、北方重工集团并购法国 NFM 公司。

调整空间布局。东北老工业基地大多建设在老城区，在空间布局上限制了城市的发展。为此，铁西区实施"东搬西建"的改造方案。"东搬西建"，就是把部分老企业从铁西区搬到经济技术开发区，利用市区与郊区的土地级差收益实现老企业安置职工、转换机制和改造技术，利用老城区"东搬"腾出的空间实现生产性服务业的发展。以沈阳农机工业总公司为例，仅地价差一项，就获得 2.4 亿元，其中 8000 万元支付职工欠款，5000 万元完成职工并轨，其余 1.1 亿元实现改建升级。同时，铁西区还加大了对社会保障体系建设、棚户区改造、基础设施建设和生态工程建设的力度，民生事业十年累计投入千亿元。

优化产业集群。铁西区在推进区内产业集群整体升级的过程中，对园区规划、企业引入和技术支持等方面形成了较多经验。在园区规划方面，铁西区通过科学规划指导空间布局和土地开发，把产业和项目作为优化空间布局的核心要素，编制了总体规划和具体的产业发展规划，并建成多个现代化工业园区。在企业引入方面，铁西区注重企业的先进性和多元化。以装备制造业基地为例，强调企业的技术提升和信息化改造，并将推进"沈阳制造"向"沈阳智造"转变作为发展目标。从企业性质来看，不仅继续保留了原有国有企业，还积极引入了宝马等跨国企业和远大等民营企业。在技术支持方面，铁西区先后投入 30 多亿元专项资金支持企业对重大技术装备和关键技术进行攻关，建有国家、省级工程技术中心 36 个，企业技术中心 30 个，重点实验室 26 个，院士工作站 11 个，科技研发机构 116 个。

（3）借助区位优势加强国际合作。首先，凭借区位优势，积极发展口岸贸易。近十年来，黑龙江省充分发挥边境区位优势，强化对俄贸易，拉动东北亚贸易，并致力于建设"大通道、大物流、大口岸、大园区"。2011 年，黑龙江省对俄贸易达 189.9 亿美元，占全国对俄贸易总量的 1/4。其次，建设边境开放合作区。2005 年"中国—东北亚博览会"正式启动，2009 年"长吉图"先导区成为国家批准实施的唯一一个沿边开发开放区域。2012 年，国务院又正式批复设立"中国图们江区域（珲春）国际合作示范区"，逐步建设国际产业合作区、边境贸易合作区、中朝珲春经济合作区和中俄珲春经济合作区等功能区。

二、经验总结与借鉴

通过以上对德国鲁尔区、美国匹兹堡市、日本九州和我国东北老工业基地在接续替代产业发展方面经验的总结，可以看到不同地区和城市在转型和发展过程中的情况各有差异，发展接续替代产业必须从本地实际出发才可能获得成功。促进接续替代产业发展，既要处理好传统产业的升级或退出的问题，也要做好新兴产业培育和发展工作。

首先，传统产业的升级或退出对本地的经济发展具有重要影响。通过比较上述四个地区的发展经验，传统产业并没有完全退出的必然性，反而传统产业的适度保留和转型升级对保障城市发展接续替代产业起到了稳定作用。对于可以通过技术改进和转型实现发展的传统产业，要积极推进技术和组织革新，增添发展活力。例如，美国匹兹堡钢铁工业的比重虽然明显下降，但是通过对传统资源的整合和利用，将落后的制造工业变为发展现代生产性服务业的优势，实现了钢铁制造业向钢铁技术服务业的转变。对于不具备发展潜力的传统产业，在选择放弃发展后，也要保证有序退出，尽量降低其可能带来的负面影响。传统产业一般比重过大，涉及的企业、员工数量众多，过快地全部退出很可能导致较为严重的负面影响。从德国和日本的经验来看，在认识到传统产业已不具有发展可能后，仍然给予了一定补助，通过数十年循序渐进的方式，逐步实现产业退出。因此，适度退出传统产业，能够为本地经济发展赢得解决社会问题和深化改革的时间。总之，传统产业和接续产业之间不是完全的替代与被替代关系，有资源、有潜力的传统产业仍然具有升级发展的空间，只有基于谨慎、全面的权衡，才能最终确定传统产业的命运。

其次，接续替代产业的培育要以本地资源禀赋为基础。产业的发展有赖于资源的组合效应，任何接续替代产业的发展都难以脱离本地的历史基础。例如，鲁尔区和匹兹堡在选择接续替代产业的过程中，将备选产业与传统优势和潜在资源紧密结合，由长期的环境污染治理发展出环保产业，由钢铁工业发展出钢铁服务业，由领先的生命科学技术发展出医药产业，由便捷的交通优势发展出现代物流业等。同时，接续替代产业也可以通过合理的规划和整合，采取适度跨越发展。日本九州通过加强区域开放和合作，通过发展半导体相关技术、引进外部技术和投资、建设完善的航空网络等措施，实现了半导体产业跨越发展，迅速成为全球重要的半导体产业基地。因此，接续替代产业实际上是在对已积累的资源、尚未充分利用的资源和潜在可开发的资源进行整合升级的基础上，逐步发展起来的。

再次，科学的城区布局、完善的基础设施和良好的生态环境有利于接续替代产业的发展。结合四个区域的发展经验，均在城区布局规划、基础设施建设和生态环境保护领域加大了建设力度。对于传统的老工业地区来说，长期的工业建设导致了新老城区布局不合理，资源的过度开发对本地生态环境造成了较大的影响，威胁着本地居民的健康和生活，极大地破坏了城市的整体形象。因此，合理规划城区建设，恢复生态环境，改善交通和通信等基础设施对于提升城市形象和引进新兴产业具有重要意义。

最后，从我国接续替代产业发展的实际情况来看，必须要坚持深化改革，破除城市和企业发展的体制和机制束缚。从东北老工业基地的发展经验来看，最初阶段虽然已经进行了全面的规划和部署，并制定了一系列改革措施，但当落到实际的时候却收效甚微，其原因就在于体制和机制的僵化问题。企业是城市发展中的活跃因素，国有企业和民营企业在发展接续替代产业的过程中各有要义。深化国有企业改革，通过并购重组增强企业经营能力，淘汰落后企业，提高国有经济的发展质量，有助于接续替代产业在重要领域和关键环节实现突破，带动新兴产业集群的快速发展，推动城市经济的整体转型。鼓励发展中小民营企业，特别是借助于研究院所和社会组织的科研孵化能力，有助于增添市场活力，带动科技创新，促进接续替代产业的多元化和完整化。

第三节　山西省非资源型接续替代产业的选择与发展路径

山西省非资源型接续替代产业的发展应以中共十八届三中全会全面深化改革的战略部署、《山西省国家资源型经济转型综合配套改革试验总体方案》为指导，充分发挥市场在资源配置中的决定性作用和更好地发挥政府的作用，以全面深化改革、推进科技创新为动力，立足于发挥山西省的资源优势、土地和劳动力等比较优势和满足本地市场需求，积极承接东部地区的产业转移，提升以资源为基础的产业，壮大劳动密集型产业，培育新兴产业，带动现代服务业，通过产业链延伸、产业融合、新兴产业培育、重大项目带动、园区产业集聚，构建具有山西省特色的现代产业体系，实现资源型产业与非资源型产业的均衡发展。

一、山西省非资源型重点接续替代产业的选择

（一）提升以资源为基础的产业

煤炭是山西省最为丰富的自然资源，以煤炭为基础的资源型产业也是山西省规模最大、在全国最有优势的产业。发展非资源型产业并不是要放弃资源型产业，资源型产业在相当长的时间内仍然将是山西省经济发展的重要支撑，同时资源型产业的主导地位也给非资源型产业提供了重要的发展机遇。一是资源型产业的产业链向下游进一步延伸能够形成新的产业。例如，尽管我们利用两位数行业的直接消耗系数判断，化学原料和化学制品制造业属于资源型产业，包括其中的肥料制造业、基础化学原料制造业、合成材料制造业、化学纤维制造业，但是这些细分行业的产品可以继续作为下游的原料进行深加工，进一步提高附加价值，尽管这些新的产品仍然隶属于化学原料与化学制品制造业，但实际上已经摆脱了对自然资源的直接依赖而具有了非资源型的先进制造业的特征。二是资源型产业可以作为非资源型产业的重要投入，从而使下游非资源型产业获得地域接近或成本上的优势以及原料供应的保障。如前所述，山西省丰富的煤炭资源带来低电价的优势，从而有利于形成高载能型产业的成本优势。从这个角度说，山西省具有发展光伏、云计算中心、电池等高耗能行业的条件和优势。三是资源型产业的转型升级需要其他产业发展的支撑，例如煤炭的清洁利用需要水平更先进的装备，提高化学工业转化率、减少废物排放需要新型的催化剂、环保处理设备等，这就为相关产业的发展提供了市场空间。特别是在减少环境污染、能源消耗和二氧化碳排放约束不断强化的条件下，更有利于刺激相关产业的兴起。

尽管其他地区的企业也能够生产和提供山西省产业转型升级所需的装备和产品，但是山西省本地企业具有良好的人脉，便于供需双方知识、信息的交流，靠近市场还能降低物流、商务成本。

（二）壮大劳动密集型产业

与周边省区比较，山西省劳动密集型产业的比重明显偏低。发展劳动密集型产业不仅有利于实现资源型产业与非资源型产业的均衡发展，而且能够利用"人口红利"，解决大量低技能劳动力的就业问题。对于山西省来说，发展劳动密集型产业具有很好的本地需求。表4-16计算了按人口平均的山西省与全国的规模以上工业主营业务收入情况以及山西省该指标相对于全国的比重。从一个国家或地区来看，产出减去净出口可以反映出人均实际消耗的某产业产品情况。尽管表4-16的数据没有剔除净出口的影响，但是如果山西省人均规模以上产业主营业务收入相对于全国的比值过低，则可以认为该产业的产品在山西省难以实现自足，需要从省外输入。从表4-16可以看到，山西省的纺织业，纺织服装、服饰业，皮革、毛皮、羽毛及其制品和制鞋业，木材加工和木、竹、藤、棕、草制品业，家具制造业，造纸和纸制品业，文教、工美、体育和娱乐用品制造业，化学纤维制造业，交通运输设备制造业，电气机械和器材制造业，废弃资源综合利用业等行业的人均主营业务收入相对于全国的比重均在10%以下，说明这些行业在山西省内有很大的市场需求且本地生产无法满足，而这些行业的大部分属于劳动密集型行业。2010年，中国纺织品、服装、办公和电信设备出口额占世界比重分别为30.68%、36.94%和28.04%，显示比较优势指数（RCA）分别为2.96、3.57和2.71，显示出很强的国际竞争力。近年来，由于我国经济发展成本上涨较快，劳动密

表 4 – 16   山西省及全国非资源型制造业人均主营业务收入情况

行业	山西省人均主营业务收入（元/人）	全国人均主营业务收入（元/人）	山西省占全国比重（%）
农副食品加工业	829	3851	21.53
食品制造业	309	1169	26.44
酒、饮料和精制茶制造业	528	1001	52.77
烟草制品业	101	559	18.10
纺织业	88	2381	3.71
纺织服装、服饰业	60	1277	4.70
皮革、毛皮、羽毛及其制品和制鞋业	11	832	1.26
木材加工和木、竹、藤、棕、草制品业	39	759	5.08
家具制造业	5	419	1.25
造纸和纸制品业	46	923	5.03
印刷和记录媒介复制业	45	335	13.30
文教、工美、体育和娱乐用品制造业	30	759	4.01
医药制造业	321	1280	25.05
化学纤维制造业	1	498	0.20
橡胶和塑料制品业	217	1784	12.14
金属制品业	594	2147	27.69
通用设备制造业	466	2810	16.58
专用设备制造业	1125	2120	53.06
交通运输设备制造业	177	3784	4.68
铁路、船舶、航空航天和其他运输设备制造业	328	1163	28.21
电气机械和器材制造业	332	4027	8.24
计算机、通信和其他电子设备制造业	1221	5201	23.48
仪器、仪表制造业	129	492	26.31
其他制造业	21	153	13.51
废弃资源综合利用业	6	216	2.91
金属制品、机械和设备修理业	25	65	38.59

注：为规模以上工业。

资料来源：根据《中国统计年鉴》（2013）及《山西省统计年鉴》（2013）数据计算。

集型产业与高技术产业的劳动密集型环节出现了向中西部地区转移的趋势。山西省应抓住东部产业转移的契机，尽快壮大劳动密集型产业。需要注意的是，承接东部地区的产业转移不应当是原有产业的生产装备和技术水平在山西省的简单复制，而是要在产业转移的过程中严把能耗和排放标准，大力推广新技术、新工艺、新流程、新装备、新材料，对现有企业生产设施、装备、生产工艺条件进行改造，在更高的层次上实现劳动密集型产业的发展。

（三）培育战略性新兴产业

战略性新兴产业是以新的重大市场需求为导向，以重大技术创新为"引擎"，代表未来产业发展方向，能够对地区甚至国家的未来经济社会的可持续发展发挥重大引领和带动作用的产业。一般来说，战略性新兴产业具有资源消耗少、环境污染小、知识技术密集、综合效益好、发展潜力大的特点。在国家《国务院关于加快培育和发展战略性新兴产业的决定》（国发〔2010〕32号）和《"十二五"国家战略性新兴产业发展规划》（国发〔2012〕28号）等政策的基础上，《山西省人民政府关于加快培育和发展战略性新兴产业的意见》（晋政发〔2011〕21号）提出培育新能源、新材料、节能环保、高端装备、现代煤化工、生物、煤层气、新一代信息技术和新能源汽车九大战略性新兴产业。发展战略性新兴产业对于山西省来说既具有必要性也具有可行性。所谓必要性，是指战略性新兴产业代表未来产业的发展方向，孕育着巨大的商机，不但是世界各国竞相进入的焦点，而且对地方经济未来的发展也会产生巨大的影响。当前无论是在国家之间还是地区之间，战略性新兴产业的发展差距都不如传统产业那么明显，因此是后发国家或地区实现赶超的"时间窗口"。如果不及早培育和发展战略性新兴产业，就会失去发展的机遇，并影响到未来非资源型产业的发展。所谓可行性，是因为山西省在一些产业领域已经形成了较强的技术积累，并且拥有巨大的市场承接战略性新兴产业的产品。尽管目前山西省不具备全面培育和发展战略性新兴产业的技术、人才和资金实力，但是可以在山西省有资源、有市场、有技术基础的部分战略性新兴产业领域实现重点突破。例如，山西省的煤炭及煤化工产业具有良好的基础，因此可以将煤炭采掘设备、煤化工设备作为装备制造业发展的重点。又如，山西省面临节能减排、环境和污染治理的艰巨任务，可将相关装备、产品和服务产业作为重要的培育点。

（四）带动生产性服务业

随着经济的发展，产业结构会呈现出从第二产业比重高于第三产业转变为第三产业比重超过第二产业的规律。山西省非资源型接续替代产业发展的一个重要方面就是促进服务业的发展、提高服务业的比重。发展服务业不仅要发展独立的消费性服务，提高其在GDP中的比重，更要发展依托于工业、服务于工业的生产性服务业。与传统消费性服务不同，生产性服务业的主要服务对象不是一般的消费者而是从事生产经营的企业，通过与第二产业产业链的融合，直接作用于第二产业的生产流程，既包括为制造业提供仓储、物流、金融、信息、法律、咨询等高端服务，也包括服务业企业的品牌、技术等无形资产通过授权、特许、代理、贴牌生产等方式将产业触角从服务环节延伸到制造环节。实体经济是整个国民经济的基础，如果服务业的发展失去了实体经济的支撑，整个社会经济发展就会出现看似繁荣的"虚胖"状态，服务业的发展也是难以持续的，因此要鼓励以实体经济为导向的服务业优先发展，在促进非资源型产业加快发展、资源型产业得到提升的同时，带动金融、物流、信息服务、文化创意等生产服务业的发展。

二、接续替代产业的发展机制

（一）产业链延伸

产业链延伸就是从资源型产业链向下游延伸进入非资源型产业，或从资源型产业的价值链向两端延伸进入非资源型的价值链环节。具体又可分为三种形式：一是将资源型产业链延长，通过提高创新能力，对现有产品进行深加工、开发新产品，从而将资源型产业链从资源型产品延伸到非资源型产品，如从煤化工产业进一步延伸到精细化工、催化剂、新材料产业。二是从产业链的低附加值、低技术含量的制造环节向高技术含量、高附加值的研发、设计、市场营销、品牌控制等环节攀升，即从"微笑曲线"的中间位置向两端扩展。通过推进以研发、设计、创新、互联网、生产服务为代表的轻资产产业的发展，使山西省的发展减少对资源的依赖，而将发展的基础转移到非资源型高端要素上来。三是促进商业模式创新，创新产业业态，积极涉足与制造活动相关的生产性服务业，如通过期货市场掉期保值，组建金融公司支持企业的制造、产品的销售等活动。

（二）产业融合

产业融合是指两个或多个产业融合形成一个新的产业。产业融合不仅表现在信息产业自身以及三次产业之间，而且表现在大类产业内部的子产业之间、信息产业与传统产业之间、价值链不同环节所涉及的产业之间，可以被划分为产业渗透、产业交叉和产业重组三种形式①。①产业渗透，是产业融合的主要

---

① 胡汉辉，邢华. 产业融合理论以及对我国发展信息产业的启示 [J]. 中国工业经济，2003（2）.

方式，是指一个产业的产品、技术被广泛应用到其他产业中去，从而形成两个或多个产业的融合，尤以高科技产业向传统产业的渗透最为典型。②产业交叉，是指通过产业间的功能互补和延伸实现产业间的融合，这类融合通过赋予原有产业新的附加功能而形成新的产业，例如采掘业、工业与旅游业的交叉形成矿业旅游、工业旅游。发生交叉的产业往往并不是全部融合，而只是部分的合并，原有的产业继续存在。③产业重组，主要发生在具有紧密联系的产业之间，这些产业往往是某一大类产业内部的子产业，通过重组形成新的产业。要特别重视工业尤其是制造业的服务化趋势。由于产品的复杂性带来的对服务需求的增加以及价值中心向服务环节的转移，驱动越来越多的制造业企业开始由制造向服务衍生和转移，强化内部的研发、设计、品牌与销售等价值链中的服务化环节，服务业在企业的销售和利润中所占的比重越来越高，提供产品服务集成解决方案已成为企业竞争优势的所在。企业在微观层面上向服务业的转型在产业层面上就表现为生产型制造向服务型制造的转变，服务环节在制造业价值链中的作用越来越大。山西省拥有在全国领先的煤炭采掘、煤炭加工企业，这些企业完全可以在传统的采掘和制造业之外，整合咨询、研发、设计、建设、运营管理等资源，发展壮大提供综合解决方案的服务性业务。

（三）重大项目带动

非资源型产业的产业链长、分工程度深、产业配套复杂，如果依靠企业的自然发展难以在短时期内形成完善的、产业赖以生存和发展的产业生态系统。大企业通常已经形成围绕自然的商业生态系统，配套企业在空间上往往集聚在核心大企业的周围。大企业投资能够产生如下几种效应。群栖效应：大企业会将在其他地区比较完整的分工网络复制到新的投资地；带动效应；大企业生产网络的存在会带动本地区及其配套企业的发展；示范效应：较早投资企业的快速发展会形成示范，促进其他大企业跟进投资；正反馈效应：随着集群内分工机制的逐步形成，产生更强的对投资的吸引力，使产业集群进一步完善。因此，通过吸引大企业投入，建设大项目能够在较短时期带动比较完善的产业生态系统的形成，为非资源型产业的后续发展创造良好的环境。

（四）创新发展

新产业的形成与发展、产业结构的调整与演变有其自身的规律，不能完全依赖政府的行政手段达到目标，必须充分调动市场微观主体的活力，而创新的活跃程度是微观主体活力的重要体现。资源型产业与非资源型产业均衡发展的一个重要方面就是发展模式从高度依赖资源投入转移到依靠创新驱动上来。山西省的创新能力与国内先进水平还存在很大差距，特别是在非资源型产业领域存在明显的创新能力缺口。只有通过大力提高创新能力，才能够提高资源型产业的生产效率、经济效益与清洁化水平，才能培育并形成新的非资源型产业与战略性新兴产业、增强非资源型产业的竞争力。

（五）创业发展

与东部沿海地区相比，山西省国有企业的比重偏高，民营经济发展滞后。民营企业的优点是经营机制灵活，激励机制高效，生产效率较高，创新活动活跃，吸纳就业能力强。因此，民营经济不但能够在劳动密集型产业大有所为，还能够发挥机制灵活、善于抓住市场和创新机会的特点，在战略性新兴产业领域实现技术的突破（见表 4 - 17）。通过以煤炭为主的资源型产业的发展，山西省已经积累了大量财富。要通过形成良好的大众创业环境、对创业活动提供必要的支持，调动这些已经积累的资本进入非资源型的产业领域。

表 4 - 17　产业发展机制与不同类型产业的契合

	产业链延伸	产业融合	创新	创业	重大项目带动
资源为基础的产业	√		√		
劳动密集型产业			√	√	√
战略性新兴产业		√	√	√	√
生产性服务业	√	√	√	√	√

资料来源：笔者整理。

第四节　山西省非资源型接续替代产业发展的扶持政策

第一，推进体制创新。按照中共十八届三中全会全面深化改革的战略部署，大力推进政府职能转变，营造良好的产业发展软环境。政府要切实把该管的事务管住管好，把不该管的事务交给市场，使市场机制在资源配置中发挥决定性作用。政府经济事务的管理职能应转变到建设和完善基础设施、提供公共服务、促进技术创新、加强节能减排与安全生产监管、构建公平竞争的市场环境等方面来。加快服务型、学习型政府建设，在全省切实深化行政审批制度改革，清理不必要或不符合法律、法规的审批项目。认真开展群众路线教育实践活动，切实转变政府部门的工作作风。通过简化行政审批手续，推行首问责任制、服务承诺制和违诺责任追究制，提高办事效率、改善服务质量，坚决杜绝对企业乱收费、乱罚款、乱摊派、乱检查的现象，努力为企业提供高效优质的服务，创造良好的投资软环境。

第二，改善基础设施。完善的基础设施是山西省高效联结全国经济、接入全球生产网络、积极承接产业转移和发展旅游、物流、金融、信息等现代服务业的基础，未来要重点改善三方面基础设施：一是继续积极争取国家在交通基础设施建设方面对山西省的支持，建设连接山西省主要城市与周边省区特别是沿海地区的高铁、高速公路；加大连接省内各市县之间的高等级公路以及乡村公路投入，形成以快速路、主干道、次干道、支路、立体交通为一体，功能明确、级配合理的高效道路交通网络。二是在信息和互联网时代，获得信息的能力已经成为生产力的重要组成部分，要将提升信息化和互联网基础设施作为山西省非资源型接续替代产业的重要推手，积极实施"宽带山西省"战略，基本实现城市光纤到楼入户、农村宽带进乡入村、大学宽带入舍，地级城市核心商业区、商务区和大学校园实现Wi－Fi覆盖，支持运营商加快"4G建设"，对以"菜鸟网络"为代表的互联网物流企业物流基础设施的建设提供帮助。三是在完善重点工业园区电力、燃气、供热、供水、排水、通信、道路、消防和防汛等工业基础设施的同时，重视产业与城市的协同发展，搞好配套住宅、交通、商务、研发、商业、宾馆、饭店、娱乐等生产性服务业和生活性服务基础设施的建设，这既是更好的吸引投资和人才发展工业的基础条件，也是发展服务业的内在要求。

第三，开发人力资源。实施"四大人才工程"，提供适应非资源型产业发展的人力资源保障。一是实施高端人才聚集工程（"高聚工程"）。建立面向国内外高端人才的引进机制，制定并落实高端人才在居住、配偶工作、子女入学、医疗养老等社会保障、技术入股和成果奖励等方面的优惠政策，通过待遇引才、事业引才，重点吸引非资源型产业发展所需的科研、工程技术、管理、市场营销、金融等领域高端人才。二是骨干人才提升工程。在山西大学或山西财经大学建立山西经理人学院，对大型企业的中层管理人员、中小企业的高级管理人员进行企业管理方面的培训，提高他们的综合素质；在太原理工大学建立山西工程师学院，对山西省非资源型重点产业领域企业的骨干技术人才进行工程技术方面的前沿技能培训。三是实施基础人才储备工程。加大职业教育投入，扩大职业技术学院的非资源型接续替代产业所需专业招生规模。积极推动校企共建，高校帮助企业定向招收急需专业的委培生，企业在高校建立教育实践基地，强化应用导向、市场导向的办学特色，提高学生的实践能力。四是实施技术工人培训工程。非资源型接续替代产业的发展和产业的转型升级根本上要靠劳动者素质的转换和提高。要加强对企业普通职工的在职培训，帮助他们提高文化素质，掌握非资源型产业岗位所需要的实践技能。

第四，提升创新能力。根据山西省资源型产业升级和非资源型接续替代产业发展的需要，设立山西省科技发展重大专项，以政府资金为主带动社会投入，破解山西省重点产业发展的重大技术瓶颈和关键共性技术。建立以企业为主体，以市场为导向，产、学、研有序协作的科技创新体系，确立企业技术创新和科技投入主体地位。通过企业研究开发费用税前扣除、高技术企业税收减免、专利申请费补助、国家和省级优秀科技成果奖励、科技计划"后补助"等措施，调动企业科技创新的积极性，并主要由企业根据产业化需要组织、带动省内外科技资源。支持企业建立包括国家工程技术中心、省市级企业技术中心、小微企业实验室的多层次的研发机构，提高技术研发、产品创新和科技成果产业化、商业化能力。支持企业技术联盟发展，引导产业龙头企业与科研院所和高等院校联合建设一批服务于重点非资源型产业的共性技术研发平台、检验检测平台，重点围绕产业共性技术和关键性技术开展联合攻关活动，努力提升特色产业共性技术开发能力。建设创业服务中心、生产力促进中心、科技孵化器、民营科技园、大学科技园等研发、孵化与产业化创新载体，为创新、创业型中小企业的发展创造良好的条件。以商业模式创新带动产业创新，大力发展和推广以云计算、大数据和移动互联网为代表的新一代信息技术，以信息技术推动产业融合，促进制造业和服务业的研发设计方式、生产组织方式、用户交互方式和产品营销方式的全面变革与竞争力提升。

第五，促进招商引资。将招商引资作为非资源型接续替代产业发展的重要抓手，根据重点发展的产业编制产业地图和主要企业目录，以世界 500 强跨国公司、中国企业 500 强内资企业、中央企业和行业龙头企业为重点目标，以承接世界和东部地区产业转移、企业扩大规模和西部地区布局为重点方向，大力吸引符合山西省产业发展方向、带动作用大、技术水平高的重大项目。在项目核准备案、用地指标审批、节能指标分配、技术创新资金、税收优惠等方面给予大项目重点支持。支持以重大项目为依托建立专业化产业园区，对连续流程性质的产业可以提供成片土地。按照产业链发展的重点方向，编制产业链招商引资目录，围绕优势企业和重大项目强化"产业链"招商，带动相关上下游配套制造企业、生产性服务企业在优势企业周围的集聚，在园区形成配套完整的产业链和大企业为轴心、中小企业配套的产业发展模式。建立一站式招商引资服务，利用产业链招商与产业集群招商等模式加强对外部投资的吸引力。

第六，激发民间创业活力。营造多种经济成分平等参与、公平竞争的制度环境，不断完善行政管理体制，清理不利于非公有制经济发展的法律法规和规章制度，破除民营经济发展的

"玻璃门"、"天花板"。利用国家推进公司注册资本登记制度改革的契机，加快推进支持民营经济发展的"新36条"等政策在山西省落地，降低创业门槛，激发社会投资活力。实施中小企业成长工程、优强企业倍增工程，设立中小微企业发展基金，引导和鼓励城乡居民、外出务工人员等社会各界人士创办企业，促进小微企业特别是创新创业型企业的成长。对于技术含量高、市场潜力大、经济效益好、成长性强的民营企业，在资金、税收、用地、用工等方面给予更多的实际支持，如设立高科技创业企业专项扶持基金，为中小科技企业提供低息贷款和部分无偿援助。发挥互联网数据分析准、产销契合好、辐射范围大的优势，吸引阿里巴巴、淘宝、京东等平台型电子商务企业在山西省建立分支机构，鼓励依托互联网创业。

参考文献

［1］陈佳贵，黄群慧，吕铁，李晓华. 中国工业化进程报告（1995～2010）［M］. 北京：社会科学文献出版社，2012.

［2］蔡昉. "未富先老"与中国经济增长的可持续性［J］. 国际经济评论，2012（1）.

［3］迈克尔·波特. 国家竞争优势［M］. 北京：华夏出版社，2002.

［4］De Pablos P. O., Lee W. B., Zhao J. Regional Innovation Systems and Sustainable Development：Emerging Technologies［J］. Information Science Reference，2011.

［5］朱华晟. 匹兹堡地区的产业重构［J］. 城市问题，2011（5）.

［6］杨振凯. 日本九州老工业基地改造政策分析［J］. 现代日本经济，2006（6）.

第五章 山西省完善促进循环经济发展机制研究

　　循环经济是指在生产、流通和消费等过程中进行的减量化、再利用、资源化活动的总称。循环经济的核心是资源的高效利用和循环利用，基本特征是低消耗、低排放、高效率，本质上是符合可持续发展理念的创新型经济发展模式。中共十八届三中全会后出台的《中共中央关于全面深化改革若干重大问题的决定》（以下简称《决定》）中指出："紧紧围绕建设美丽中国、深化生态文明体制改革，加快建立生态文明制度，健全国土空间开发、资源节约利用、生态环境保护的体制机制，推动形成人与自然和谐发展现代化建设新格局。"发展循环经济，不仅是贯彻落实中共十八届三中全会改革精神的内在要求，是建设资源节约型、环境友好型社会的必由之路，也是转变经济发展方式、实现又好又快发展的必然选择。

　　长期以来，对循环经济发展的不重视，在一定程度上影响了山西省资源型经济和非资源型经济的均衡发展。由于缺少循环经济，资源回收利用率较低，经济发展对资源特别是不可再生资源的开采需求逐年提高，不仅推动资源型产业过度发展，也造成了巨大的资源和环境压力。当前，我国经济正在由过往的"唯 GDP 增长模式"向"绿色增长模式"转变，山西省的环境现状也迫切要求改变以往的高耗能高污染增长道路，加快循环经济模式的推广。2010 年，山西省被国家批准为全国唯一的资源型经济转型综合配套改革试验区，为省内循环经济的发展提供了难得的历史机遇。本章重点分析当前山西省循环经济的发展现状，找出循环经济发展过程中存在的问题和原因，通过借鉴国内外循环经济建设的相关成功经验，为山西省推进循环经济提供相应的政策建议。

第一节　山西省循环经济发展现状及存在的主要问题

近年来，山西省抓住"国家循环经济示范试点省"建设的重大契机，以全局循环、高端循环为基点，着力推进工业新型化、农业现代化、市域城镇化和城乡生态化。目前，山西省在促进资源型经济转型、试点企业和园区的产业提升以及资源节约利用等方面已经取得了初步成效，各项指标均已达到国内中游水平（见表 5 - 1）。一批具有强大带动和辐射作用的循环经济园区、企业和重大工程相继产生。然而，相比国内的东部沿海省份，山西省循环经济发展相对滞后，存在着一些发展障碍。

一、山西省循环经济发展现状

（一）循环经济试点带动作用显著增强

自 2007 年来，山西省相继被确定为全国循环经济试点省、

表 5 - 1 山西省发展循环经济的各项指标数值

指标分类	项目		单位	2010 年实际值
转型发展指标	传统产业循环率		%	50.9
资源产出指标	能源产出率		元/吨标煤	4474
	主要矿产资源产出率		元/吨	633.6
	煤炭资源回采率	薄煤层		—
		中厚煤层		—
		厚煤层		—
资源消耗指标	单位地区生产总值能耗		吨标煤/万元	2.24
	单位工业增加值能耗		吨标煤/万元	3.91
	重点行业单位产品能耗	①吨煤综合能耗	千克标煤/吨煤	7.01
		②炼焦工序能耗	千克标煤/吨焦	155
		③吨钢综合能耗	千克标煤/吨钢	706
	单位工业增加值用水量		立方米/万元	31.78
	农业灌溉水有效利用系数		—	0.5
资源综合利用指标	工业固体废物综合利用率		%	42
	煤矸石利用率		%	40
	粉煤灰利用率		%	27
	焦炉煤气利用率		%	91.7
	煤层气利用率		%	40
	煤矿瓦斯利用率		%	42.8
	工业用水重复利用率		%	87.5
	大中型煤矿矿井水复用率		%	60
	秸秆综合利用率		%	60
	城市生活污水集中处理率		%	76
	城市污水再生利用率		%	12
	城市生活垃圾无害化处理率		%	65
废物排放指标	SO$_2$ 排放量		万吨	143.8
	NO$_X$ 排放量		万吨	124.1
	氨氮排放量		万吨	5.93
	COD 排放量		万吨	50.7
	工业粉尘排放量		万吨	39.14
	烟尘排放量		万吨	77.68

资料来源：山西省政府。

全省域循环经济统计试点省、LED 照明试点省等。省内的太原市、晋城市、长治市、运城市也被确定为国家循环经济标准化城市建设试点市。在国家试点政策的推动下，山西省新增了 5 个试点园区和逾 50 家试点企业，产生了明显的示范作用。针对山西省耗能较为严重的煤、焦、冶、电四大行业，有关部门已联合企业建设成煤—电—建材，煤—焦—化工，粉、煤、灰综合利用等循环产业链，不同循环经济发展特色模式初步形成（见表 5 - 2）。其中，晋城煤层气综合利用、潞安集团煤基多联产等项目已被国家发改委认定为省城发展循环经济典型案例，向全国进行推广。同时，同煤工业园和太原钢铁也被国家发改委认定为全国循环经济先进单位。受益于试点项目开展，循环经济取得了一定的环境效益。"十一五"期间，山西省单位生产总值能耗、二氧化硫排放量和化学需氧量排放量等指标分别下降 22%、16.3% 和 13%，完成或超额完成了国家下达的下降 22%、14% 和 13% 的约束性目标任务。

表 5 - 2　山西省各行业循环经济发展模式

行业	代表企业	循环经济特色发展模式
煤炭	潞安集团	以煤为基、煤基多联产、产品多元化
煤炭	晋煤集团	以煤层气综合利用为重点，构建生产与生活循环链接
煤炭	同煤塔山工业园	按循环经济理念规划建设的大型煤炭工业园
煤化工	山西省焦化集团、宏特公司	煤焦油深加工、粗苯精制延伸产品和焦炉煤气综合利用
冶金	太钢集团	构建"低能耗、低污染、低排放、高效益"的固态、液态、气态废弃物循环经济产业链，实现内陆型钢厂与省会城市和谐发展
建材	朔州市粉煤灰综合利用园区	粉、煤、灰综合利用
农业	—	养殖—沼气—种植、沼气—发电—生活及秸秆综合利用
社会领域	—	"城市矿产"和餐厨废弃物资源化利用及无害化处理

资料来源：笔者整理。

(二) 循环经济资金投入力度不断加大

近年来，山西省在发展循环经济方面积极争取国家资金支持，"十一五"时期以来，共争取到中央预算内对山西省循环经济相关项目投资约 45 亿元。其中，污水、垃圾处理项目约 26 亿元，建成并投入运营 134 座污水处理场，设计处理能力 304.8 万吨/日，垃圾处理场 70 座，设计处理能力 1.68 万吨/日；节能改造项目约 13 亿元，节约标准煤约 370 万吨；资源综合利用项目约 6 亿元，年综合利用煤矸石约 160 万吨、粉煤灰约 100 万吨、其他工业废弃物约 450 万吨。在争取国家支持的同时，山西省还注重顶层规划设计，加大对循环经济的投资。目前，《山西省循环经济发展总体规划 (2008~2012)》中总投资约 1400 亿元的 100 个重大项目 85% 已建成投产。而根据《山西省循环经济"十二五"发展规划》，山西省将在"十二五"时期开展涉及循环经济的 115 个重点工程建设，总投资将达到 5500 亿元。在争取国家援助和开展省内投资规划的同时，山西省还利用煤炭可持续发展基金对循环经济进行支持。2010 年后，已有逾 50% 的煤炭可持续发展基金投向了循环经济项目，重点对煤层气开发、废渣处理、余热回收、煤矸石等进行改造。

(三) 循环经济中的技术应用取得一定突破

针对循环经济发展的重点领域，山西省内部分企业已取得了一定的技术突破，部分已经达到了国内和国际领先水平 (见表 5-3)。在煤炭行业中，潞安集团的综采工作面放顶煤回采工艺技术革新了原有的采煤方法，具备高产、高效、低耗等诸多优点。同时，潞安集团发明的贫煤、贫瘦煤高炉喷吹技术，解决了高炉喷吹贫煤和贫瘦煤安全问题，实现了贫煤和贫瘦煤的高炉高效喷吹燃烧，节约了稀缺的炼焦煤资源。在钢铁行业中，太钢集团的电厂脱硫脱硝技术显著地提高了脱硫脱硝效率，并可借助烧结机脱硫制酸，有效利用了生产中的废料。

表5-3 山西省企业循环经济技术应用情况

代表性企业	循环经济处理技术	所获荣誉/所处水平
太钢集团	电厂脱硫脱硝、烧结机脱硫制酸、IGCC发电	国内领先水平
潞安集团	综采放顶煤回采工艺技术，贫煤、贫瘦煤高炉喷吹技术	国家科技进步二等奖
国能神州公司	利用高铝粉煤灰先提取活性二氧化硅，制备硅酸盐、白炭黑等大宗无机化工产品，再采用石灰石烧结法提取氧化铝，产生残渣（赤泥）用于生产水泥或超细硅钙粉，做到残渣零排放	国际领先水平
阳泉煤业集团	井下抽放煤层气	国内领先水平

资料来源：笔者整理。

（四）循环经济政策法规体系不断完善

"十一五"时期以来，山西省不断加强对循环经济的推动和引导力度，省政府相继印发了《关于加快发展循环经济的实施意见》、《山西省建设资源节约型社会行动纲要》、《山西省清洁生产审核实施细则》、《资源综合利用产品认定管理办法》、《山西省人民政府关于加强节能工作的决定》和《山西省加快推进社会领域节能工作实施方案》等一系列相关文件，各相关厅局着力研究制定节水、税收、收费、价格、电力等政策及措施，有利于循环经济发展的政策法规体系初步形成。2012年，《山西省循环经济促进条例》经山西省人大常委会通过并颁布施行，这是全国出台的第三个规范循环经济发展的地方性法规。《山西省循环经济促进条例》有针对性地增加了"废弃物资源化利用"篇章，对煤矸石、粉煤灰、脱硫石膏、煤渣和电石渣等山西省需要重点治理的工业废弃物进行了规范。同时，山西省发改委配合省质监局相继发布了供应企业、工业园区循环经济评价导则以及钢铁、水泥、焦化等行业循环经济评价实施指南，加大了对发展循环经济的政策保障力度。

二、山西省当前循环经济发展过程中存在的主要问题

（一）企业开展内部小循环意愿不高

受益于前几年煤炭市场的火爆，较多企业均高价收购矿山，加大设备投资，导致产生了较高的沉没成本。然而，2012 年来煤炭市场价格不断下滑，这对企业的财务状况造成重大打击。据课题组前往重点煤炭企业的调研反馈，山西省煤炭企业当前面临的困境甚至超过了 2008 年，企业经营效益严重下滑，资金链压力不断增大。因此，当前山西省煤炭企业多数均以"保生存"为主要目标，发展循环经济动力严重不足。目前，循环经济的项目融资、贷款均存在一些困难，政府支持不到位，企业完全靠自身实力发展循环经济。在多数行业均存在产能过剩的情况下，发展循环经济成了"循环而不经济"，对企业而言投资回报收益较低，难以具有发展动力。

（二）省域大循环开展缓慢

循环经济的开展不仅需要企业"小循环"，也需要区域内的"大循环"。区域大循环可以对企业循环进行综合配置，扩大企业循环的外部性和辐射范围，从而在整个区域内实现更优化的循环成效。目前，区域大循环已成为了欧美发达国家发展循环经济的主要模式。在我国，北京、上海、天津、广东等地区也依靠较为完善的产业布局体系和环境监测设施，尝试进行省域大循环。山西省由于长期以来一直发展采矿业和重工业，矿区

和产业园分布较为分散，导致各行业之间资源协调利用工作较为难以开展，省域大循环领域进展较为缓慢。山西省各地的基础设施、财政收入和劳动人员素质存在较大差异，各地方政府对企业资质和环保要求也各有不同，对于一些重点行业，如煤、焦、电等行业的管理模式难以统一，难以形成综合的产业优势。特别是以采矿和初级产品加工为主的煤炭业，各类大小企业林立，所使用的开采和加工设施也大相径庭，使得区域循环经济的协调环节无法有序匹配。辐射范围大、示范效应强的标杆性企业缺失，这也在一定程度上抑制了省域大循环的普及。

（三）发展循环经济的资金不足

普及循环经济，关键是资金落实问题。尽管山西省近年来加大了针对循环经济领域的投资力度，但相比巨大的改造需求仍显得资金不足。循环经济项目前期需投入大量资金，市场开拓和运转的时间也较长，企业对循环经济项目和循环经济园区的投资建设资金压力非常大。近年来，政府和社会对循环经济的关注度越来越高，但在资源行业经济形势不景气的大环境下，煤炭企业在设备折旧、劳动成本等方面负担较大，难以每年拿出一定的资金投资于工艺改进和污染治理等项目，用来持续支持循环经济建设。在此情况下，政府的相关项目补贴、税率减免和加速折旧等优惠政策异常重要。然而，山西省受制于财政收入状况，对循环经济的支持较为有限，而社会资金的参与度也较低，从而出现了发展循环经济"空有口号，没有弹药"的尴尬局面。

（四）关键技术环节仍较为落后，专业人才素质有待提升

在长期以来形成的传统粗放型发展模式影响下，山西省不少煤炭、冶金、建材企业至今仍按照原先的一套方法生产，侧

144

重传统作业，而不重视改进技术，从而造成生产效率较低，设备利用不齐全，产生的废渣、废料也难以再次利用，未能形成有效的关联产业链。同时，管理体系上的落后也让企业缺乏循环经济意识，不能借鉴国外成熟的循环经济体系来搭配生产队伍，更新相应的设备和技术。此外，山西省资源类企业普遍缺少高素质的专业人才，熟悉循环经济运作的人员更是稀缺。资源类企业没有引进相应的循环经济课程培训，较多生产第一线的工作人员对循环经济缺乏了解。省内目前开展的煤炭职业教育也严重落后于时代发展，教学内容较为陈旧，没有及时跟上煤炭清洁生产和循环利用的世界性趋势，影响了循环经济的快速推进。

（五）政府监管不到位，管理体制不合理

在发展循环经济的过程中，地方政府的管理方式与管理力度直接影响到当地的开展力度。然而，山西省一些地方出于提高税收收入、增加当地就业的目的，对一些乱采乱挖的小企业置之不理，对煤炭企业行政审批等环节缺少严格的管理纠察制度。有些环保部门甚至与企业沆瀣一气，只进行浮于形式上的检查和监督，对可能造成严重后果的污染、安全隐患不加以重视。受此影响，地方企业更不具备开展循环经济的动力。目前，从法律制度上看，山西省主要根据《煤炭法》、《矿产资源法》等法规对资源类企业进行管理，而就循环经济领域的相关指导文件还较为匮乏。目前出台的《关于加快发展循环经济的实施意见》、《山西省建设资源节约型社会行动纲要》等文件还停留在"口头鼓励"阶段，项目补贴和资金奖励等较为有限，没有形成较好的激励制度。

第二节 国外循环经济发展经验借鉴

目前，循环经济已在德国、日本、美国等发达国家拥有了一套较为成熟的运营模式，且被较好地商业化推广，取得了一定的社会效益和经济效益（见表5-4）。本节将介绍国外发展循环经济的成功经验，为山西省推广循环经济提供他山之石。

表5-4 国外发展循环经济经验借鉴

国家	可借鉴的发展经验	
	发展模式	政策工具
德国	建立双元回收系统：成立专门机构对废弃物进行回收和分类，然后分送到相应的资源再利用厂家进行循环处理，能直接回收的则送返制造商	产品责任制；抵押金制度
	激励机制	法律法规
日本	政府奖励、税收优惠、价格优惠	建立了《推进循环型社会形成基本法》、《提高资源有效利用法》、《固体废弃物管理法》和《建筑材料再利用法》等一整套法律体系
美国	发展模式	
	发展循环消费，推动旧货交易，鼓励人们购买使用再生物质产品	

资料来源：笔者整理。

一、先进的发展理念和模式：建立双元回收系统，推广循环消费模式

德国开展循环经济的主要模式是建立处理废弃物的双元回

收系统。该系统由德国近百家生产企业、零售商、包装公司联合组建，并形成一个公益性的非政府组织实体，其主要职责是专门负责包装废弃物的回收利用。各类企业可委托该机构对企业生产过程中的废渣、废料进行分类处理，并运送到相应的废弃物加工厂商进行循环加工，加工后的制成品再送回原厂家进行二次使用。目前，德国已建立了逾300家的专业废弃物加工厂，年循环处理废弃物能力超过500万吨。

与德国从生产端开展循环经济不同，美国则在消费端对循环经济进行推广。美国各州政府均制定了相关法律法规，并成立了专业的废弃物再利用推广协会，开设商业网站或者实体交易市场发布废弃物或再生物资买卖信息，以此提高废弃物的回收利用次数。这种面向消费者的废弃物买卖思想源于以往的旧货交易模式，将原先街头的旧货市场、庭院买卖统一整合管理，让循环消费更有效率。同时，该模式也成功让广大居民参与进来，如可将废弃物卖给专门回收的收购站，或对废弃物改造处理后再次发布在商业网站上出售。

二、行之有效的激励机制：补贴、税收、价格全方位优惠

日本政府对采取有利于发展循环经济措施的企业实施了产业倾斜政策，其中包括政府奖励、税收优惠、费用支付等一系列激励机制：①政府补贴奖励。日本政府对中小企业进行循环经济技术创新设立了高额的费用补贴专项资金，对于潜力大、效果好的新技术，政府会给予一半的研发成本补贴，并对企业提供低息融资便利。②税收减免。对循环经济开展力度较大，取得了良好社会反响的企业，日本政府将在固定资产税和所得税等政策上给予减免优惠，并在其购买相关循环设备时减少特别折旧。而对于因循环经济导致企业亏损的企业，则在一定程度上减轻其税务负担，并给予相关财政补贴。③支付回收费用。日本政府规定相关机构在对生产企业废弃物进行回收时，被回收企业必须按照市面上的废旧家电、材料、纸制品等标准支付相应费用，实施商品化收费管理，以此资助循环经济的市场化运作。

三、不断完善的政策工具：产品责任制与抵押金制

为推进循环经济的开展，德国推出了包括产品责任制和抵押金制度在内的多种创新政策工具。

（一）产品责任制

德国政府规定，只要是任何实体产品的加工制造企业，都有在产品生产过程中承担循环经济的责任。产品责任制尤其强调对各种有害物质的表示和分类，并按规定进行无害化处理。厂商必须保证生产时尽量使用可利用的废弃物或二级原材料，对产生的废渣废料及时进行回收和处置，避免对环境造成损害。生产出的产品也需标有可回收利用的说明，并尽可能地使其具备技术寿命长、绿色无公害等特点。产品责任制的实施有效地强化了企业和社会对发展循环经济的责任感，从源头上就开始培养循环经济意识。

（二）抵押金制

德国政府制定的《产品包装法》中规定，对于回收率低于72%的产品包装，必须强制收取抵押金，以此提高对产品包装的回收利用率。以饮料包装为例，消费者在购买啤酒、汽水等饮料时，必须为啤酒瓶或易拉罐向零售商支付一定的押金，只有当退回空的啤酒瓶或易拉罐后，才能从零售商那里领回押金。包装抵押金可以有效动员消费者参与循环经济过程中，为了保

护环境主动将废弃包装回收好，在很大程度上提高了循环经济的市民参与度。

四、健全的法律法规体系：以基本法统率综合法和专项法

日本循环经济的成功离不开完善的法律法规体系保障。自2000年来，日本政府制定了一系列推广循环经济的法律法规，并形成了以基本法统率综合法和专项法的完善体系。在循环经济基本层面，日本政府制定了《促进建立循环社会基本法》，以此作为后续所有相关法律的参考标准。在这基础之上，后续制定了包含广义循环经济的综合性法律，如《资源有效利用促进法》和《固体废弃物管理法》等。同时，还制定了涉及循环经济具体领域的专业性法律，如《食品回收法》、《包装和产品容器分类回收法》、《家用电器回收法》、《车辆再生法》和《建筑材料回收法》等。这种自上而下、由简入详的法律制度，为执法机构普及和监督循环经济提供了明确的依据。此外，这些法律尤其注重发挥市场的力量，调动各个主体参与的积极性，以此保障循环经济的开发具有可持续发展潜力，让循环经济产业有利可图、有法可依。

第三节　山西省促进循环经济发展的机制创新与政策措施

中共十八届三中全会出台的《决定》中就加快生态文明制度建设方面单独设立一章，显示出中央政府对生态文明的高度重视。《决定》中指出："建设生态文明，必须建立系统完整的生态文明制度体系，实行最严格的源头保护制度、损害赔偿制

度、责任追究制度，完善环境治理和生态修复制度，用制度保护生态环境。"可见，循环经济作为生态文明建设的重要一环，山西省若想将其发展好，为资源型经济转型升级服务，必须进行机制创新，解决当前发展过程中存在的问题，建立完善的促进制度体系（见图5－1）。

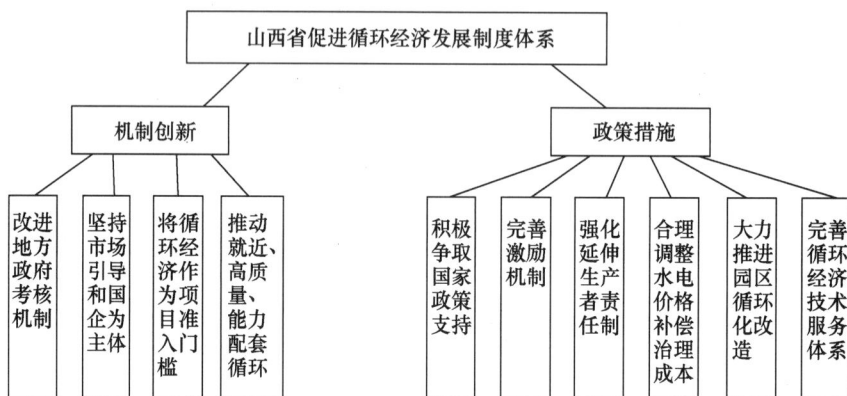

图5－1　山西省促进循环经济发展制度体系

一、机制创新

（一）改进地方政府考核机制，加大循环经济权重

以往地方政府单纯以经济增长速度为主要评价指标的考核机制在中共十八届三中全会中已遭到全面否定。《决定》中就政府职能转型方面明确指出："完善发展成果考核评价体系，纠正单纯以经济增长速度评定政绩的偏向，加大资源消耗、环境损害、生态效益、产能过剩、科技创新、安全生产、新增债务等指标的权重。"因此，山西省政府在完善政绩考核机制时也应贯彻十八届三中全会精神，加大循环经济指标的考核权重。省政府应加快构建山西省循环经济评价考核指标体系以及山西省循环经济示范企业、生态工业示范园区、农业示范园区、绿色社

区、示范城市等评价考核指标体系，制定重点行业清洁生产评价指标体系和有关污染控制标准，以及高耗能、高耗水及高污染行业市场准入和评价标准，应将资源产出率和传统产业循环率、资源就地转化率、新型产业占有率等纳入各地政府年度目标责任制考核评价体系。在考虑如何实现经济增长的同时，各级政府必须高度重视包括环境、生态等指标，任何以牺牲环境、人民健康等为代价创造的 GDP，再不能成为官员升迁的"垫脚石"。用"绿色 GDP"考核政绩，对于在任期间出现环境污染、循环经济开展较差的官员，要追究其职责，并在一段时间内不予提拔，以此转变领导干部的思想，促使其重视生态环境建设。

（二）坚持市场引导，积极推进国有企业发展循环经济

中央十八届三中全会强调市场在资源配置中起决定性作用，对山西省而言，发展循环经济也应坚持市场引导为主、政府促进为辅，以企业为主体发展循环经济。由于山西省大型国有企业在山西省国民经济中占有较大的比重和地位，山西省大型国有企业的循环经济发展问题的妥善解决与否，将直接关系到山西省循环经济的总体成绩，影响国家资源型经济转型综合配套改革试验区的成功。中共十八届三中全会在《决定》中指出："国有资本投资运营要服务于国家战略目标，更多投向关系国家安全、国民经济命脉的重要行业和关键领域，重点提供公共服务、发展重要前瞻性战略性产业、保护生态环境、支持科技进步、保障国家安全。"因此，山西省政府应促使国有资本投入循环经济领域，将国有资本管理经营同保护环境相结合，发挥国有资本服务民生的"带头人"作用。有关部门应通过开展宣传教育，建立公众参与和舆论监督机制，使人们认识到发展循环经济是现阶段山西省经济发展规律的内在要求，使企业经营和管理人员把发展循环经济看作是当代企业家义不容辞的历史责任，推动企业自觉按循环经济理念去发展壮大自身。

（三）将循环经济作为项目准入门槛，以园区为单位加快推进

项目带动是循环经济发展的核心。循环经济作为一种先进的理念和模式，关键是要有项目来承载落实。政府应建立循环经济指标体系，提高了环保准入门槛，让循环经济指标作为建设项目环保准入"一票否决"的依据，不上不符合循环经济要求的传统产业项目，对体现"全循环、抓高端、多联产"理念的优势产业和新兴产业项目大开"绿灯"，建立循环经济重大项目"绿色通道"，实行"一对一"的全方位服务模式。在发展循环经济项目时，应以园区为单位，加快推进"园区循环化、循环扩大化"。有关部门可在排放量大、污染严重的地域有选择性地建立一批循环经济园区，按照国外先进的循环经济模式规划，并将能够开展资源互补利用的企业纳入其中，力争最大化发挥产业集聚和产业间的正外部性效应，提高原材料和能源的使用效率，实现"既循环又经济"。同时，应注重放大园区对周边区域的辐射作用，为周边企业生产经营提供生态示范空间，吸引外部企业加入，为省域的循环经济宣传扩大影响。

（四）推动企业就近、高质量、能力配套循环，形成山西省特色发展模式

在具体开展循环经济项目建设过程中，为适应山西省本地情况，政府应坚持"就近"、"高质量"和"能力配套"三大原则，建立山西省特色发展模式。首先，应引导企业就近循环。由于山西省资源类企业为数众多，且多在矿山附近生产作业，在第一线生产环境中实现循环经济可大大减少资源浪费和环境污染。可在矿山附近建立煤渣处理站及坑口电厂，直接利用废渣发电，并为生产开采供电，降低能源消耗成本。其次，应督促企业提高循环质量。鼓励企业运用国外先进的循环经济技术工艺，对煤炭、冶金等高污染项目都应优先选用高标准配套设备，促使园区循环经济系统尽快实现规模经济。最后，应加强循环能力衔接配套。在循环经济各环节对接时，应注意环节之间的平衡配套，如煤渣的回收能力应和处理能力匹配，尽量将生产过程中的废弃物"吃干榨净"，避免让循环经济设备投资出现失误和浪费。

二、政策措施

（一）争取国家政策优惠，寻求特色项目支持

2012 年以来不景气的煤炭市场进一步加大了财政压力，在这样的条件下发展循环经济，建设循环经济示范省，需要国家在政策措施上给予大力的支持。省政府应寻求国家对山西省循环经济专业基地的基础设施、水利、交通、生态环保、社会事业等公益性项目，加大支持力度，并逐步取消县及县以下地方配套资金。同时，适当放宽中央预算内投资项目资金额度限制，适当提高专项补助资金比例。适当放宽中西部地区节能技术改造项目财政奖励条件，提高节能项目奖励标准。对具有山西省特色的循环经济专业基地内项目，如以"三高煤"为原料的煤制油项目，矿井开采时的抽放煤层气项目等，在符合产业政策和项目相关管理程序的情况下，争取国家税收减免或资金奖励。中央在制定产业振兴规划实施方案、引进先进技术和实施自主创新重大项目时，向山西省循环经济特色项目予以倾斜，并在重大关键技术和设备引进方面给予支持。此外，还可向中央寻求在山西省实行环境税和资源税改革试点，税收收入优先用于资源循环利用产业的发展。

（二）完善激励机制，从财政、税收、投融资和政府采购等方面支持循环经济

为激励企业发展循环经济，有关部门可从财政、税收、投融资和政府采购等方面出台相关优惠政策。财政支持方面，省政府应安排促进循环经济发展的专项经费，用于支持循环经济示范、资源综合利用、新技术新产品推广、循环经济宣传、教育、培训和表彰奖励。对循环经济试点企业和项目，给予资金支持、财政贴息等扶持政策。在安排项目补助资金时，优先对循环经济类项目进行支持。对循环经济项目的关键技术、重点产品研发，给予经费补贴。各级政府在确定投资重大项目时，单列循环经济项目计划，优先给予支持。税费政策方面，有关部门应开展循环经济企业资格认定，对获得认定的自主创新能力强、研发投入大、经营状况好的循环经济企业，给予政策上的倾斜。投融资政策方面，应鼓励不同经济成分和各类投资主体以各种形式参与循环经济项目建设，循环经济项目优先推荐申报国家资金和财政专项资金，积极支持符合条件的循环经济企业优先发行企业债券或上市融资。开展形式多样的国际交流与合作，开拓国际合作渠道，争取利用国际资源和技术援助及优惠贷款，支持循环经济发展。政府采购方面，应研究制定政府"绿色采购"政策，将节电、节油、节煤、节水、节材、资源综合利用等产品列入政府采购目录。政府优先采购绿色产品、再生产品、综合利用产品，简化包装，减少一次性产品的使用，引导和鼓励绿色消费。定期向社会公布更新绿色产品目录，在全社会营造健康节俭文明的生活消费理念。

（三）强化、延伸生产者责任制，明确、细化生产者责任

德国实行的产品责任制在推广循环经济过程中发挥了巨大

作用。山西省可参照德国政府做法，强化、延伸生产者责任。无论是开发、生产，还是加工、经营的厂商均要承担满足循环经济目的的产品责任。尤其针对产品生产者，应要求其在产品生产过程中优先采用可利用的废物或二级原材料，尽最大可能地在生产过程中避免产生废物。具体实施过程中，应尽量明确、细化生产者责任。首先，要在相关法律法规中对厂商的违法后果给予说明，让厂商了解哪些行为将触犯法律，且要付出什么样的代价，迫使其提高责任感；其次，要针对不同的行业出台不同的责任标准。对于环境影响较小、废弃物回收价格较高的行业，可减少厂商需要履行的责任负担，依托市场自发处理回收。而对环境影响较大、废弃物回收价格较低的行业，由于缺少商业利润，市场将较难自发形成有效回收体系，此时必须明确生产者责任，让产品生产者构建对其产品的回收利用网络。细化的行业责任标准可有效地让执法者在监督中有据可依，避免了单一标准的模糊性和笼统性。

（四）合理调整水、电价格，补偿治理成本

中共十八届三中全会在《决定》中强调"加快自然资源及其产品价格改革，全面反映市场供求、资源稀缺程度、生态环境损害成本和修复效益……坚持谁受益、谁补偿原则，完善对重点生态功能区的生态补偿机制"。在未来市场将在配置资源中起决定性作用的大趋势下，山西省政府应发挥价格机制功能，通过调整自然资源和能源价格，强化人民循环利用意识，补偿相应的环境治理成本。在具体实施过程中，水价和电价应成为改革重点。一要加快推行居民生活用水阶梯式水价制度和分质定价制度，逐步提高城市污水处理费征收标准，合理确定再生水价格。对洗浴、洗车等特殊行业实行特殊用水价格政策，对超过节水定额的高耗水企业和单位实行超定额用水加价制度。

155

全面征收污水处理费，大幅度提高地下水资源费征收标准，积极制定污水处理企业处理量与划拨经费挂钩办法。合理制定再生水、矿井水、雨水开发利用价格政策，提高水资源重复利用水平，推进中水回用。二要加大实施峰谷电价力度，严格执行差别电价政策，对国家淘汰和限制类项目及高能耗企业严格实行差别电价。应对钢铁、电解铝、铁合金、电石、烧碱、水泥等主要高耗能行业，按照淘汰类、限制类、允许和鼓励类实行差别电价或者超标准耗能加价。电网企业必须为资源综合利用发电企业提供上网服务，全额收购其电网覆盖范围内的上网电量，执行国家有关电价政策。提高可再生能源发电上网电价，鼓励风力、生物质能等可再生能源发电项目建设。加强节能环保发电调度，制定并实施有利于节能减排的发电调度办法，优先安排清洁、高效机组和资源综合利用发电，限制能耗高、污染重的低效机组发电。

（五）大力推进园区循环化改造，优化园区布局

中共十八届三中全会中强调应加快重点企业和各类园区的循环经济改造，山西省政府也应采取相关措施，通过产业聚集、产业耦合、产业链延伸，对本省现有的 16 个省级以上开发区和 7 个省级以下的开发区进行循环化改造提升。有关部门应在每个园区中成立工作小组，并就循环经济建设开展示范工程评比，为一些改造效果显著、示范作用较大的园区给予分管领导优先选拔的奖励。同时，为一些基础设施较差、资金紧张的园区给予必要的援助，并在援助期后派出专业检测机构进行考核，检查园区发展循环经济的成绩是否达标，援助资金使用是否到位。通过建立完善的考核机制，建立省内园区之间的竞争格局，以此加快园区的循环化改造速度。在具体建设过程中，鼓励园区引进国内外专业的循环经济技术公司进行规划布局，以签订合

同能源管理方式改进节能改造，并帮助推进废弃物处理、污水净化等基础设施建设的规范化和盈利化，依托园区"小循环"带动省域"大循环"。

（六）完善循环经济技术服务体系，培养和引进循环经济管理、技术人才

目前，山西省已建立山西省现代循环经济研究院和"山西省循环经济"网站等公共平台，一定程度上扩大了循环经济的影响力。在继续扶持建立专业研究机构的基础上，有关部门还需扶持涉及循环经济的中介机构和质量检测网络。依托市场上的中介机构为开展循环经济的企业提供项目融资、项目申请、管理咨询、信用担保等专业服务，并通过质量检测机构帮助企业开展产品认证、节能效果测度、环境检测、设备维护等工作。此外，政府部门还应引导高等院校、科研院所等具备循环经济研究实力的机构参与到循环经济的市场推广中，建立产、学、研之间的合作网络，鼓励双方互设研究员岗位，共同利用企业和高校的实验室和创新平台，加强资源之间的互补作用。可尝试在高校中开设关于循环经济的培训班，引进或聘请国内外该领域的资深专家和工程师，每年定点为政府机构公职人员、资源类企业的员工普及最新的循环经济思想和技术，为山西省培养一批合格的管理与技术类人才。

参考文献

［1］赵鑫. 山西煤炭产业发展循环经济问题研究［D］. 山西财经大学硕士学位论文，2012.

［2］闫瑞军，闫红霞. 中国和日本发展循环经济的比较［J］. 日本问题研究，2008（3）.

［3］郭志芳. 国际循环经济发展概况［C］. 2006 年度内蒙古生态经济学会年会暨循环

经济理论与实践学术研讨会论文集, 2007.

[4] 于励民. 我国煤炭产业发展循环经济的运行机制研究 [D]. 华中科技大学博士学位论文, 2008.

[5] 赵欣. 基于循环经济理论下的黑龙江省循环经济发展研究 [D]. 吉林大学硕士学位论文, 2008.

[6] 管延芳. 日本发展循环经济的经验及其对中国的启示 [J]. 经济研究导刊, 2007 (5).

[7] 王翠敏. 循环经济中的环保制度建设研究 [D]. 北京交通大学硕士学位论文, 2006.

[8] 张军祯. 甘肃工业领域发展循环经济探析 [D]. 兰州大学硕士学位论文, 2010.

[9] 李少华. 借鉴日本环保政策看环境保护与发展循环经济对我国的启示 [J]. 松州学刊, 2010 (12).

[10] 管延芳. 日本发展循环经济的经验借鉴 [J]. 长春工程学院学报 (社会科学版), 2009 (9).

第六章　山西省衰退产业退出援助机制研究

第一节　对资源型产业衰退及其退出援助的基本认识

综观各类产业发展实践，几乎所有产业都有其自身的生命周期。[①] 一般而言，起源于重大但不尽完善的技术创新产业会吸引一系列的潜在进入者，它们进入新产业时通常会带来新的产品创新或过程创新。产品创新会很快扩散，过程创新会使成本快速降低。随着时间的推移，进入新产业的企业会越来越少，而成本竞争会导致退出越来越多。由此可见，在一般意义上讲，促使产业从其生命周期的引入阶段，到成长阶段，再到成熟阶

---

① Gort M. , S. Klepper. Time Paths in the Diffusion of Product Innovations ［J］. Economic Journal, 1982, 92 （3）: 630 –653. Klepper S. , E. Graddy. The Evolution of New Industries and the Determinants of Market Structure ［J］. RAND Journal of Economics 1990, 21 （1）: 27 –44. Klepper S. Industry Life Cycles ［J］. Industrial and Corporate Change, 1997, 6 （1）: 145 –182.

段,最后到衰退阶段的最主要的推动力是产业技术创新。[①] 当然,技术进步能让产业步入衰退,也能使其复苏。有些产业虽然已经进入了衰退阶段,但由于使用新的技术也会"重焕青春",再次显示出成熟阶段甚至成长阶段的一些特征。因此,对于绝大多数产业而言,它们会衰退,但不会消亡。

资源型产业同样有生命周期,但其生命周期不但会受到创新的影响,更会受到资源储量的严格限制。对于煤炭等不可再生资源的开发而言,在一定的技术条件下,剩余可采储量会日渐减少,并且开采成本会不断上升。因此,资源型产业生命周期可按其资源的消耗程度大致会经历开发建设期→达产稳定期→成熟期→衰退期→关闭五个阶段。由于资源型产业的生命周期主要是由自然资源禀赋存量的变化导致的,其衰退的原因基本上都是资源枯竭和开采成本上升,而资源枯竭具有不可逆转性,即使技术进步了,也只能在一定时期内降低开采成本,所以,对于一个地区而言,资源型产业的衰退是必然的趋势。

衰退产业平稳有序退出是资源型经济成功转型的关键,也是推进资源型经济治理体系和治理能力现代化的重要方面。长期以来,山西省都是重要的资源型经济区。2013 年 11 月,国务院印发的《全国资源型城市可持续发展规划 (2013 ~ 2020)》,将其规划范围内的 262 个资源型城市划分为成长型、成熟型、衰退型和再生型四种类型。山西省共有 10 个地级行政区和 3 个县级行政区名列全国 262 个资源型城市之中,其中,除朔州市属于成长型资源城市之外,大同、阳泉、长治、晋城、忻州、晋中、临汾、运城、吕梁 9 个地级行政区以及古交市都属于成

---

① Jovanovic B. , G. MacDonald. The Life Cycle of a Competitive Industry [J]. Journal of Political Economy, 1994, 102 (2): 322 - 347; Klepper S. Entry, Exit, Growth, Innovation over the Product Life Cycle [J]. American Economic Review, 1996, 86 (3): 562 - 583.

熟型资源城市，孝义市属于再生型资源城市，霍州市则是山西省唯一名列全国 67 个衰退型资源城市的地区。对于资源型经济而言，那些处于衰退期的产业通常都占用着大量生产要素。如果这些生产要素不能从边际收益日渐递减的衰退产业中退出，那么从整体上看，生产要素的配置效率肯定是处在较低水平。假如市场机制能够使生产要素自发地退出衰退产业，并进入接续替代产业，自然会改善资源型经济的要素配置效率。问题在于，资源型产业的各类资产都具有很强的专用性，[①] 于是难以通过市场机制促使衰退产业中的生产要素充分退出。此时，就需要政府发挥作用，对衰退产业进行援助。可以说，正是在这一意义上，《国务院关于促进资源型城市可持续发展的若干意见》（国发〔2007〕38 号）把"建立衰退产业援助机制"作为"建立健全资源性城市可持续发展长效机制"的三大基石之一。国家发展改革委批复的《山西省国家资源型经济转型综合配套改革试验总体方案》也提出要把"建立衰退产业援助机制，保障资源枯竭企业平稳退出"作为"创新完善产业转型促进机制"的重要"抓手"。

在衰退产业援助机制建设中，有作为的政府是有效市场发挥决定性作用的基础。中共十八届三中全会通过的《中共中央关于全面深化改革若干重大问题的决定》指出，要"使市场在资源配置中起决定性作用和更好发挥政府作用"。在转型综改区建设这项资源型地区科学发展的"探路工程"中，衰退产业援助机制建设既是更好发挥政府作用，推动可持续发展，弥补市场失灵的重要着力点，又是从根本上保障市场在资源配置中起决定性作用的主要支撑点。这是因为，衰退产业退出是一项系

---

① 张复明. 资源型经济与转型发展研究［M］. 北京：经济管理出版社，2011：74 - 76.

统工程。衰退产业退出的过程，就是生产要素重新配置的过程，在此过程中，基础设施和上层制度安排也必须随之不断完善。基础设施和上层制度的完善不是企业家群体单独能推动的，必须要由政府发挥因势利导的作用，来组织协调相关企业的投资或由政府自己提供这方面的完善。

本章在分析山西省衰退产业退出面临的主要转型成本的基础上，通过介绍德国鲁尔区、法国洛林地区、日本北九州地区在降低衰退产业退出成本等方面的主要做法，借鉴其经验教训，有针对性地提出，在中共十八届三中全会提出推进全面深化改革的时代背景下，建立山西省衰退产业退出援助机制应遵循"五个相结合"的基本原则，实施包括差别化土地政策、社会保障政策、财税政策、金融政策、资源环境政策在内的五大政策，制定并落实涵盖政策法制化、组织保障、综合绩效评价、预警和动态调整、监督问责等方面的五项保障措施。

第二节　山西省衰退产业退出面临的主要转型成本

虽然政府要在衰退产业援助中发挥重要作用，但政府开展此项工作时也要算"经济账"。由于很难界定生产要素从衰退产业中退出后能带来多大的经济效益，所以就要求政府以最低成本实现援助目标。于是，在探讨山西省衰退产业援助机制建设时，首先就要分析衰退产业退出面临哪些主要转型成本。

整体而言，资源型经济的衰退产业退出面临的转型成本可以分为两类：一是实施成本，是指促进衰退产业退出需要直接支付的成本，包括衰退产业中的国有企业关闭破产所需要的各种费用及其带来的各种损失、劳动力安置和转移成本、环境治理和生态恢复成本，健全社会保障体系需要支付的成本，等等。二是风险成本，是指促进衰退产业退出过程中可能因不可预见的因素而产生的成本费用，包括社会安全成本，纠正工作失误所发生的成本费用，等等（见图6-1）。①

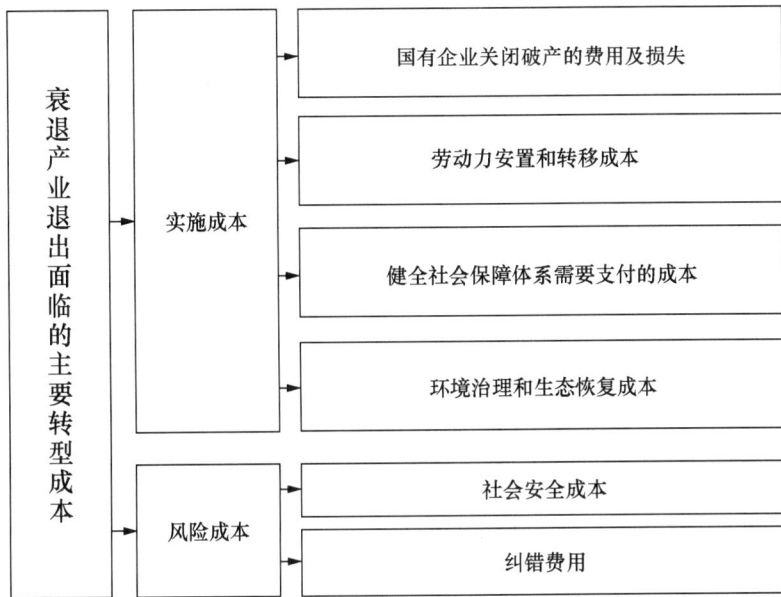

图6-1　衰退产业退出面临的主要转型成本构成

一、实施成本

实施成本构成了资源型经济的衰退产业退出的主要转型成本，并且贯穿退出的全过程。实施成本主要有四类，即国有企业关闭破产所需要的各种费用及其带来的各种损失、劳动力安置和转移成本、健全社会保障体系需要支付的成本、环境治理和生态恢复成本。

---

① 李成军. 中国煤矿城市经济转型研究［M］. 北京：中国市场出版社，2005.

（一）国有企业关闭破产的费用及损失

由于历史原因，山西省资源型产业中各类国有企业所占比重较高。与民营企业从衰退产业退出时基本自行承担相关费用和损失不同，国有企业因资源枯竭或长期扭亏无望而关闭破产时，其所需各类费用和各种损失的一部分甚至全部通常要由政府承担。以国有煤矿企业关闭破产为例，相关费用及损失主要包括：①经常性费用，主要是工伤、工残及职业病人员补贴，工亡抚恤人员补贴，退养职工补贴①等。这些经常性费用，企业破产前是由企业列支的，破产后就要改由财政列支。②一次性费用，主要是清算费用（诉讼费、审计费、资产评估费、清算组人员费用、清算期间矿区维护费、清算期间职工生活费等），在职职工安置费，社会职能移交补助费，应归还职工的各种欠款等。③企业资产变现损失，主要是企业实物资产不能按账面价值变现的贬值损失，因企业破产而放弃的应收款债权，企业存货的盘亏、毁损的损失，非标准材料的报废损失，等等。④银行贷款本息核销的损失。银行通常都是国有煤矿企业的最大债权人，国有煤矿特别是开采年限较长的国有煤矿在长期政策性亏损中积欠了大量银行债务。企业破产后，核销银行的贷款本息，有时也需要政府分担相应的损失。⑤应破产而被豁免的历史欠税，这部分损失只能由政府承担。所有这些费用和损失，基本上都不能由破产企业的资产变现收入覆盖，两者之间的缺口就是衰退产业退出的实施成本的一个重要组成部分。

（二）劳动力安置和转移成本

在山西省资源型衰退产业退出的过程中，需要重点解决的

---

① 职工退养政策是对年龄较大、长期从事有害工种等特殊职工进行补助，以减轻区域就业压力的政策措施。对于退养职工，通常是按月发放相对较低的补贴，到正式退休年龄时再由社会统筹发放养老金。

主要问题之一就是劳动力转移。劳动力转移的过程中，政府要承担安置过程中所发生的费用。其中包括下岗职工失业救济金，部分贫困下岗职工家庭的基本生活费补助，下岗职工再就业培训费用，新职业安排介绍费用等。资源型经济的衰退产业从业劳动力文化素质较低，专业技能单一，不通过培训很难满足跨行业、专业就业的要求。这就要求政府为其提供免费的职业技能培训，甚至是通过政府出资购买社区服务岗位等方式安排那些年龄较大、学习能力较弱的下岗职工从事保洁、保安等技能要求较低的工作。

（三）健全社会保障体系需要支付的成本

在资源型经济的衰退产业退出过程中，建立健全社会保障体系尤为重要。处于衰退期的山西省资源型企业因资源萎缩，经济效益下滑，冗员严重，离退休职工数量多等因素，普遍欠缴职工养老保险、失业保险、医疗保险等社会保障资金。这类企业退出时，必须补足历史欠缴资金，否则其所在城市和地区的社会统筹综合保障能力会大大削弱，也会给以后的社会保障统筹资金的征缴，以及社会统筹基金与个人账户的计算留下隐患。

（四）环境治理和生态恢复成本

长期以来，山西省的煤炭开采大部分都是以牺牲生态环境为代价的。因此，山西省资源型衰退产业的退出，不但要退出其占用的土地资源，更要进行环境治理和生态恢复。否则，退出来的土地很难为其他产业所用。与衰退产业退出有关的环境治理及生态恢复成本主要包括：①采煤沉陷区居民搬迁及土地复垦的费用；②矿区废弃地、矸石山、排土场的复垦和绿化费用；③基础设施改造完善成本。

二、风险成本

衰退产业退出的风险成本，是指因不可预见的因素而产生的成本费用，以及为预防不确定因素的发生而做出的准备。主要包括社会安全成本和纠正工作失误所发生的成本费用等。

（一）社会安全成本

对于山西省的很多地方而言，资源型产业在经济中的比重畸高。于是，这些地方的资源型衰退产业退出必然会带来社会的巨大转型。处于转型期的工矿区的社会问题会集中爆发。随着资源型衰退企业的关闭破产，职工大量下岗，再就业岗位稀缺，使得大量家庭收入下降，生活水平降低，民众情绪低落，精神颓废，心理脆弱，有些人甚至丧失生活信心，社会不稳定要素明显增加，社会安全感显著下降。稳定是转型的前提，是发展的基础。此时，政府不得不支付必要的成本尽可能消除衰退产业退出带来的社会不稳定要素。这些为衰退产业平稳退出创造安全环境的投入就构成了山西省资源型经济转型的社会安全成本。

（二）纠错费用

资源型经济的衰退产业退出不可能一蹴而就，需要经历一个长期的过程。在此过程中，政府的相关决策也很难说一贯正确，可能会产生偏差甚至失误。同时，在衰退产业退出的过程中，受国家宏观调控政策和产业政策变化的影响，衰退产业退出的节奏和步伐也可能会有所调整。所以，政府在促进衰退产业平稳退出期间，就可能会发生一定的纠正成本，即对退出方案在实施中的更改，对一些工作失误的纠正所需要支付的额外费用。

三、成本估算

由于很难获得山西省衰退型资源城市的相关数据，本节以辽宁省阜新矿务局平安煤矿、东梁煤矿、新邱露天煤矿（以下简称"三矿"）关闭破产所需费用为例，对国有煤炭企业退出的实施成本做出粗略估算。[①]

辽宁省阜新市是 2001 年 12 月国务院确定的全国首个资源枯竭型城市经济转型试点市。根据财政部对阜新矿务局"三矿"破产费用的核定（财企〔2001〕53 号），阜新"三矿"破产费用支出预算是：①经常性费用每年 2192 万元；②一次性费用 47855 万元，其中包括清算费用 1877 万元，在职职工安置费 16549 万元，社会职能移交补助费 15469 万元，应归还职工的各种欠款 11760 万元，不可预见费用 2200 万元；③企业资产变现损失 6900 万元；④银行贷款本息核销 30268 万元。由此可见，阜新"三矿"关闭破产的费用总计近 9 亿元。

在劳动力安置和转移方面，截至 2001 年末，阜新"三矿"关闭破产使在职全民职工 13254 人下岗，同时使依附于"三矿"的集体企业职工长期放假下岗 12971 人。按人均 1 万元的安置和转移费用估算，仅此一项就需要 2.6 亿多元。

在健全社会保障体系方面，财政部核定的阜新矿务局"三矿"破产费用中包含了社会保险费用 17411 万元。

在环境治理及生态恢复方面，经中国国际咨询公司评估审定的《阜新市采煤沉陷区治理改造规划》指出，仅采煤沉陷区居民搬迁就需投资 11.8 亿元。加上沉陷区居民搬迁后的土地复垦和生态恢复费用，以及城市基础设施建设改造成本，与

---

① 李成军. 中国煤矿城市经济转型研究［M］. 北京：中国市场出版社，2005.

"三矿"有关环境治理及生态恢复成本保守估计会超过 15 亿元。

因此，阜新"三矿"退出的实施成本超过 28 亿元。以"三矿"退出的劳动力为 26216 名下岗职工来计算，人均退出成本超过 10 万元。若考虑衰退产业退出的风险成本以及通货膨胀因素，则资源型衰退产业退出面临的转型成本会更高。

第三节　国外典型资源型经济区衰退产业退出援助的经验借鉴

煤炭等资源型产业衰退是世界各国推进工业化进程中普遍存在的共性问题。发达国家针对其资源型衰退产业退出采取了许多措施，有成功的经验，也有失败的教训。尽管与德国鲁尔区、法国洛林地区、日本北九州地区等国外典型资源型经济区[①]相比，山西省在煤炭资源丰度、赋存条件、开采成本、地理区位等方面存在较大差别，而且煤炭等资源型产业的发展环境和发展水平也不尽相同，但是可以通过考察它们针对衰退产业援助的具体做法及成效，从中发现值得借鉴的有益举措。

一、德国鲁尔区衰退产业援助的主要措施

从 19 世纪中期到 20 世纪中期，从形成兴起到步入鼎盛时

---

① 显然，国外典型的资源型经济区还有很多。相对而言，德国鲁尔、法国洛林、日本北九州这三个地区在衰退产业退出援助方面做得比较好。而苏联的巴库地区、委内瑞拉的拉波利瓦尔油田等资源型经济区则在衰退产业援助方面显得很失败。余际从，李凤. 国外矿产资源型城市转型过程中可供借鉴的做法经验和教训［J］. 中国矿业，2004（2）。

期，从鼎盛辉煌到逐步走向衰落，鲁尔工业区①在欧洲"风光"了一个世纪。受世界能源结构变化、煤炭开采成本上升以及新型技术革命下轻工业和第三产业快速发展等因素的影响，20世纪60年代开始，鲁尔工业区内的煤炭、煤化工等资源型产业面临资源枯竭、增长停滞、环境污染等一系列问题。鲁尔工业区从德国工业化的"领头羊"，"二战"后德国经济再次起飞的"发动机"而一度变为德国经济衰退程度最深的地区。工业区的衰落不仅使鲁尔地区的区域地位不断下降，同时也带来了严重的失业问题。②

在鲁尔区出现各种问题开始步入衰落后，德国联邦政府以及北威州政府开始致力于鲁尔区的经济结构调整和转型，联邦政府相继制定了一系列促进鲁尔区整治和改造的规划及政策措施，成立了专门负责改造工作的相应部门和机构，并在资金、税收方面给予了相应的扶持。相关政策措施除了价格补贴、税收优惠、投资补贴、政府收购、限制进口、研发补助之外，在衰退产业援助方面也做了不少实际工作，取得了良好成效。

（一）优化就业环境，增加就业岗位

针对鲁尔区失业率不断上升的严峻现实，德国联邦政府和鲁尔区采取多种措施增加就业岗位。①大力发展职业教育，通过职业教育和业务职业培训，提高员工的职业技能和再就业能力。在政府的支持下，鲁尔区建立了德国最大的职业培训学院。通过培训矿工，帮助他们学习和掌握新技能，以便能够从事其他行业的工作。②政府通过为企业提供12%～23%的补贴金额，

---

① 鲁尔工业区是指"鲁尔区城市联盟"，位于德国的北莱茵—威斯特法伦州的中部，是北威州的五个区之一，由11个直辖市和4个县级市的总计54个镇组成，面积约4435平方公里，占德国总面积的1.3%左右；人口约为570万人，占德国全国人口的9%。鲁尔区的矿产资源十分丰富，煤矿资源可采储量占德国近90%。

② 冯革群，陈芳. 德国鲁尔工业区地域变迁的模式与启示 [J]. 世界地理研究，2006 (3).

妇女就业补贴更是高达 36.5%，促使企业保证就业岗位。③发展劳动力密集产业，主要是劳动密集型加工类产业，积极推动服务业快速发展，从根本上扩大就业。①

（二）注重环境改善，发展环保产业

为解决长期重工业化造成的环境问题，德国政府投入巨资并颁布相关法律，加强鲁尔区的环境治理工作。鲁尔区各级政府曾投入 50 多亿马克成立专门的环境保护机构，统一规划治理和改善环境。特别是，由专门部门负责处理老矿区遗留下来的土地破坏和环境污染问题。经过政府和企业的共同努力，鲁尔区的环境得到大幅改善，整个区域的绿化程度得到极大提升。据统计，鲁尔区的人均绿地面积已由 1968 年的 18 平方米，增加到 2002 年的 130 平方米。生态环境得到改善的同时，鲁尔区的环保产业也得到了长足发展，2002 年仅北威州就有 1000 多家环保企业。②

（三）完善基础设施，重塑城市形象

改造完善基础设施是德国鲁尔区促使土地等生产要素从衰退产业真正退出来，并转移到其他产业之中去的重要举措。鲁尔区在转型过程中大力加强交通基础设施建设，把建设综合性运输网络放在首位，发展区内快车线，使区内任何地点距高速公路的距离都不超过 6 公里，同时在最大程度发挥本区水运优势的基础上搞好水陆联运，加速南北向交通线路的建设，鲁尔区已建成了欧洲最稠密的交通运输网。③基础设施改善后，鲁尔

---

① 江秀凯，叶敏．德国如何改造老工业基地？[J]．科学决策，2006（2）.

② 冯春萍．德国鲁尔工业区持续发展的成功经验[J]．石油化工经济，2003（2）.

③ 国家发展改革委东北振兴司资源型城市发展处．德国鲁尔区经济转型对我国资源型城市可持续发展的启示[EB/OL]．[2010-2] http://dbzxs. ndrc. gov. cn/zxjb/t20100203_328591. htm.

区收入挖掘衰退产业退出后废弃的工厂、车间的文化价值，因地制宜地将各种工业遗迹改造成工业文化旅游景点，既在重塑城市形象方面发挥了独特效应，又让土地等生产要素实现了从衰退产业的实质性退出。[①]

二、法国洛林地区衰退产业援助的主要措施

第二次工业革命前后，洛林地区[②]逐渐由一个以农业为主的贫穷落后地区发展成为繁荣的工业区。但是，20 世纪 60 年代中期之后，洛林地区的煤炭和钢铁两大支柱产业不断衰退，加之纺织产业萎缩，失业人口不断上升。由于长期的采掘，洛林地区的煤炭资源日渐枯竭，开采条件恶化，成本持续上升。20 世纪 50 年代至 60 年代，洛林的煤炭开采深度已达到 1000 米以上，成本是世界煤炭平均成本的三倍多。因此，从 20 世纪 60 年代开始，洛林地区的煤炭和钢铁等资源型企业很大程度上依靠政府补贴生存。在政府取消补贴后，该地区的煤炭和钢铁企业大批倒闭。2005 年，该地区的矿井已全部关闭，彻底地退出了煤炭生产。1954 年，煤炭、钢铁及纺织产业的就业人员为 21.5 万人，占该地区全部就业人员的 68.3%。到 20 世纪 70 年代中期，这三大产业的就业人员不足 3.5 万人，仅占全区就业总人数的 19%。[③]

从 20 世纪 60 年代末 70 年代初开始，法国对洛林地区进行

---

① 冯春萍. 德国鲁尔工业区持续发展的成功经验 [J]. 石油化工经济, 2003 (2).
② 法国洛林地区位于法国的东北部，北临比利时、卢森堡及德国，下辖默兹省（Meuse）、默尔特—摩泽尔省（Meurthe – et – Moselle）、摩泽尔省（Moselle）和孚日省（Vosges）四个省份。区域面积 2.35 万平方公里，占法国的 4.3%；人口约 231 万，占法国总人口的 3.9%。洛林地区的矿产资源十分丰富，其煤炭资源储量占法国的一半以上，铁矿资源占法国的比重超过 4/5。
③ 路夕. 洛林转型 [J]. 中国石油石化, 2003 (3).

了一系列改造和重塑。在时间上，与德国鲁尔区的改造相近，采用的措施也有很多相似之处，但相对而言，洛林地区的改造更加激进，更加彻底。特别是采取"休克疗法"，彻底放弃煤炭、钢铁等资源型传统产业。从 20 世纪 70 年代后期开始，通过实施"紧缩"政策，在停建一切传统产业的新企业的同时，通过"关、停、并、转"，促进生产要素从不具有竞争优势的传统产业领域退出。[①] 在促进衰退产业退出方面，洛林地区值得借鉴的主要经验有二个：

一是多措并举，解决失业问题。洛林地区在促进衰退产业退出的过程中，大刀阔斧地关闭亏损及生产效率低下的资源型企业，对保留下来的企业进行大幅裁员，造成大量员工失业。为解决失业问题，政府做出了许多努力，取得了一定成效。①实行提前退休政策。法国规定煤矿下井职工退休年龄由 55 岁提前到 45 岁，地面职工退休年龄由 60 岁提前到 50 岁，提前退休职工的退求金为原工资的 85%，比正常退休的 65% 还要高。对于那些不愿意转行、希望享受提前退休政策又不到提前退休年龄的职工，政府成立留守处，组织他们从事煤矿关闭后的一些善后处理及环境治理工作，直至退休。②加强再就业培训。针对衰退产业的职工掌握的技能单一，很难适应新技术的变化这一情况，洛林地区政府把再就业培训提高职工技能作为解决失业问题的最重要途径。其再就业培训组织严密，实施分门别类管理，而且培训的时间较长，一般为 2 年，特殊岗位可达 3 ~ 5 年。按照有关法律的规定，企业职工必须定期离岗参加培训，培训期间职工可以领取 70% 的工资，培训费用由政府承担。培

---

① 辽宁工业转型研究课题组. 借鉴法国洛林经验加快辽宁工业转型 [J]. 中国软科学，1998（10）.

训结束后，可返回原企业工作，也可以离开原企业另谋职业。③鼓励自主创业，另谋职业。以洛林地区的煤炭产业为例，政府规定，根据煤矿工人职工的年龄情况，开办公司的给予约45万法郎的扶持资金。煤矿职工自谋职业所需的差旅费、邮政费等全部由煤炭企业支付；煤矿职工到新公司工作的1～3个月试用期间，工资仍由原企业支付；煤矿职工到新公司工作，煤炭企业负责搬家并给予住房补贴等；煤矿工人在新公司的第一年工资如果低于原工资，煤炭公司给予补差。① 这些措施的实施取得了积极成效。2006年欧盟发布的研究报告显示，1996～2002年，虽然洛林地区的GDP增长率略低于法国平均水平，但在就业增长率方面比法国平均水平高出近30%。洛林地区培训转业工人的做法也作为成功经验在欧盟得到广泛推广。②

二是注重环境治理，加强基础设施建设。长期的煤矿开采，造成洛林地区大量土地塌陷、煤矸石堆积、水环境污染。面对这种状况，在促使衰退产业退出过程中，法国政府投入巨资对洛林地区实施环境改造和整治，并改善基础设施条件。一方面，大力整治矿区环境。在主要矿区成立了煤矿关闭环境综合治理办公室，负责环境整治工作。煤矿关闭后及时调查环境污染情况，并组织实施治理。以便迅速抹掉老矿区的痕迹，对其进行形象重塑，用于建设居民住宅、休闲娱乐设施，或作为新厂厂址，或植树种草，等等。另一方面，加强基础设施建设，营造良好的投资环境。在改善环境的同时，洛林地区不断加强基础

---

① 国家经贸委企业改革司考察团. 英法两国煤矿关闭思路及启示 [J]. 煤炭经济研究，2002（4）.

② Storrie, Donald. Restructuring and Employment in the EU: Concepts, Measurement and Evidence [M]. European Foundation for the Improvement of Living and Working Conditions, 2006. Heichlinger A., S. Maatta, O. Marti. Growth, Jobs and the European Regional Development Fund [J]. EIPASCOPE, 2006（3）.

设施建设，政府拨款专门成立了煤矿地区工业发展基金，1984年启动时就拨付 4.5 亿法郎。基金主要用于基础设施投资，而且无须偿还。欧盟也对此给予了大力支持，投入超过 1 亿欧元。经过长期治理，洛林地区煤炭开采和炼钢造成的大量土地塌陷、水污染及其他主要环境污染问题都得到了有效解决，基础设施也更加发达。①

三、日本北九州地区衰退产业援助的主要措施

北九州②是日本历史悠久的重工业基地。1887 年，日本就在北九州的筑丰煤田开发煤矿。1901 年，利用筑丰煤炭生产主要用于军用钢铁的八幡制铁所的建立是北九州工业区形成的标志。利用中日甲午战争后从中国及朝鲜掠夺的大量矿石，北九州的钢铁和煤炭工业，以及与此相关的炼焦、金属冶炼等资源型产业相继兴起。在第一次世界大战前夕，筑丰煤矿的煤炭产量约占日本全国的 60%，八幡制铁所的钢铁产量也占日本的 60% 左右。在 20 世纪 20 年代前后，北九州地区成为日本四大工业地带之一。③

第二次世界大战后，日本政府以"倾斜生产力方式"为核心的产业复兴政策曾使北九州的钢铁、煤炭产业有过一段高速成长期。但从 20 世纪 50 年代中后期开始，日本产业政策的重心开始由"经济恢复"转向"经济振兴"。"加工贸易立国"战略的确立使资本密集型产业成为政府扶持的重点，而煤炭、钢

---

① 克里斯昂·拉托. 洛林地区经济的重新开发 [M]. 载齐建珍，杨中华，张龙治. 工业转型研究. 沈阳：东北大学出版社，2002.

② 北九州市是日本的第八大城市和政令指定都市（相当于直辖市），其总面积 488.78 平方公里，2010 年人口为 97.73 万，分别占日本全国总面积和总人口的 0.13% 和 0.76%。北九州地区的煤矿资源丰富，其辖区内的筑丰煤矿是日本最早进行大规模开发的煤矿。

③ 满颖之. 日本经济地理 [M]. 北京：科学出版社，1984.

铁等基础产业、原材料产业则将其支柱产业地位让位于新兴的和成长型的以加工工业为主的出口先导产业。[1] 在此背景下，煤炭工业由此前的促进成长的保护对象转为衰退调整的对象。从那之后，北九州的工业地位一降再降。1935 年，北九州工业产值占日本全国的 8.3%，1960 年降低至 4%，1980 年进一步跌落至 1.2%。从 20 世纪 70 年代开始，北九州地区迅速滑落为日本亟待整治援助的问题区域。[2] 为了促使北九州地区的衰退产业退出，日本采取了"渐进式"调整战略。其中，与衰退产业援助有关的政策主要有三个：

其一，循序渐进，以"软着陆"的方式实现衰退产业退出。为保持政策的连续性，减少对产业的冲击，日本政府先后九次逐步调整煤炭产业政策。1955 年，日本政府出台《煤炭工业合理化临时措施法》，以整治低效率煤矿，扶持高效率煤矿，实行多元化经营。但是，20 世纪 60 年代由于大量廉价石油的冲击，日本煤炭企业的经营状况持续恶化。1962 年 7 月，日本首次制定特别针对煤炭工业的产业政策，到 1991 年 7 月，日本共九次修改煤炭产业政策。其中，第四次修改时明确提出"煤炭工业的自立发展已经没有可能，应勇敢地去选择进退"的"夕阳化"路线。[3] 这些政策的逐步调整，在一定程度上拉长了衰退产业退出的过程，但同时也给了相关企业和从业人员更多时间，使其能够以比较温和的方式退出。

其二，盘活土地资源，带动劳动力实现就地转移。在 20 世纪 60 年代，日本政府意识到煤炭产业的衰退不可避免时，即开始采取措施促使衰退产业中劳动力有序退出。其中，最重要、

① 陈淮. 日本产业政策研究［M］. 北京：中国人民大学出版社，1991.
② 满颖之. 日本经济地理［M］. 北京：科学出版社，1984.
③ 刘宏兵. 对日本煤炭工业消亡的思考［J］. 经济问题，2004（12）.

最有效的手段就是在环境修复和国土整治的基础上，组建专门机构负责在矿区开发工业园，以吸引投资者到矿区建厂的方式创造新的就业岗位。北九州地区通过矿区环境治理和土地整治，大力优化矿区生态环境，改善基础设施。在此基础上，根据1961年《产煤地域振兴临时措施法》等法律法规，1962年设立了"产煤地域振兴事业团"（1972年改组为"产业重组/产煤地域振兴事业团"）。由该机构出资、融资开发工矿区的土地资源，以建设工业园等方式把开发好的土地附以长期贷款、减免税等措施转让给投资者，吸引他们到工矿区投资兴业。到1993年，筑丰、三池、福冈三大煤矿就建设了66个工业园区，占日本全国工业园总数的40%。在工矿区设立产业园，既吸引了投资，又让其他土地可以用于建设居民小区、休闲娱乐设施、旅游景点等，最大程度地利用了工矿区的土地资源。同时，也让煤炭等衰退产业中退出的劳动力实现了就地转移。①

其三，完善社会保障，维护工矿区社会稳定。为安置关闭煤矿后失业的人员，日本制定实施了《煤炭矿业结构调整临时措施法》、《煤炭矿业职工队伍稳定雇佣临时措施法》和《煤炭矿业年金基金法》，对在合理调整中离岗的煤矿职工发放退职金和离职金，通过实施职业转换援助、办理职业培训和再就业援助等措施，使离岗人员实现再就业并保障生活稳定，基本避免了煤矿关闭通常会带来的社会和经济混乱。特别值得一提的是，北九州地区对煤矿离岗人员的培训，从开始讨论煤矿封井问题时就着手安排，到最终决定封井时会持续进行，这确保了煤矿工人在下岗前基本都能掌握一定的专业技能。②

---

① 杨庆敏. 关于资源枯竭型产业地区振兴的研究［J］. 长春理工大学学报（社会科学版），2004（1）.

② 陆国庆. 美国与日本衰退产业调整援助对我国的启示［J］. 世界经济与政治论坛，2000（5）.

四、经验借鉴

尽管德国鲁尔区、法国洛林地区和日本北九州地区的资源型经济体量大小不一，衰退产业退出的环境和节奏有所不同，但从它们促使衰退产业退出的主要政策措施看，存在以下共同之处，这值得山西省在建立衰退产业援助机制时借鉴。

（一）政府是衰退产业实现有序退出的"主心骨"

尽管德国、法国、日本都是市场经济体制比较完善的国家，政府在经济领域发挥的作用有限，但在衰退产业援助方面，它们的政府都发挥了积极的主导作用。这些作用主要体现在完善法律体系、为衰退产业援助保驾护航，完善社会保障、为衰退产业退出织牢"安全网"，治理恢复生态环境、重塑区域形象，完善基础设施、创造新的发展环境等方面。事实上，这些工作只能由政府来承担。如果政府在这些领域"缺位"，市场机制肯定无法在衰退产业调整中发挥积极的作用。

（二）治理并恢复生态环境是衰退产业实现有序退出的"先手棋"

对于产业发展而言，良好的生态环境是最宝贵、最容易被忽视的"隐性"生产要素。实际上，煤炭等资源型产业的发展在很大程度上是以损害生态环境为代价的。因此，煤炭等资源型衰退产业的退出，很重要的一点就是生态环境的"退出"。通过环境治理和生态恢复，让其变为可以为其他产业发展所用的"隐性"生产要素，才可以说衰退产业实现了实质性退出。

（三）能否盘活土地资源是衰退产业实现有序退出的"胜负手"

煤炭等资源型产业退出时，其拥有的资本设备由于具有很强的专用性，往往需要折价处理，已经很难从中获得大量资金。高素质的劳动力很可能会流动到其他地区，留下来的往往是专业技能不高，需要政府援助的劳动力。能够为衰退产业退出筹集资金的最主要的潜在资源就是土地。因此，能否通过国土整治、基础设施建设、园区项目运作等方式把"废地"变为"活地"，在很大程度上就成了决定衰退产业能否平稳有序退出、资源型经济能否持续健康发展的关键。

（四）社会救助和社会保障是衰退产业实现有序退出的"稳定器"

大量职工失业是衰退产业退出时给社会稳定带来的最大最紧迫的挑战。妥善安置衰退产业分流出来的职工，事关资源型经济区的稳定大局。尽管德国、法国、日本在衰退产业退出援助过程中对解决失业问题采取的具体措施不尽相同，但都强调在其完善或变通社会保障制度之外，针对衰退产业中的职工特别是低技能职工面临的突出问题以社会救助、就业补贴、再就业培训等方式，尽最大可能改善就业状况。

第四节　山西省衰退产业退出援助机制建设的基本原则

建立衰退产业退出援助机制，既是针对山西省部分资源枯竭型地区的一项应急策略，又是山西省作为国内最重要的资源型经济可持续发展的长效机制，更是山西省推进资源型经济治理体系和治理能力现代化的重大探索。在中共十八届三中全会提出推进全面深化改革的时代背景下，山西省衰退产业退出援助机制建设需要做到"五个相结合"，即有为政府与有效市场相结合、自力更生与国家支持相结合、整体推进与重点突破相结合、效率优先与以人为本相结合、促"退"与转"进"相结合。

一、有为政府与有效市场相结合

山西省衰退产业退出的问题多、任务重，既要发挥市场在资源配置中的决定性作用和企业的竞争主体作用，凡是能由市场形成价格的都交给市场，全面激发劳动、知识、技术、管理、资本的发展活力，多渠道培育有利于山西省衰退产业退出的正能量。同时，政府也要对山西省衰退产业退出进行科学的调控、有效的治理，发挥社会主义市场经济体制优势。对于完善法律体系、完善社会保障、提供社会救助、治理生态环境、改善基础设施等市场不能有效发挥作用的领域，政府必须要"补好位"。有效市场与有为政府相结合，才能有力解决山西省衰退产业退出过程中出现的一系列问题。如果政府"缺位"，只是任由市场调节，很可能会使衰退产业退出变得更加惨烈，让衰退产业中的劳动力承担过高退出成本，甚至很可能会危及社会稳定。当然，如果政府"越位"，让市场机制无法发挥作用，结果很可能是好心办不成好事，会让衰退产业形成"输血依赖症"，变得"衰而不退"，既浪费公共资源，又损害配置效率。

二、自力更生与国家支持相结合

山西省既要充分发挥自身优势，不等不靠，自力更生，通过激发内在活力，不断增强自我发展能力和"造血"机能，形成能够实现良性循环的衰退产业退出援助机制，不断提高资源枯竭型地区的综合竞争力和可持续发展能力，在衰退产业退出的过程中实现区域竞争优势再造。同时，对于依靠自身力量难以甚至根本无法解决的矛盾和问题，有需要国家基于必要的政策支持和资金援助，为山西省衰退产业平稳有序退出加注"推进剂",让诸多处于衰退状态的资源型企业轻装上阵,顺利实现退出目标。

三、整体推进与重点突破相结合

山西省衰退产业退出援助既要着眼于资源型经济转型发展的根本任务和长远目标,切实解决退出过程中职工、企业、地方面临的问题,达到对经济、社会、生态环境和城市功能等方面的综合治理,积极促进经济、社会与生态环境的协调发展,促使衰退产业比重较高的资源枯竭型地区步入良性发展的轨道。同时,还应该在资本、劳动力、土地、生态环境等各种显性和隐性生产要素中,选择影响面广、带动力强的生产要素作为政策着力点,集中政策资源,促使其加速退出,从而带动其他生产要素流向其他产业或其他地区。

四、效率优先与以人为本相结合

衰退产业退出本身就是改善资源配置效率的过程。山西省衰退产业退出援助既要强调效率优先,在各方面可以接受的范围内尽可能加快退出速度,以便更快地提高山西省整体的资源配置效率。同时,更要积极解决山西省衰退产业退出面临的各类社会问题,努力改善民生,从三晋大地长治久安的高度,妥善处理好退出、发展、稳定的关系。坚持把改善民生作为衰退产业退出援助的落脚点,加大财政对社会救助、社会保障、环境治理等公共服务的投入,积极扩大再就业,在衰退产业退出过程中努力实现资源枯竭型地区的包容性发展。

五、促"退"与转"进"相结合

山西省各地方的社会经济发展基础和发展水平各不相同。

衰退产业退出援助机制建设要放在"全省一盘棋"中进行谋划。既要对资源枯竭、产业衰退、远离中心城市而且没有发展前景的工矿区实施产业退出、人口转移、矿区整治复垦等政策，弥补山西省转型发展的短板，积极探索资源枯竭型矿区转型发展的新模式。同时，更要对底蕴深厚、区位优势明显、发展潜力巨大、目前暂时受困资源型产业衰退的地区实施产业转型、职工就地安置、城市改造等扶持政策，发挥其区域辐射带动作用，打造山西省新的增长极。

第五节　山西省衰退产业退出援助的主要政策工具

衰退产业退出援助，政策支持至关重要。因此，有必要针对山西省衰退产业退出面临的主要成本，并借鉴国外典型资源型经济区衰退产业退出援助的成功经验，研究制定新形势下促使衰退产业退出的新政策，构建山西省衰退产业退出援助的政策体系和长效机制。为了使衰退产业退出的转型成本能够尽可能被政策资源所覆盖，并使衰退产业退出的生产要素得到高效利用，山西省衰退产业退出援助机制应包括差别化土地政策、社会保障政策、财税政策、金融政策和资源环境政策五大政策工具。

一、差别化土地政策

（一）放宽限制，增加用地指标

目前，国家对非耕地建设用地指标进行严格限制。但是，对于衰退产业退出的土地资源，如果不能尽快入市交易，地方很难获得进一步发展所需的资金。因此，建议国家放宽山西省衰退产业比重较高的资源型地区的非耕地建设用地指标。在安排土地年度计划指标时重点向资源枯竭型城市的各类国家级、省级产业示范基地、产业园区倾斜；适当增加这些城市的重点建设项目的土地指标，对这些城市衰退产业退出后的用地指标单列，不占用每年国家下达给山西省的指标；适当降低这些地区开发园区建设用地的基准地价；对于衰退产业退出后新建的产业园区内的重点项目用地，允许地方依据土地利用总体规划和城市总体规划，调整用地类型。

（二）赋予地方一定的自主权，灵活处置国有划拨土地

对于山西省资源型城市衰退产业中的国有企业依法使用的原划拨土地，在不改变用途的情况下，企业改革前可继续以划拨方式使用，改革后的企业用地符合《划拨用地目录》的，可仍保留划拨方式使用；不符合《划拨用地目录》的，根据产业性质、企业类型和改革的需要，经批准可以采用出让、租赁、作价出资（入股）等方式，合理处置企业使用的划拨土地资产。并且允许山西省资源枯竭型衰退产业中的企业"退二进三"，实现用地置换，且新增工业用地年度计划指标由国家主管部门单列并按等额置换原则"戴帽"下达。

（三）简化土地使用的审批程序

对于山西省资源型城市衰退产业有关的基础设施和重点工程项目，可以作为单独批次报批用地。与此相关的属单独选址的重点建设项目用地，涉及补充耕地的可以依据经审查批准的补充耕地方案边占边补。

二、社会保障政策

（一）就业保障政策

对于职业培训机构比较缺乏的资源型衰退产业占比较高的

地区，由国家和山西省共同出资新建职业培训学校，面向衰退产业就业人员免费进行职业技能培训。对衰退产业下岗人员自谋职业、自主创业、灵活就业的在其下岗后的 3 年内每年给予一定额度的就业补助。同时，把现行再就业优惠政策再延长 3~5 年，包括税费减免、社保补贴、小额担保贷款、再就业援助，等等。

（二）社会保险政策

对于山西省资源型衰退企业，其拖欠职工养老保险个人部分，企业已扣的要在关闭破产时纳入职工安置费用予以解决，企业资产变现收入不足以覆盖的部分需要国家和山西省共同出资设立专项资金进行弥补。对关闭破产煤炭企业退休退养人员医疗保险所需资金、失业保险基金缺口等，由国家以转移支付的形式适当补贴。

（三）棚户区改造政策

由中央、省、地方财政按一定的比例，建立山西省资源型衰退产业占比较高的工矿棚户区改造和基础设施建设专项补贴制度，以加快这些地区的棚户区改造和基础设施建设步伐。为山西省资源型衰退产业的职工安居和工矿区环境改善提供有力保障。

三、财税政策

（一）加大转移支付力度

国家应充分考虑山西省资源型衰退产业退出造成的地方财政减收的实际困难，加大对这些地区的转移支付力度，提高中央财政的转移支付水平，在社会保障、环境治理、生态恢复等方面给予更多支持。特别是，对于山西省资源型衰退产业占比较高的地区接收原中央企业分离"企业办社会"所需费用缺口，由中央财政比照中央企业分离"企业办社会"的相关政策，以专项转移支付的形式给予补贴。

（二）设立专项改造基金

针对山西省资源型衰退产业占比较高地区基础设施建设面临的巨大资金缺口，需要国家和山西省共同筹集资金，设立山西省资源型枯竭城市改造专项基金。基金主要用于支持这些地区的基础设施改造和产业园区建设。具体支持手段以补贴、贷款贴息、担保为主，最大限度地发挥基金的作用。

（三）重大项目投资支持

加大中央财政性投资、预算内投资和国债投资对山西省资源型衰退产业占比较高地区的投资力度，提高中央部门专项建设资金对这些地区基础设施建设、环境治理和生态恢复项目的投资补助标准和资本金注入比例。

（四）豁免历史欠税

妥善解决山西省资源型衰退企业的历史欠税问题。比照国家解决东北老工业基地企业历史欠税的方法，豁免山西省资源型衰退企业难以归还的 2001 年前的历史欠税，对 2001 年之后的欠税追缴税款，豁免滞纳金。

四、金融政策

（一）核销历史欠债

在山西省资源型衰退产业退出时，争取以一定条件核销历史上国有商业银行对资源型衰退企业贷款的呆账、坏账。扩大山西省资源型衰退产业占比较高地区的国有商业银行对不良资产进行处理、剥离的处置权力，提高这些地区的国有商业银行的呆账核销比例。在政策规定范围内允许这些地区的国有商业银行具有更多的处置不良资产权力，容许其通过债务折扣、债务延期、债务减免息、资产置换等多种途径，加大对国有工矿企业债务重组和不良资产处置力度。对这些地区的资源型衰退企业涉及抵押和担保的，给予适度的政策调整。

（二）重点信贷支持政策

扩大对山西省资源型衰退产业占比较高地区的国家政策性贷款规模，国家开发银行、国家农业发展银行在这些地区的贷款规模，要在现有基础上以高于全国平均水平的速度增加。国际金融组织和外国政府优惠贷款优先安排给这些地区的相关项目。

（三）金融机构发展政策

放宽山西省资源型衰退产业占比较高地区的城市商业银行的资本扩张限制，允许其组建有地方特色、满足地方融资需求的专业性商业银行，放宽这些地区的城市商业银行跨区域设立分支机构的政策限制。鼓励国内外金融机构在这些地区设立分支机构。在区域风险可控的前提下，扩大这些地区在企业债券、中期票据、短期融资等方面的直接融资规模。

五、资源环境政策

（一）资源利用政策

为清查历史欠账，需要国家大力支持山西省全面盘查矿山塌陷地的数量、分布、程度和权属，盘活利用关闭破产矿山存量土地，在合理调整变更时国家给予必要支持。减少山西省资源型衰退产业占比较高地区每年上缴国家环境保护部的排污费比例，留存资金专门用于改善生态环境。在这些城市建立资源型城市退出准备基金，用于支持衰退产业调整。加快推进煤炭资源税改革，所征税款用于补偿煤矿资源开发对地方生态环境的伤害。

（二）环境保护政策

对山西省资源型衰退产业占比较高地区历史遗留的环保问题，由国家环保主管部门直接组织实施环境治理和生态恢复工程。对这些地区因矿山开采造成地面沉陷、地质灾害较严重的区域，不适宜居住的，需要在国家的支持下在衰退产业退出过程中实施统一搬迁并对居民集中安置。

第六节　山西省衰退产业退出援助政策实施的保障措施

为确保支持山西省衰退产业退出的政策落实到位，必须制定并实施涵盖政策法制化、组织保障、综合绩效评价、预警和动态调整及监督问责方面的五项保障措施。

第一，加快推进政策法制化

实现山西省资源型衰退产业退出是一项复杂的系统工程，也是一项需要长期努力才能完成的艰巨任务。只有先解决山西省资源型衰退产业退出援助政策的法律地位，才能从根本上保障政策的稳定性和实施效果，从而真正确保建立衰退产业退出援助的长效机制。德国、法国等发达国家对衰退产业退出援助通常都遵照"立法→规划→援助和转型"的程序进行。这样就使得其相关政策能按照正规的法律途径原原本本得到执行。相比之下，我国目前的区域援助政策很多都没有法制化，有的甚至无法可依。这在相当程度上导致了政策"朝令夕改"，或者落实过程中相互扯皮。因此，作为国家资源型经济转型综合配套改革的重要方面，有必要加快推进山西省资源型衰退产业退出

186

援助政策的法制化。明确各级政府、企业和职工等不同主体在此过程中的责任和义务，使资源型衰退产业的退出尽早走上法制化、制度化的轨道。

第二，大力强化组织保障体系

山西省资源型衰退产业退出任务繁重，政策的制定与执行涉及中央及地方各级政府和多个部门。建立高效运转的组织保障体系，是衰退产业退出援助政策得到贯彻落实的关键。一是明确主管部门，资源型衰退产业占比较高的地区应成立衰退产业退出领导小组及办公室，牵头主管部门要全面统筹退出援助政策及对重要援助政策的制定、实施和监督检查工作，组织、协调各相关部门进行分工合作。二是建立中央、省、地方之间的联动机制。加强与中央政府各主管部门的沟通，合理划分各级政府在衰退产业退出援助中的事权和支出责任，逐步消除制约政策发挥作用的行政障碍。三是制定具体规划。山西省资源型衰退产业退出应强调规划先行，加快制定衰退产业退出专项规划，明确退出的时间表和路线图。

第三，建立综合绩效评价机制

对山西省衰退产业退出援助政策的实施效果进行综合绩效评价，可以发现政策是否发挥了预期作用，找出实施过程中出现的突出问题，从而决定相关政策究竟是应该继续实行、调整还是终止，并为完善有关资源型经济转型的其他政策提供科学依据。可以分为事前预评估、事中追踪评估和事后总结评价三个阶段，建立科学的定量化综合指标体系，通过日常考核、定期稽查和阶段性评估的方式，对衰退产业退出援助政策的实际效果进行规范、严格的评价。

第四，建立预警和动态调整机制

针对山西省资源型产业分布面广，各地区资源型产业发展阶段和发展水平不尽相同的实际情况，要建立资源型产业衰退预警机制。综合考虑各地资源型产业发展的资源条件、开采环境、市场需求等因素，确定其衰退风险的高低，并以绿、黄、红三种颜色确立预警级别，分别施以不同的援助政策。在资源型产业衰退风险超过限定标准时，要及时启动衰退产业退出援助机制，并明确援助的时间长度，以促使相关企业倒排时间表，最大限度地发挥衰退企业自身的积极性。同时，还要建立信息反馈与动态调整机制，对援助政策的实施情况，以及实施过程中发生的新情况、新问题及时做出反馈，以便在法律允许的框架内采取相应的调整和补救措施，确保援助政策的灵活性和针对性。

第五，建立监督检查和问责机制

山西省衰退产业退出援助政策的有效执行必须要有监督检查和问责贯穿政策过程的始终。只有这样，才能充分激发和调动政策制定和执行机构的积极性和创造力。构建山西省衰退产业退出援助政策监督检查机制，尤其是制定切实可行的监督检查实施细则，以地方法规的形式明确监督检查工作的主体、职权、对象、范围等，从而使法定的权力进入可操作层面，避免出现不敢监督、无法监督和监督失职等现象。同时，还要实行严格的责任追究制度。为尽量规避山西省衰退产业退出援助过程中的决策风险，要建立决策责任制，明确规定决策者的法律义务和责任，使之对其决策行为负责，为改善援助政策的绩效提供根本保障。

参考文献

[1] Gort M. , S. Klepper. Time Paths in the Diffusion of Product Innovations [J]. Economic Journal, 1982, 92 (3): 630–653.

188

［2］ Klepper S. , E. Graddy. The Evolution of New Industries and the Determinants of Market Structure ［J］. RAND Journal of Economics, 21 (1): 27 – 44; Klepper, S. , Industry Life Cycles ［J］. *Industrial and Corporate Change*, 1997, 6 (1): 145 – 182.

［3］ Jovanovic B. , G. MacDonald. The Life Cycle of a Competitive Industry ［J］. Journal of Political Economy, 1994, 102 (2): 322 – 347.

［4］ Klepper S. Entry, Exit, Growth, and Innovation over the Product Life Cycle ［J］. American Economic Review, 1996, 86 (3): 562 – 583.

［5］ 张复明. 资源型经济与转型发展研究 ［M］. 北京: 经济管理出版社, 2011.

［6］ 李成军. 中国煤矿城市经济转型研究 ［M］. 北京: 中国市场出版社, 2005.

［7］ 余际从、李凤. 国外矿产资源型城市转型过程中可供借鉴的做法经验和教训 ［J］. 中国矿业, 2004 (2).

［8］ 冯革群、陈芳. 德国鲁尔工业区地域变迁的模式与启示 ［J］. 世界地理研究, 2006 (3).

［9］ 江秀凯、叶敏. 德国如何改造老工业基地? ［J］. 科学决策, 2006 (2).

［10］ 冯春萍. 德国鲁尔工业区持续发展的成功经验 ［J］. 石油化工经济, 2003 (2).

［11］ 国家发展改革委东北振兴司资源型城市发展处. 德国鲁尔区经济转型对我国资源型城市可持续发展的启示, 2010 年 2 月。 (http://dbzxs.ndrc.gov.cn/zxjb/t20100203_ 328591.htm)

［12］ 路夕. 洛林转型 ［J］. 中国石油石化, 2003 (3).

［13］ 辽宁工业转型研究课题组. 借鉴法国洛林经验加快辽宁工业转型 ［J］. 中国软科学, 1998 (10).

［14］ 国家经贸委企业改革司考察团. 英法两国煤矿关闭思路及启示 ［J］. 煤炭经济研究, 2002 (4).

［15］ Storrie, Donald. Restructuring and Employment in the EU: Concepts, Measurement and Evidence ［M］. European Foundation for the Improvement of Living and Working Conditions, 2006.

［16］ Heichlinger, A. , S. Maatta, O. Marti. Growth, Jobs and the European Regional Development Fund. EIPASCOPE, 2006/3.

［17］ 克里斯昂·拉托. 洛林地区经济的重新开发 ［M］. 载齐建珍, 杨中华, 张龙治. 工业转型研究, 沈阳: 东北大学出版社, 2002.

189

［18］满颖之．日本经济地理［M］．北京：科学出版社，1984.

［19］陈淮．日本产业政策研究［M］．北京：中国人民大学出版社，1991.

［20］刘宏兵．对日本煤炭工业消亡的思考［J］．经济问题，2004（12）．

［21］杨庆敏．关于资源枯竭型产业地区振兴的研究［J］．长春理工大学学报（社会科学版），2004（1）．

［22］陆国庆．美国与日本衰退产业调整援助对我国的启示［J］．世界经济与政治论坛，2000（5）．

第七章　山西省深化煤炭等矿产资源有偿获得开发利用体制改革研究

第一节　我国矿产资源有偿使用的体制改革与实践

一、发展历程

与发达国家不同，我国矿产资源有偿使用制度经历了从无到有、渐进改革、逐步完善的过程。总体看来，大致经历了四个阶段：

（一）空白阶段（1949～1981年）

新中国成立初期完成社会主义改造以后至改革开放初期，我国矿产资源归国家所有，在计划经济体制之下实行资源无偿开发使用制度。这个时期，我国进行了大规模的矿产资源勘探、开采和后续加工等活动，由此出现了大庆、白银、攀枝花和包头等资源型城市或工矿城市，有力地支持了当时的国家经济建设，但也产生了资源低效利用、环境遭到破坏和国有资产大量流失等问题。

（二）起步阶段（1982~1991年）

改革开放以来，随着市场经济地位日益增强，国家也开始着手资源价格领域的体制改革，其中，建立资源有偿使用制度是这次改革的一个重点方向。1983年3月，全国人大常委会审议通过并公布了《中华人民共和国矿产资源法》，该法有着重要的象征意义，不仅意味着我国矿产资源有偿使用在法律上迈出了关键的一步，也为日后的资源税费出台奠定了法制基础。很快，1984年10月，国家颁布的《资源税条例（草案)》正式实施，首次明确开征资源税。在此阶段，虽然资源税相关条例已出台，但由于计划经济体制在资源配置中起着重要的作用，国有企业又是资源开发的主体，所以我国矿产资源富集地区推行这项政策非常困难，该条例也就没有真正得到实施。

（三）徘徊停滞阶段（1992~2004年）

1992年，党中央确定了建立社会主义市场经济体制的改革方向，进一步确立了市场在资源配置中的基础地位。紧接着，1993年，我国进行了新一轮财税体制改革，国务院出台了《资源税暂行条例》及《资源税暂行条例实施细则》，这两个文件是在此前《资源税条例（草案)》的基础上进一步完善形成的，明确将资源税征收对象扩大到原油、天然气、煤炭、其他非金属矿原矿、黑色金属矿原矿、有色金属矿原矿和盐7种，这次资源税改革的目的是引入市场机制，加强资源管理，引导企业合理、高效利用资源。为了保障条例能够顺利得到实施，全国人大常委会于1996年8月对《中华人民共和国矿产资源法》相关法条进行修改，明确规定了"国家实行探矿权、采矿权有偿取得的制度；开采矿产资源必须按照国家有关规定缴纳资源税和资源补偿费"。《资源法》的修改意味着国家已经确定了矿业权（包括探矿权和采矿权，下同）有偿取得和矿产资源开发使用的基本方向。但由于我国多数的矿井是在改革开放以前就已经开发，历史遗留问题比较多，这使得矿企联合抵制矿业权价款缴纳，加之，20世纪90年代初国民经济"软着陆"和1997年亚洲金融危机发生，从而严重影响了资源税征收的落实进度。即使在1998年以后，国家许多文件都在三令五申地反复强调，新设煤矿矿业权一律实行有偿取得，但政策实施效果并不理想，有些地方虽然实行了，但收效甚微。并且，国家对于那些过去取得矿业权的矿区（井）有偿处置问题却一直未做出明确的规定，结果造成许多企业缴税的积极性不高。

（四）试点推广阶段（2005年以来）

2005年，国家发展改革委、财政部、国土资源部、劳动和社会保障、环保总局与安监总局共同组成"煤炭资源管理调研组"，到山西省临汾市调研，指导试点工作，了解当地以"招、拍、挂"等市场竞争形式出让新设煤炭资源探矿权、采矿权的改革经验。应该说，这次调研工作是国家酝酿如何让煤炭资源有偿使用制度"落地"的一次前期探路。时过一年，2006年9月，国务院便批复了财政部、国土资源部、国家发展改革委的联合发文《关于深化煤炭资源有偿使用制度改革试点的实施方案》（下称《实施方案》），根据该方案，山西省、内蒙古、黑龙江、安徽、山东、河南、贵州、陕西8个煤炭主产区作为试点省份，探索由矿企承担矿业权取得成本、矿山生态环境治理和恢复成本以及安全生产成本等措施[1]，使得煤炭资源有偿使用朝着市场化改革的方向前进，同时也调动了地方政府的积极性。同年11月，时任国务院副总理曾培炎主持召开了全国电视电话会议，对煤炭资源有偿使用制度改革试点工作进行动员和部署，从而拉开了我国深化煤炭资源有偿使用制度改革试点的序幕。此后，国家有关部门跟踪各试点省份的进展情况，相继出台了《关于深化探矿权采矿权有偿取得制度改革有关问题的通知》、《以折股形式缴纳探矿权采矿权价款管理办法（试行）》、《关于深化探矿权采矿权有偿取得制度改革有关问题的通知》和《关于探矿权采矿权有偿取得制度改革有关问题的补充通知》等一系列配套政策，让政策更具有针对性和可操作性，并逐步完善了我国煤炭资源有偿使用制度。

此外，资源税改革也经历了先试点、后推广的过程。2010年，经国务院批准，财政部和国税总局下发通知，从当年6月1日起，新疆维吾尔自治区率先启动石油和天然气资源税从价计征，税率为5%，并明确了纳税主体、纳税范围以及减免适用条件。很快，这项改革措施推广到全国其他地区。同时，根据经济形势发展需要，国务院在2011年9月出台了《中华人民共和国资源税暂行条例》，重新修订了资源税税目税率表，适当提高了资源税率，其中，石油和天然气按从价计征，其他矿产资源按从量计征。在实践中，目前，中央和地方逐步建立资源税费分配机制，如，以鄂尔多斯市为例，矿企缴纳的资源税费在中央和地方的分配有明文的规定（见表7-1）。2013年，中共十八届三中全会通过了《中共中央关于全面深化改革若干重大问题的决定》，明确提出了实行资源有偿使用制度。2014年9月

---

[1] 陶树人，晁坤. 我国矿产资源有偿使用制度的改进与建议 [J]. 冶金经济与管理，2006 (5).

29 日，国务院总理李克强主持国务院常务会议，研究决定实施煤炭资源税改革，切实降低企业税负，让资源地区受益。2014年 10 月，财政部和国税总局出台了《关于实施煤炭资源税改革的通知》，明确了计征有关细节、适用税率、税收优惠以及征收管理。这意味着，煤炭资源税正式进入了实施阶段，并向清费立税改革方向迈进了实质性的一步。

项目	分配主体及情况	标准
资源税	全部归地方政府	3.2 元/吨
增值税	75%归中央，25%归内蒙古自治区、鄂尔多斯市政府共同所有	由 2008 年的 13%提高到 2009 年的 17%
营业税	国有企业上缴中央，地方企业上缴当地政府	3%
各种费用	全部归地方政府	地方企业 11.24 元/吨，中央企业 4.7 元/吨
所得税	95%归鄂尔多斯市政府，其余 5%上缴国家	应纳税所得额 3 万元（含）以内 18%；在 3 万~10 万元（含）27%；在 10 万元以上 33%

资料来源：内蒙古自治区政府发展研究中心调研组. 关于内蒙古矿产资源开发管理体制改革调研报告［J］. 北方经济，2009（13）.

二、现状与成效

当前，煤炭资源仍是我国能源消费占比最高的化石能源，加快推进煤炭资源有偿使用制度实施对于资源型经济转型、生态文明建设等方面都有重要的意义，同时，这也是我国矿产资源有偿使用制度全面落实的先行先试之举。2006 年，国家确定的煤炭资源有偿使用制度改革试点省份都是我国煤炭主产区，在这些地区进行改革试点基本不会对全国煤炭价格产生明显的冲击。有学者将这次的试点改革概括为"完善三个成本，建立

第七章 山西省深化煤炭等矿产资源有偿获得开发利用体制改革研究

两个机制，理顺一个关系"，其中，"三个成本"是指矿业权取得成本、环境成本、安全成本；"两个机制"是指矿山环境治理和生态恢复责任机制以及矿产资源勘查资金投入良性循环机制；"一个关系"是指中央与地方的利益分配关系。①

这次改革试点有一个主攻方向就是将我国过去煤炭产业权有偿和无偿取得并存的"双轨制"，统一改为有偿取得的"单轨制"。同时，实施方案也明确了矿业权价款收入，统一按中央财政20%、地方财政80%的比例分成。该政策有利于调动地方政府的积极性，让各级政府依法监管并获得相应的收益。

2006年以来，我国煤炭资源有偿使用制度改革试点工作已开展了近九年的时间，取得了初步的成效，主要表现为：

第一，中央和地方合力推进实施方案"落地"。为了贯彻落实国务院文件，山西、内蒙古、山东、河南、陕西等地的政府根据本地实际情况，分别出台实施试点工作的实施方案。在政策具体落实的过程中，中央和地方经过多次的协商，财政部、国土资源部先后联合印发了《关于深化探矿权采矿权有偿取得制度改革有关问题的通知》（财建〔2006〕694号）、《以折股形式缴纳探矿权采矿权价款管理办法（试行）》（财建〔2006〕695号）、《关于探矿权采矿权有偿取得制度改革有关问题的补充通知》（财建〔2008〕22号）等配套文件，这些政策有针对性地解决了煤炭企业在资源整合、探矿权和采矿权市场方式取得、历史包袱遗留等方面的问题。

第二，有偿使用带来的收益帮助地方化解矛盾。矿业权价款收入80%留在地方使用，各级地方政府在坚持"取之于矿，

---

① 陈孝劲，崔彬，郝举. 我国煤炭资源有偿使用制度改革效果及建议［J］. 中国矿业，2012（12）.

用之于矿"原则的前提之下允许将这部分分成主要用于解决国有老矿企业的各种历史包袱、支持资源产业衰退地区培育发展接续产业等问题。同时，通过分年预提矿山环境治理恢复保证金的形式，逐步解决因矿山开采而破坏生态环境的历史欠账问题。此外，各类煤矿企业也按照规定足额提取煤矿生产安全费用和维简费，从而确保了煤矿安全技术改造的资金来源，为煤矿安全生产提供有利的基础条件。

第三，企业更科学、合理开发利用煤炭资源。随着煤炭产品价格逐步市场化，煤炭企业和用煤企业有很大积极性综合利用煤炭资源，有许多煤炭企业加大资源整合和延伸煤炭下游产业链，如采取煤—电—化、煤—气—化等方式深度整合产业链，使得煤炭综合利用效率显著提高。同时，许多企业采取"吃干榨净"的办法，加大科技创新和管理创新，高效利用劣质煤炭和煤矸石，既增加了经济效益，又避免了生态环境遭受破坏。

第四，市场竞争更加公平。随着煤炭资源有偿使用制度的实施，过去煤炭矿业权无偿取得和新设煤炭矿业权有偿使用的"双轨制"基本实现并轨，使得煤炭产品价格能够反映真实价值，企业不公平竞争、非法违规转让矿业权、资源综合利用率低等问题也有明显好转。同时，煤炭矿业权更加明晰，矿业权转让市场逐步建立，探矿权和采矿权转让比较规范、活跃。

第五，煤炭资源开发管理更加规范。中央也考虑到地方政府在资源开发管理和监管中起着主要责任主体的作用，所以在方案中也明确了地方各级政府依法监管并获得相应的收益。试点省份政府将资源有偿使用制度实施细则按照部门职责进行任务分工，将资源储量核实、采矿权价款评估等各环节落实到责任部门，每个部门间都建立了相应的业务衔接机制。同时，为了加强对这个方案的协调领导，许多试点地区都设立了专门的领导小组或办公室，负责指导全省试点工作和督促落实实施方案。

第二节　山西省深化煤炭等矿产资源有偿获得开发利用体制改革的创新经验

一、主要做法与成效

2005 年，山西省矿产资源有偿取得进入实质性实施操作阶段。改革初期，先从煤炭资源入手，以国务院批复试点为契机，通过煤炭资源整合和有偿使用的协同推进，促进全省煤炭资源有序开发、提高资源利用效率和加大生态环境治理。在此基础上，2008 年，山西省政府开始着力推进非煤矿产资源整合和有偿使用工作，进而为全省矿产资源全面实现有偿取得创造条件。总体看来，这些年，山西省在加大矿产资源整合与有偿取得方面取得了明显的成效，也积累了宝贵的经验。主要包括：

(一) 采取"先试点后推广"、"先煤后非煤"的方式

2004 年，山西省政府批准临汾市为首个煤炭资源整合和有偿使用试点，经过一年的努力，临汾市煤炭资源利用效率显著提高，矿业收入迅猛增长，矿山开发秩序更加规范。2005 年 3 月，在总结临汾市经验的基础上，山西省国土厅旋即制定了《关于推进资源整合、集约开发、循环利用，为建设新型能源工业基地优化配置资源的意见》，并以此为基础，形成了《山西省人民政府关于推进煤炭企业资源整合和有偿使用的意见（试行）》，这个文件于 2005 年 6 月正式出台。紧接着，山西省国土

厅与省煤炭工业局、山西省煤矿安全监察局共同制订了《山西省煤炭企业资源整合和有偿使用实施方案》以及附加说明。这些文件的实施，意味着山西省煤炭资源整合和有偿使用进入全面推进的攻坚阶段。2007年，为了进一步扩大资源整合和有偿使用的范围，山西省政府决定将非煤资源有偿使用作为另一项工作重点，专门出台了《山西省人民政府关于开展非煤矿山企业资源整合和有偿使用工作的实施意见》。由于山西省非煤资源产值占比不大，并且，行业市场形势不景气，所以推进这项工作的阻力要比煤炭行业小。

（二）加快资源整合与有偿使用的立法工作

山西省有较长的矿产资源开发历程，而许多煤矿产或非煤矿产资源却长期处于产权不明晰的状态下开采。为了解决煤炭资源整合和有偿使用过程中的产权、行政职责等法律问题，山西省政府在很短的时间内，根据国家有关法律法规，及时出台了《山西省煤炭资源整合和有偿使用办法》。这项地方法规不仅明确了相关行政主体的职责、资源整合范围、产权关系变更、矿权价款等，也提出了如果行政主体或采矿负责人违法需要承担的法律责任。通过这项法规，山西省部分解决了以往资源整合和有偿取得过程中因依靠行政手段强力推动而引起的法律纠纷问题，特别是"散、小、乱"的煤矿产权关系混乱问题。

（三）发挥国有企业或骨干企业的独特作用

由于各方面的原因，山西省煤炭资源分散开采、粗放开采等问题比较突出，矿权广泛分布在不同所有制的企业中，产权关系十分复杂，特别是小煤矿开采比较隐蔽，地方政府监管难度非常大。为此，山西省以此次资源整合与有偿使用为契机，鼓励大中型企业以收购、兼并、参股等形式参与资源整合，组建和发展若干家大型企业集团，进一步提高行业集中程度。在这种情况下，中央企业、山西省地方国有企业和有实力的地方民营企业都成为这轮矿产资源整合的主力，它们在政府行政手段的强力支持之下收购或重组了一大批生产能力弱、证照不全、布局不合理、不符合环保要求、安全条件不具备的煤矿（矿井）。同时，采矿权人如无法缴纳采矿权价款，可将部分或全部采矿权作价转为国有股份或国有资本金，然后，政府将这些股份或资本金转给省级煤炭骨干企业"托管"，从中获得相应的收益，即"折价入股"。

（四）实施部门协作与上下联动的组织保障

为了促进资源整合与有偿使用的顺利实施，山西省政府组建了一个由发改、国土、煤炭、煤监、监委、财政、国资、工商等多个部门共同参与的"山西省人民政府推进煤炭资源整合和有偿使用领导组"，领导组组长由分管矿产资源工作的副省长担任。同时，为了强化工作领导，设立领导组办公室，主要从国土资源厅、煤炭工业局和煤矿安全监察局三个成员单位抽调专门人员组建而成。此外，山西省政府加快建立上下联动机制。各地市、县也相应成立了煤炭资源整合和有偿使用工作领导组，由分管这项工作的政府领导担任组长。按照省政府《关于煤炭企业资源整合和有偿使用的意见》和《山西省煤炭企业资源整合和有偿使用实施方案》，明确了各部门职责，因地制宜，及时制订了本地的实施方案，积极落实省、市下达的煤矿（井）关闭压减指标，并认真组织编制、上报。

通过这些工作，山西省资源整合和有偿使用取得显著的成效，矿业资源开发和生产秩序明显改善，矿权关系得到理顺，权价款收入平稳增长。这项工作取得的成效主要包括：

第一，矿产资源有偿利用体制逐步建立。自从2006年进入试点以来，山西省越来越多的矿产资源采矿权出让是通过"招、拍、挂"的方式进行的，"招、拍、挂"形式出让的采矿权价款占全部采矿权出让价款的比重已由 2007 年 67.4% 提高至 2012 年 100%，五年期间上升了 32.6 个百分点，2012 年采矿权出让额 3859 万元，2007~2012 年累计收取采矿权出让款 129721.5 万元。同样，2012 年，山西省矿产资源探矿权"招、拍、挂"出让金额 2310 万元，占探矿权总出让额的 96.5%（见图 7-1）。

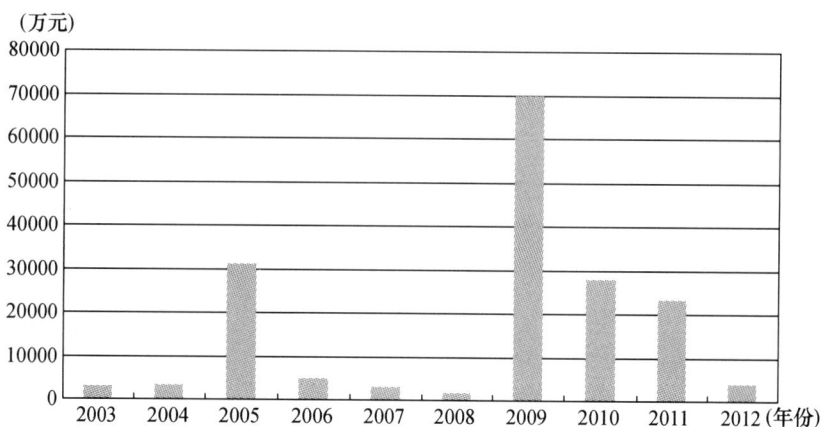

（万元）

图 7-1　山西省采矿权出让价款变化（2003~2012 年）

资料来源：历年《中国国土资源年鉴》。

第二，资源税和国有资源有偿使用收入都出现明显增长。2007 年以来，山西省资源税收入增长较快，2007~2013 年年均增速 12.2%，2013 年共征收资源税 516503 万元，是 2007 年的 2 倍。此外，国有资源（资产）有偿使用收入也已纳入山西省政府财政一般预算收入，已从 2007 年 52793 万元增长到 2013 年 321271 万元，年均增长 35.1%（见图 7-2）。可见，随着改革的深入推进，山西省越来越多的矿产资源得到确权，矿产资源有偿使用收入更加规范，从而不断完善矿产资源有偿利用开发管理体制。

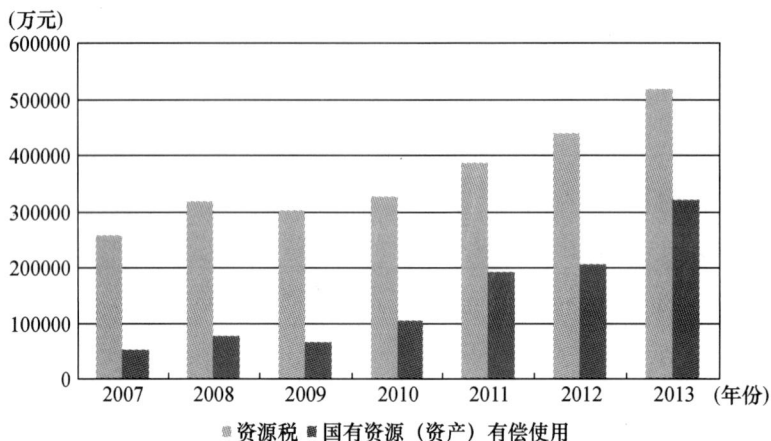

图7-2 山西省矿产资源有偿使用的主要收入（2007~2013年）

资料来源：相关年份《山西省统计年鉴》。

第三，矿产资源开发更加有序、高效。一方面，矿井数量大幅减少。2008~2011年，经过大力的资源整合，山西省全省煤炭矿井数从2598处减少至1053处，办矿主体也由2200个减少到130多个，出现国有、私营、混合所有制等多元化主体办矿的格局。[①] 矿井数量的减少带来了行业集中度提高和骨干企业产能迅速增长。2013年，11户大型煤炭集团煤炭产量占全省70%以上[②]。另一方面，煤炭安全生产形势有所好转。由于大量不符合条件的小型煤矿纷纷关闭，山西省煤炭安全形势有所改善，百万吨煤的死亡率已由2005年2.81人/百万吨下降到2013年0.077人/百万吨。[③] 同时，事故起数和矿难人数也呈现下降

---

① 任静芳. 山西全省煤炭矿井减至1053座［N］. 太原晚报，2013-11-28.
② 《2014年山西省政府工作报告》。
③ 相关年份《山西省政府工作报告》。

的趋势。此外，矿产资源利用效率明显提高。随着煤矿资源整合和有偿使用全面推广，企业对矿产资源开发有更强的归属感和长期发展的规划，主动放弃了过去那种急功近利的行为，其中表现较为明显的是煤炭资源回收率显著提高。据统计，山西省煤炭资源回采率已从 2004 年 44.3% 上升至 2009 年 80.1%，提高了 35.8 个百分点，基本接近世界发达国家的水平。[①] 与此同时，山西省多个县市出现了以煤为基的循环经济产业园区，形成煤电化、煤电油、煤电气等各具特色的循环产业链；同时，煤矸石、粉煤灰等资源副产品也都尽可能被充分利用，带动新型建材产业发展。

第四，加大支持民生建设和环境恢复治理的投入。随着各类资源税费和矿业权价款的增长，地方政府从中获得的收益随之增长，于是有更多的财力投入到当地民生工程建设和生态环境治理中，让群众从资源富足中得到更多的补偿，也偿还了生态环境的历史欠账。2012 年 8 月，山西省环保厅启动实施了 272 个《矿山生态环境恢复治理方案》，这些方案对"十二五"全省矿山生态恢复的治理做了比较具体的安排，通过方案成功实施，将治理地表沉陷面积 570.45 平方公里，恢复林地面积 234.31 平方公里，恢复草地面积 92.3011 平方公里，恢复耕地面积 77.60 平方公里，硬化运输道路 867.07 平方公里，矿区造林绿化面积 389.548 平方公里，治理矸石场数量为 254 个，矸石场治理面积 37.99 平方公里，减少粉尘排放量 57387.13 吨/年，矿井水处理量 322888 立方米/天，生活污水处理量 141697 立方米/天。[②]

当然，山西省在改革过程中也采取了灵活办法解决了一些

---

① 郭云，张雪岩，田艳芳. 山西煤炭资源整合的效果分析 [J]. 中国市场，2011 (2).
② 山西省环保厅自然生态与农村环境保护处发布数据。

棘手的问题，如许多尚未脱困的矿企或社会负担较重的老矿企根本无力缴纳采矿权价款，于是当地各级政府不得不采取分期缴纳、折价入股、减免等形式妥善解决了这些问题。同时，为了彻底解决"散、小、乱"的小煤矿和模糊矿权问题，山西省将资源有偿使用制度改革与资源整合结合起来，协同推进，从而取得更好的效果。

二、典型模式分析

临汾市是山西省重点煤炭产区，全市含煤面积 1.54 万平方公里，占国土总面积的 75%，煤炭总储量 629 亿吨，探明储量 398 亿吨。[①] 跟山西省其他地方煤矿一样，过去采用行政划拨的方式将煤田无偿或低价直接划拨给采矿企业，这种方式造成了资源浪费严重，回采率不高，徘徊在 20%~30%。2004 年，在省政府主要领导同志的指示和支持之下，临汾市率先进行煤炭资源有偿使用的"破冰式"改革，出台了《进一步完善采矿权有偿使用的实施方案》，先行开展采矿权有偿使用试点工作，主要做法是[②]：

一方面，逐步建立资源有偿使用制度。从采矿权入手，率先将新设煤矿采矿权推向市场，采取竞价的形式出让，从而减少国家资源的流失。在实行采矿权有偿取得的过程中，临汾市抓好核实储量、确定标准和上缴价款三个关键环节，按照公开、公正、公平的原则，坚持"一把尺子量到底"和"一个标准收价款"，切实解决"暗箱操作"的腐败问题，实现了政府、煤矿、群众三方满意。同时，临汾市逐步将已开发的煤矿列为采矿权价款补交对象，加大征缴力度，并将这件事与办理安全生

① 裴振龙，郭提，王婧. 临汾四百余座煤矿实行资源有偿使用 [N]. 山西日报，2005 - 11 - 08.

② 罗盘. 山西临汾：采煤先交资源使用费 [N]. 人民日报，2005 - 06 - 28.

产、煤矿生产许可证等挂钩。

另一方面，借助产权制度改革，用资产经营的思路，彻底理顺全市煤矿产权。对原采矿权属乡、村集体所有的，采取转让、拍卖等方式，把采矿权明确到矿产资源的直接经营者，重新核发"四证"，并严格行业准入标准，即新的采矿权所有者不但要具有持续投入的经济实力，而且，还须是懂经营、善管理、遵纪守法的独立法人。同时，临汾市也对国有煤矿全面实行股份制改革，由个人或大型企业买断经营，采矿权一并转让，明确了责任主体。

临汾市这次改革的成效比较明显，很快得到国家有关部门的认可，为全国的试点改革提供了示范作用。主要的成效表现为：一是改变矿企短期利益导向。矿主由过去承包经营的短期行为转化为资源自有、重视安全生产的长期行为，他们也有积极性改造升级传统采煤设备和技术。在不到一年的时间里，全市300余座煤矿投入了24亿元改造升级采煤技术装备，使资源回采率由过去的20%左右提高到70%。二是规范煤矿开发秩序。借助此次改革，有效地遏制了私开滥挖的势头，取得采矿权的矿主们对自有资源怀有强烈的自我保护意识，及时举报和配合政府打击私开滥采行为，从而扭转了小煤矿"遍地开花"的情形，维护了煤炭生产秩序，煤矿安全生产水平也有明显提高。在试点这一年，当地政府重视提高采矿者的安全生产意识和管理水平，全市共投资了6.6亿元用于全部煤矿监控系统建设和瓦斯专项治理。2005年1～9月，全市煤炭百万吨死亡率为1.17，比改革前下降5.67。三是生态环境得到恢复。当地政府将获得的采矿权价款分配收益部分用于产煤矿山地质地貌恢复和生态建设，逐步修复生态环境。①

三、存在的主要问题

这项制度改革试点以来，已取得了一系列的有益经验，但由于国有企业比重大、历史遗留问题多、旧体制惯性思维影响大等问题继续存在，所以，山西省推进矿产资源有偿使用仍面临着一些突出的问题：

第一，煤炭资源有偿出让或转让机制仍不完善。2005年以来，山西省虽然大力推进煤炭资源整合，矿井数量大幅减少，但这轮资源整合仍有很深的政府强行干预色彩，多数被整合的小矿井在转让或出让过程中并没有按照文件规定那样采取公开竞价（即"招、拍、挂"）出让的方式，而是直接采用协议价格的形式出让，从而导致资源转让过程可能带来矿业权价款的流失。同时，采矿权价款缴纳方式对不同所有制采取区别对待的做法，致使许多民营矿企不得不接受地方政府"折价入股"的要求，不得不接受当地国有矿企"托管"。

第二，国有企业预算软约束限制了体制改革继续深入推进。目前，山西省接近70%原煤产量是由国有骨干企业完成的，这些地方国有企业规模很大、社会包袱很重、拥有矿井很多。然而，如果按照煤炭资源有偿使用制度进行清算，这些企业需要偿还巨额的采矿权价款，由此可能导致企业经营效益恶化甚至破产，从而影响社会稳定。但有些国有骨干企业据此作为其跟当地政府谈判的筹码，使得地方政府不得不屈从企业的意愿，采取协议价或划拨等方式直接将被整合的矿产资源归并到它们

---

① 裴振龙，郭提，王婧. 临汾四百余座煤矿实行资源有偿使用［J］. 山西日报，2005 - 11 - 08.

的名下，以托管的形式扩大"地盘"。

第三，采矿权价款带来地方政府事权和资源收益分配的不相适应。根据现行的《山西省煤炭资源整合和有偿使用办法》，县级人民政府从本级国土资源部门收取的采矿权价款中获得30%；如果是采用公开竞价出让办法，只能获得20%。不过，在实际操作中，公开竞价出让宗数很少。而该法规同时也规定，县级财政分配得到的采矿权价款主要用于在煤炭资源整合过程中关闭合法矿井的补偿和煤矿企业所涉及乡村的地质生态环境治理。然而，由于补偿被整合的矿井和治理生态环境都要花费巨额资金，县级财政所得采矿权价款显得杯水车薪，所以，地方政府在资源有偿使用和整合中充分暴露出事权与资源收益分配不匹配问题。

第四，矿业权交易市场没有真正建立起来。经过这些年的实践表明，山西省由于缺少前期顶层设计和改革铺垫，在临汾市试点不到一年的时间便仓促在全省范围内推行矿产资源有偿使用制度，这样容易遭到地方政府和企业的共同抵制。最重要的是，山西省政府没有意识到建立全省统一矿业权交易市场的重要性，一直没有将其列入日常议事日程，于是地级市及以下政府处于犹豫不定的观望状态。即是说，如果真正按照竞价出让或转让，当地矿企很可能无法承受这么高的开采成本；相反，如果继续停留在协议出让的形式，地方政府就可能要为国有资产流失担责。所以，在市场没有建立起来之时，地方政府往往采取藏富于民的办法，干预矿权交易行为，压低矿权实际价款，让矿企从中获益。

第五，衰退产业援助机制难以建立。尽管《山西省国家资源型经济转型综合配套改革试验总体方案》明确提出，要建立衰退产业援助机制，保障资源枯竭企业平稳退出。但从实际操作的效果来看，地方财政从矿产资源有偿使用中获得的收益不大，在解决矿山生态恢复治理和老矿企社会问题的同时，很难再有剩余资金用于帮助资源枯竭企业解决平稳退出问题。

总之，上述这些问题可能不是山西省单独存在的，有些是全国的共性问题。从这点来看，推进资源有偿使用制度改革需要"全国一盘棋"，统筹实施，逐步从煤炭资源扩大到非煤炭资源，并确保各地矿企的采矿成本大致相当，创造一个公平的市场竞争环境。

第三节　国内外矿产资源有偿获得开发利用体制比较与借鉴

一、中国与主要矿产资源大国的比较

如上所述，我国建立资源有偿使用制度的时间并不长，并且，市场化程度也不高。跟国外相比，主要表现为如下差异（见表7-2和图7-3）：从征收主体看，国外一般由矿产资源业务主管部门负责征收资源税费或资源权利金。单一的征收主体可减少不必要的业务衔接，有利于减少征收对象信息流失。从计征方式看，许多国家同时采取从量计征和从价计征，但一般以从价计征为主。除了石油和天然气之外，我国其他矿产资源的资源税费和矿业权价款仍然实行从量计征，但这种计征方式不能真实地反映市场供求变化，也不能客观、准确、及时地反映资源稀缺程度，而且，地方政府从中获得的收益也不多。从计征标准看，各国计征标准不太一致。有些国家将资源税计征标准按权利金的一定比例计征，有些国家针对矿产资源不同用

208

途分别设定计征标准。另外，通过中、美两家能源公司的税负水平比较（见表7－3），我国煤炭资源有偿使用制度存在结构性的扭曲，矿企的一般税费负担较重，而对于生态环境等外部成本的补偿率偏低。当然，不可否认，在体制转型的背景下，我国资源有偿使用制度存在一些特殊的地方，如国有企业或国有控股企业主导着全国资源开发活动。此外，计划经济时期遗留下来的历史问题也是我国资源有偿使用制度改革的主要障碍。

表7－2　中外资源税费和权利金比较

国家	征收部门	税费名目	计征方式	计征水平
中国	财政部和国土部	资源税、矿产资源补偿费	从量与从价并存，从量为主	（1）从价计征：油气资源5%～10%； （2）从量计征：焦炭税率8～20元/吨，稀土矿0.4～60元/吨，其他煤炭0.3～5元/吨；黑色金属矿原矿2～30元/吨，有色金属矿原矿0.4～30元/吨；其他非金属矿原矿0.5～20元/吨或立方米；固体盐10～16元/吨；液体盐2～10元/吨
巴西	矿产与能源部	矿业权利金	从价计征	铁矾土、锰、岩盐、钾征3%，铁矿、化肥、煤炭等资源征2%；黄金征1%；富碳矿物、有色、可切削的岩石类、稀有金属征0.2%
南非	矿产及资源部	矿业权利金	从价计征	南非的权利金率分为两类：另一类是精炼产品的权利金率；另一类是非精炼产品的权利金率。精炼条件下权利金率＝0.5＋［息税前利润/（合计的总销售额×12.5）］×100；非精炼条件下权利金率＝0.5＋［息税前利润/（合计的总销售额×9）］×100
澳大利亚	各州的矿产资源管理部门	矿业权利金和资源租金权利金	产品分成、从量计征、从价计征、以利润为基础的计征等多种方式并存，以后两者为主	以油气资源为例：联盟政府对NWD和JPDA以外的海底大陆架油气资源征收基于利润40%的资源租金税；对于Barrow岛征收基于利润40%的资源租金权利金（RRT）；对于NES征收从价权利金10%～12.5%；新南威尔士州地方政府从价权利金0～10%；昆士兰州、维多利亚州、北部领地以及南澳洲地方政府征收按从价权利金10%

国家	征收部门	税费名目	计征方式	计征水平
美国	内政部管理联邦土地、印第安保留地和海底资源	矿业权利金	从量与从价并存，从价为主	对于油气资源：权利金率 12.5%～16.7%；对于煤炭资源：1976 年 8 月 4 日以前获得矿业权的，从量计征，每吨 0.15～0.175 美元；1976 年 8 月 4 日以后获得矿业权的，地下煤炭资源从价计征 8%，地表煤炭资源从价计征 12.5%；对于其他矿产资源：大多数矿产资源权利金 2%～15%

注："息税前利润"近似于税前利润。

资料来源：李恒炜，杨佩刚.矿产资源有偿使用的国际经验借鉴与税费改革走势［J］.改革，2013（7）.

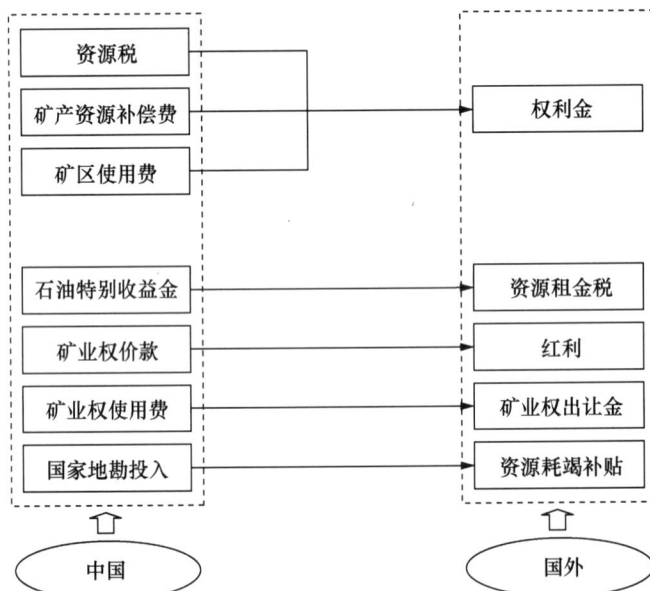

图 7-3 中外资源有偿使用制度对比

资料来源：李国平.完善我国矿产资源有偿使用制度与生态环境补偿机制的几个基本问题［J］.中共浙江省委党校学报，2011（5）.

表7-3　中、美能源公司煤炭开采税费负担水平比较

单位:%

项目	中国神华集团				美国 Peabody 能源公司			
	2009 年	2010 年	2011 年	3 年平均	2009 年	2010 年	2011 年	3 年平均
一般税费负担率	1.47	4.18	5.97	3.87	4.9	5.7	4.7	5.1
资源税费负担率	11.8	11.8	11.8	12.87	1.8	1.8	1.6	1.73
环境税费负担率	30.3	27.32	27.52	30.64	2.6	2.6	4.34	3.18

注:"一般税费"包括增值税、营业税、所得税、城建税、教育附加费。"资源税费"包括资源税、资源补偿费、"两权"使用费及价款。"环境税费"在我国,不同省份不太一致,以山西省为例,主要包括矿山环境恢复治理保证金、排污费、土地复垦费、水土流失防治费、水资源补偿费、可持续发展基金、林业建设基金、"两权"价款(用于生态环境治理部分)。

资料来源:曾先峰,李国平. 中美两国煤炭资源的税费水平及负担率 [J]. 中国人口·资源与环境,2013 (3).

二、国内试点省区比较

除了山西省之外,山东、内蒙古、河南等其他省区也作为全国首批煤炭资源有偿使用制度试点地区,在实践过程中积累了一些宝贵的经验,有些创新性做法值得山西省在深化资源有偿使用制度改革中借鉴。

第一,分阶段实施。第一步,山东省采取先摸底、再评估、后收款的方式,重点针对属于国家出资探明的煤炭资源探矿权和无偿取得的采矿权进行全面清理,摸清全省煤炭资源探矿权、采矿权管理现状,然后制定有针对性的实施方案。进入第二步,邀请有资质的勘查单位对煤炭资源储量进行核查和矿业权价款评估。到了第三步,依法处置试点矿企采矿权价款。

第二,建立产权交易市场。河南省明确提出,要进一步规范和完善矿业权交易制度,责成有关部门出台了矿产资源探矿权、采矿权招标、拍卖、挂牌方式出让管理办法。河南省通过"招、拍、挂"的形式转让煤矿资源改革是从 2001 年开始起步

的，当时煤价正处于低谷时期，许多企业或个人通过这种形式低价购入煤矿。目前，许多煤矿产权交易可通过省产权交易中心这个平台完成。

第三，鼓励资源就地转化。为了促进矿产资源在本地实现转化和发展深加工产业，《内蒙古自治区矿产资源有偿使用管理办法（试行）》就明文规定，凡在自治区境内进行煤炭资源就地转化的，经自治区人民政府批准，其转化部分的价款可优惠50%；并且，各盟市参与收益分配的部门由本地决定。这意味着，如果从事资源深加工产业，企业可缴纳比较优惠的矿业权价款。

第四节　山西省进一步深化煤炭等矿产资源有偿获得开发利用体制改革的方案

一、基本原则

循序渐进。改变现行"重管理、轻市场"的做法，发挥市场对资源配置的决定性作用，坚持顶层设计和试点探索相结合，激发市场主体的活力。采取统一登记、上市交易、完善监管、法律保障的结构化改革方案，分步实施，协同推进。逐步建立覆盖全省的矿产资源信息统一登记体系，收集整理各乡镇矿产资源禀赋（储量、品位、种类等）。优先启动矿业权交易市场建设，实现探矿权和采矿权在市场机制作用之下顺利流转，减少政府行为干预。完善矿权上市交易的法律法规，确保不同所有制的市场主体平等、自由参与交易。

综合配套。摸清山西省推行矿产资源有偿使用的主要障碍，在现有资源整合和有偿使用相互配套的基础上，进一步深化国有矿企改革，切实推动政企分开，彻底剥离这类企业背负的社会性历史包袱，解决好国有老矿企的预算软约束问题。同时，也要深入推进生态环境补偿体制改革，构建生态环境损害成本和修复效益综合评估体系，改变现行的一次性补偿、低标准补偿、以罚代补等做法，逐步建立以矿地合作、横向补偿为核心的生态补偿机制。此外，逐步建立衰退产业援助机制，明确以资源枯竭矿企为援助重点对象，促进这类企业转产、转型。

分类推进。根据资源类别、开采年限、资源禀赋等因素，将山西省境内矿区分为六种类型，推出不同标准矿业权价款的计缴标准。对于老龄的富矿，适宜采取老年还旧账、逐步过渡的办法，可将缴上来的矿业权价款大部分返还用于矿区生态环境修复治理。对于老龄的贫矿，坚持压减产能、逐步退出和边治边转，继续实行矿区资源无偿开采，完善对这类矿企的援助政策。对于中龄的富矿，根据高档的矿权价款的计缴标准测算"招、拍、挂"的底价，并采取市场竞价的方式转让矿业权，将矿权出让价款的50%以上用于当地矿山环境治理和民生事业。对于中龄的贫矿，应根据市场价格变化确定是否收取矿权价款，正常情况下，参照中年富矿的方式实行"招、拍、挂"形式出让矿权，矿权价款允许分期缴交，在矿产品价格明显低于正常水平时可申请当期减免或缓交，直至价格恢复常态。对于年轻的富矿和贫矿，适宜采取市场化的手段，在符合环保、安全等基本条件之下，推出矿权竞价高者得的方式实现矿权市场化转让或流转。

权责明晰。在全省矿产资源开发清查的基础上，将探矿权和采矿权明确到各类市场主体，各级政府及其所属事业单位不得直接从事矿产资源开发。完善市场环境，实行全省统一确权、统一颁证和统一交易。对于产权不清晰、无法达成共识的矿区（或矿井），原则上先由国土资源管理部门对这类特殊矿区（矿井）进行摸底，然后交由法院裁决。在完成确权之后，不再以换证或强加审批条件为由阻止合法依规的企业从事正常的矿产资源开采活动。

动态调整。切实发挥市场机制的决定性作用，建立矿业权价款从量计征的测算标准与各类矿产资源市场价格相挂钩的联动机制，根据资源价格变化及时调整测算标准。同时，根据资源开发时间和禀赋变化，及时调整矿区（矿井）的分类，不搞矿区类别的终身制。在实施《全国主体功能区规划》的过程中，引入定期调整的办法，划分不同类型矿区的主体功能，采用不同类型的生态环境恢复治理办法。

二、基本思路

（一）以清费立税为重点，完善矿产资源有偿使用的税费政策

一方面，利用综改区先行先试的体制创新作用，加快完善资源税费改革，稳妥地对现行的各种矿产资源税费进行适当分类、归并和优化，逐步将附着在资源上的部分收费（包括矿产资源补偿费、矿区使用费、石油特别收益金）和现行的资源税合并为新的资源税，并将现行从量计征改为煤炭等主体矿产资源继续实行从价计征和其他矿产资源继续实行从量计征。根据财政部和国税总局下发的《关于煤炭资源税改革的通知》，率先把现行的煤炭资源税从量计征改为从价计征，按照要求撤销相关收费。另一方面，在现行中央和地方分成标准的基础上，适当提高县级财政在资源税费分配中的比例，实现县级行政单位事权和财权相匹配。建立矿产资源管理部门和税收部门协作机

制，适当提高地方在矿业权价款的分配比例，各地可提取分成部分的 5% 作为当地矿产资源监管补偿，以调动矿产资源业务主管部门的积极性。

（二）以主体建设为"抓手"，改善企业公平参与和政府有效监管的体制环境

加快矿企的市场主体建设，引导民间资本以直接或间接方式参与矿产资源开发，坚持不分所有制、不分规模和不分级别的原则，确保各类市场主体在参与资源开发、收益分配与安全生产等方面得到平等对待。提升矿产资源开发业务管理主体的执政能力，减少项目审批环节与完善市场监管相结合，有效将国土、煤炭、安监、税收、环保、工商、银监等部门的相关业务集中到一个平台上开展，实现"税费衔接、联动监管、一站服务"，将安全生产不符合条件、越界越层违规开采、生态环境治理不力等违法企业列入黑名单，处处设限，明显提高违法成本。

（三）以释放红利为核心，激发市场微观主体自身活力

从管理体制、税费体制、生态补偿机制等方面率先进行改革，凝聚改革共识。在不新增主要障碍的条件之下，加快推进综合配套改革，把国有矿企改革与资源有偿使用体制创新紧密结合起来，把生态环境治理与资源税费分配机制有机结合起来，充分调动矿企和地方政府的积极性。允许符合条件的民营企业以收购、入股等形式参与投资矿产资源开发，形成各种形式的混合所有制企业，享受平等的市场地位。

（四）以社会责任为目标，实现经济、社会与环境协调发展

积极倡导生态文明理念，推进和谐矿区建设，扩大各类矿产资源开发收益对地方经济和生态环境的反哺作用。坚决纠正矿企唯利是图的错误价值观，督促其落实企业社会责任，打造一批综合效益好、示范效应强的绿色、亲民和绩优矿企，把环境保护、安全生产、矿地合作确立为矿企履行社会责任的主要内容。

三、主要措施

（一）健全矿权评估支撑体系

从山西省情出发，建立一个涉及矿产勘查、资源评估、矿业权价值评估等多方面紧密衔接的服务支撑体系。坚持尊重历史事实、区别对待的原则，对于枯竭型的老矿，原则上不再重新进行矿权评估；对于资源仍有开发潜力的老矿，应在确权换证时酌情重新评估资源储量和矿业权；对于新设立的矿区，原则上按照新办法邀请业务主管部门和权威中介机构重新评估矿权。完善勘查、矿业价款评估等机构资质认证工作，加强行业自律，建立有进有出、动态平衡机制，对于违法违规的评估机构和从业人员采取市场禁入方式。

（二）规范矿产资源税费征收方式

改变现行的矿产资源税费多头征收的方式，逐步实行统一征收、统一调配、专款专用，明确征收主体。完善煤炭价格调节基金、矿山环境恢复治理保证金等管理办法，提高资金使用效率。对于那些直接返还给企业的专项资金管理，可先试点下放，由县级财政部门负责。建立省、市、县三级协同机制，除了国家规定的收费之外，原则上不再新增各种收费项目，也不再向矿企摊派各种社会负担费用。在这类税费征收的相关主体中，适当扩大矿产资源业务管理部门征收权限，把部分税费划给矿产资源管理部门征收，然后统一上缴本级财政，纳入本级政府财政预算收入。

（三） 实施资源"折价入股"的国有股份管理

　　坚持市场化的改革取向，在条件较好的地区先行试点，将原来"折价入股"的国有股份从地方国企的托管中剥离出来，委托专业资产投资公司进行管理或直接进入产权交易竞价转让，允许不同所有制企业参与竞标，符合条件、竞价高者得。国有资产管理部门也可自行或委托国有资产管理公司负责国有股份"资产经营"，所得收益扣除必要的成本和绩效补偿之外将统一上缴地方财政，也可采取比例分成办法对资产管理机构进行补偿。改革目的是，最终将"折价入股"等形式获得的国有股份实现资产化。

（四） 完善资源有偿使用的收益分配机制

　　适当调整资源有偿使用的收益分配比例，降低中央和省级财政的分成比例，相应提高市级和县级财政的分成比例，发挥地方政府特别是县级政府在处理矿区生态治理、县级国有或乡镇老矿企业遗留问题等方面的积极作用，实现事权和资源收益的相适应。改革现行的企业专项经费（煤炭价格调节基金、煤矿转产发展基金等）计提管理办法，实行弹性计提方式，允许企业根据长期经营战略统筹调整计提比例，在行业形势好的时期提高计提比例，而在行业效益下滑时期适当降低计提比例甚至不计提，对于返还给企业基金项目的收益原则上谁缴纳、谁受益。

（五） 促进资源型经济转型和生态补偿

　　建立资源有偿使用与资源型经济转型、生态补偿联动机制，发挥可持续发展基金、煤矿转产发展基金等作用，允许有条件的地方将矿业权价款地方分成部分用于当地基础设施建设、就业培训和援助矿产资源枯竭企业转产，为非资源性产业发展创造有利条件。完善生态补偿机制，允许地方政府实施项目制方式，统筹安排中央和地方各类矿产资源补偿资金，利用有限财力集中治理矿区生态环境。建立良性的收益分配机制，引入第三方参与矿区生态环境治理，让其从中分享煤炭资源有偿使用的收益。

参考文献

[1] 陈孝劲，催彬，郝举．我国煤炭资源有偿使用制度改革效果及建议［J］．中国矿业，2012（12）．

[2] 郭云，张雪岩，田艳芳．山西煤炭资源整合的效果分析［J］．中国市场，2011（2）．

[3] 罗盘．山西临汾：采煤先交资源使用费［J］．人民日报，2005－06－28.

[4] 李恒炜，杨佩刚．矿产资源有偿使用的国际经验借鉴与税费改革走势［J］．改革，2013（7）．

[5] 李国平．完善我国矿产资源有偿使用制度与生态环境补偿机制的几个基本问题［J］．中共浙江省委党校学报，2011（5）．

[6] 内蒙古自治区政府发展研究中心调研组．关于内蒙古矿产资源开发管理体制改革调研报告［J］．北方经济，2009（13）．

[7] 任静芳．山西全省煤炭矿井减至1053座［J］．太原晚报，2013－11－28.

[8] 陶树人，晁坤．我国矿产资源有偿使用制度的改进与建议［J］．冶金经济与管理，2006（5）．

[9] 裴振龙，郭提，王婧．临汾四百余座煤矿实行资源有偿使用［J］．山西日报，2005－11－08.

[10] 曾先峰，李国平．中美两国煤炭资源的税费水平及负担率［J］．中国人口·资源与环境，2013（3）．

第八章　山西省煤炭等矿产资源收益合理共享机制研究

第一节　矿产资源收益分配的理论分析

矿产资源收益分配是指在矿产资源开采利用过程中所形成的相关利益之间的经济关系。因此，分析矿产资源收益分配问题首先应该回顾一下收益分配相关理论，并厘清矿产资源收益分配的主体包括哪些当事人及其各主体之间的利益关系。

一、矿产资源收益分配的主要理论

（一）收益分配理论

在经济学中，收入分配理论一直是一个重要的组成部分，甚至有的古典经济学家还曾把它视为经济学研究的核心部分。随着经济的不断发展，各国经济情况的不同，不同时代不同国家的经济学者对收入分配的理论依据提出了不同的理论观点。

亚当·斯密（1776）在《国富论》中[①]，比较系统地阐述了劳动价值论，认为劳动是人类财富的主要来源。主张依据劳动、资本、土地三种要素进行收入分配，认为收入分配有三种形式，即劳动工资、资本利润和土地地租。李嘉图[②]沿袭和发展了斯密的分配理论，认为工资、利润和地租都是按照市场供求关系决定的。工资一旦增加，人口就会增加而把工资压下来，所以工人只能得到维持最低水平的生存工资；利润一旦增长，资本就会增多而把利润压下来，所以利润在长期中有下降的趋势；只有地租增加无法增加土地，所以地租总会增加。萨伊则在"重新解释"和修正亚当·斯密的价值理论过程中，提出了效用价值论，"对借用劳动力所付出的代价叫作工资，对借用资本所付出的代价叫作利息，对借用土地所付出的代价叫作地租"。这就是他的生产要素分配论"三位一体公式"，即土地—地租，劳动—工资，资本—利息。

现代西方主流经济学的各种收入分配理论认为，劳动、资本、土地，企业家才能、技术、知识、人力资本等都是"生产要素"，在完全竞争的市场条件下，各种要素的报酬是按其对产出的贡献分配的。其中，马歇尔[③]在均衡价格论的基础上，建立了收入分配理论。他认为，生产要素分为劳动、土地、资本和"组织"，"组织"是指企业家的经营和管理能力，生产要素相应的收入就是工资、地租、资本利息和利润，劳动的价格是工资；土地的价格是地租；资本的价格是利息；企业经营能力的

---

① 亚当·斯密. 国民财富的性质和原因的研究［M］. 郭大力，王亚南译. 北京：华夏出版社，1981.
② 李嘉图. 政治经济学及赋税原理［M］. 北京：华夏出版社，2005.
③ 马歇尔. 经济学原理［M］. 廉运杰译. 北京：华夏出版社，2005.

价格是利润，也叫企业经营收入。收入分配只是各种要素收入份额大小的确定问题，确定分配的份额，就是确定要素的价格。这些价格取决于要素供给价格与需求价格的均衡。

20世纪30年代起，经济学家开始建立一种宏观分配理论，研究收入分配中相对份额的决定与变化。萨缪尔森基于边际生产力理论认为，工资等于劳动的边际产品，地租等于土地的边际产品，利息等于资本的边际产品，将相互依存的各要素的供给和需求结合在一起，通过市场便形成了土地所有者、劳动者和资本的各种收益。

概括起来，上述收益分配理论都认为收益应根据劳动、资本、土地（资源）等生产要素形成劳动者、资本所有者和土地（资源）所有者的各种收益，只是在各生产要素收益份额决定依据表述上有所不同，但其本质结果是一致的，即各生产要素按其对产出的贡献参与分配。这也是本文所采用的理论观点，根据生产要素投入及各生产要素对产出的边际贡献对煤炭资源的收益进行分配。

（二）产权理论

产权是一种通过社会强制而实现的对某种经济物品多种用途进行选择的权利①。也就是说，产权不是一种而是一组权利。这种权利的有效性取决于对此权利强制实现的可能性以及为之付出的代价。这种强制既可以是法律规范、契约和政府强制，也可依赖伦理道德规范进行。产权的基本要素，即所有权、使用权、收益权、转让权。产权反映的不是人与物的关系，而是人与人的关系。具体地说，产权是物品所有者"实施一定行为的权利"，是由于物品的存在和使用，影响自己或其他人的受益

---

① 约翰·伊特韦尔等. 新帕尔格雷夫经济学大辞典［M］. 北京：经济科学出版社，2000.

或损害，因而所有者在法律或契约范围内对物品多种用途做出选择的权利。矿产资源产权是指人们在开发利用矿产资源的过程中，对矿产资源权利的总称。这些权利是依据一定的法律或规则在矿产资源所有权的基础上形成的权利体系，实质体现着产权主体之间的权利关系。矿产资源产权主要包括所有权、管理权、使用权、交易权和收益权等。

我国学者对矿产资源产权的研究主要集中于以下几个方面：矿产资源产权结构、性质的研究；矿产资源产权明晰与矿产资源可持续发展关系；矿业权市场的研究，主要研究要建立现代矿业权市场，促进探矿权和采矿权的有效流转；矿产资源资产化管理研究等。

（三）资源价值论

关于矿产资源价值问题，在学术界出现了以下几种观点：

（1）以劳动价值论为基础，第一种观点认为自然生成的矿产资源具有使用价值，但由于没有人类劳动凝结于其中，因而没有价值和价格；第二种观点认为当矿产资源处于未知状态时，由于没有投入人类劳动，因而不具有价值。当人类通过地质勘查活动，弄清了矿产资源的空间展布、储量、品位等，矿产资源具有了使用价值和社会价值，亦即矿产资源的价值是凝结于其中的人类勘查劳动投入。

（2）以劳动价值论和效用价值论结合为基础，一种观点认为人类在认识和利用矿产资源的过程中付出了劳动，因而矿产资源具有价值，亦价值量取决于其自身效用的大小和稀缺程度；另一种观点认为一切非人类劳动创造的自然资源都不具有价值，但可以具有价格，它是由矿产资源的稀缺性、资源所有权的垄断和使用矿产品的边际效用决定的。

（3）还有一种观点认为，用任何一种价值理论单独解释矿产资源的价值都是不全面的，矿产资源价值的内涵体现在三个方面，即效用性与稀缺性、资源产权和劳动价值，亦即矿产资源含有三个层次的价值：一是矿产资源自身价值；二是矿产资源权益价值即资本价值；三是由地质勘查劳动投入产生的劳动价值。

（四）委托—代理理论

委托—代理理论是过去 30 多年里契约理论最重要的发展之一。它是 20 世纪 60 年代末 70 年代初一些经济学家深入研究企业内部信息不对称和激励问题发展起来的。委托—代理理论的核心是研究在利益相冲突和信息不对称的环境下，委托人如何设计最优契约激励代理人。

委托—代理理论的主要观点认为，委托—代理关系是随着生产力大发展和规模化大生产的出现而产生的。其原因一方面是生产力发展使得分工进一步细化，权利的所有者由于知识、能力和精力的原因不能继续行使所有的权利；另一方面专业化分工产生了一大批具有专业知识的代理人，他们有精力、有能力代理行使好被委托的权利。但在委托—代理关系当中，由于委托人与代理人的效用函数不一样，委托人追求的是自己的财富更大化，而代理人追求自己的工资和津贴收入、奢侈消费和闲暇时间最大化，这必然导致两者的利益冲突。在没有有效的制度安排下代理人的行为很可能最终损害委托人的利益。不管是经济领域还是社会领域都普遍存在委托—代理关系，如股东与经理、经理与员工、选民与人民代表、公民与政府官员、原（被）告与律师、甚至债权人与债务人的关系都可以归结为委托人与代理人的关系。

将委托—代理理论应用于矿产资源所有者（国家）和矿产资源经营者（矿权人）之间的交易，就是要制定在现实约束条件下达到较优效果的一种契约。

（五）博弈论

博弈论（Game Theory）是研究决策主体行为发生直接相互作用时的决策以及谋求这种决策均衡的方法论。博弈论是指某个个人或是组织，面对一定的环境条件，在一定的规则约束下，依靠所掌握的信息，从各自选择的行为或是策略进行选择并加以实施，并从各自取得相应结果或收益的过程，在经济学上博弈论是个非常重要的理论概念。当一个主体决策时，他就受到其他人选择（决策）的影响，并且反过来影响到其他人选择时的决策；这一系列的决策构成了一个策略组合，存在一个均衡问题，这个均衡应是所有博弈方的最优策略组成。

在矿产资源的开发过程存在中央政府、国务院委托—代理机构——市、县一级政府、企业、矿区农民等利益相关者之间利益的分配，在不同的情形下，权利导致利益的重新分配，集体行动也会导致利益的重新分配，由于各方力量的变化，各方在到达一个新的均衡下又达到另一个新的均衡。在我国矿产资源的开发活动中，存在着地方政府和开发企业联合起来攫取利益的现象。

二、矿产资源收益分配体系

（一）矿产资源收益分配的主体

矿产资源收益主要来自两个部分：矿产资源所有者所有权收益和投资者收益权收益。但是，矿产资源收益分配的主体并不只局限于矿产资源开发与利用的资源所有者和投资者，还应该包括影响矿产资源开发与利用活动或受这个活动过程影响的相关经济利益追求者、承担者，如矿山企业职工及矿产资源属地居民等。

概括而言，矿产资源收益分配的主体，指的是依据某些条件获取相应份额经济利益的社会群体或集团，即参与矿产资源收益分配活动的当事人，主要有代表国家行使矿产资源所有权的中央政府、作为矿业活动参与者和实践者的地方政府、行使矿产资源使用权的矿业权人、从事矿产资源勘查开发的服务机构、创造利益的矿业职工、受矿业活动影响的矿区居民等。下面将对各利益相关主体的特征进行详细分析[1][2][3]：

（1）中央政府。从所有权和矿业权的角度来看，根据《中华人民共和国矿产资源法》的规定，我国矿产资源属于国家所有，由国务院行使国家对矿产资源的所有权。地表或者地下的矿产资源所有权，不因其所依附的土地所有权和使用权的不同而改变。从矿产资源规划的角度来看，国务院国土资源行政主管部门组织编制全国矿产资源规划，报国务院批准后颁布实施。地方政府国土资源行政主管部门编制的地方矿产资源规划需要报国务院国土资源主管部门批准。由此可见，国家是矿产资源的最终所有者，应该享有矿产资源勘探开发带来的所有者权益。一方面，国务院代表国家行使矿产资源所有权，其所有权实现方式就是通过委托或以法律法规的形式授权给地方各级行政主管部门，由地方政府依法管理和保护矿产资源。在这个过程中只有国务院即中央政府是矿产资源所有权的代表者，地方各级政府的身份是参与者和实施者。另一方面，从宏观调控和矿业市场管理来看，国家作为矿业活动的行政管理者，在宏观上对

① 袁莉玲. 矿产资源利益共享机制下的矿山企业行为研究［D］. 成都理工大学硕士学位论文，2010.
② 陈洁，龚光明. 我国矿产资源权益分配制度研究［J］. 理论探讨，2011（5）：87－90.
③ 王承武，蒲春玲. 新疆能源矿产资源开发利益共享机制研究［J］. 经济地理，2011（7）：1152－1156.

矿产资源进行管理，国家对矿产资源的勘查和开采实行探矿权、采矿权管理制度，国务院国土资源行政主管部门负责全国探矿权、采矿权的管理。同时，国家还肩负着经济调节、市场监督和公共服务的职责，通过运用税收、信贷等经济杠杆，以及一定的行政、法律手段，来制定市场规则和宏观政策，提供良好的投资环境。按照生产要素的分配理论，国家作为行政管理者，为所有矿产资源勘探开发活动参与者提供了服务，有理由获得部分矿产资源收益。

（2）地方政府。以市、县级为主的地方政府，在矿产资源开发和收益分配过程中，发挥着两个作用。一方面，它代表国家对矿山企业的活动进行管理，规范和维护当地矿产资源秩序，对国家这一权利主体应该获得的矿产资源利益进行保障；另一方面，作为资源属地群众的管理者和代言人，当地居民需要地方政府与处于上层的国家行政权力进行协商和交易，以尽可能最大化自己的利益。因此，地方政府作为矿产利益分配的主体具有双重性的特点。

（3）矿业权人在矿产资源所有者与使用者分离的情况下，基于不同的财产权，作为所有者的政府和作为使用者的矿业权人都依据各自拥有的资格，利用自己相应的财产权获取矿产资源利益。在我国，矿产资源使用者是指矿业权人，包括探矿权人和采矿权人。矿业权人依据其所拥有的矿产资源的使用权，在勘查、开采与利用矿产资源的活动中，有权获得地质勘查成果和矿产品等矿产资源收益。矿业权人之间通过探矿权、采矿权的相互流转，以探矿权、采矿权转让价款的形式体现探矿权、采矿权的经济价值。根据我国的基本经济制度的规定，公有制为主体、多种所有制经济共同发展，是中国特色社会主义制度的重要支柱，也是社会主义市场经济体制的根基。十八届三中全会也指出，国有资本、集体资本、非公有资本等交叉持股、相互融合的混合所有制经济，是基本经济制度的重要实现形式。因此，我国的矿业权人可以分为国有、集体、私人以及国外投资主体。

（4）矿产资源勘查开发服务机构。矿产资源勘查开发服务机构主要指地质勘查单位和矿业权评估机构。2006年，《国务院关于加强地质工作的决定》提出要"逐步建立知识、技术、管理等要素按贡献参与勘查开采项目收益分配的新机制"。与知识产权和无形资产不同，知识、技术、管理等要素按贡献参与勘查开采项目是市场经济条件下对地勘单位的劳动所创造价值的合理分配，是对智力投入的市场价值的一种修正和按劳分配制度的深化，体现了地质找矿探索性、创新性强，知识、技术密集的行业特点，将有利于调动地勘单位的找矿积极性，促进资本与技术的有机结合，是建立地勘新机制，尤其是找矿激励机制的重要举措。因此，地勘单位也应参与矿产资源收益的分配。矿业权评估机构在矿业权市场中作为一般民事主体，是为矿业权市场的其他主体在矿业权流转、交易中服务的，因此需要根据其付出的劳务收取相应的服务报酬。作为中介机构的矿业权评估单位，通过评估需要流转、交易的探矿权、采矿权的价值为管理者或矿业权人提供服务，双方以合同的形式，明文规定了彼此之间的权利和义务，尤其是明确服务者按一定比例或数额从被服务者处获得收益。

（5）矿企职工。矿山企业职工是矿产资源使用、开发、经营的具体劳动者，矿山企业（矿业权人）的发展离不开矿山职工的辛勤劳动。矿山企业职工依据其在创造矿产资源收益的过程中付出的具体劳动和其他投资，以矿产资源开发利益分配主体的身份获得相应的报酬，其利益通过两种形式实现：一是根据其在矿业活动过程中付出的体力或脑力劳动取得劳动收入；二是通过职工投资入股，依据其投资额，参与企业经营收入的分配。

（6）矿区居民。勘查和开发矿产资源，不仅要占据较大的地上与地下空间，更主要的是，矿业权人从事使用权的实施活动，还会给资源所在地造成一系列经济、社会和环境影响，因此，会给当地群众带来相应的利害关系。一方面，矿产勘查和开采，会给当地居民带来相应的就业机会，增加当地政府的财政收入，促进矿区城镇化；另一方面，矿产资源的勘查和开采在给当地带来经济发展的同时，也存在负效益，会给当地生态环境造成多方面的危害，从长远看，甚至会影响一部分人的生存条件和发展前景。这些影响大多具有外部性特征，因此，我国资源资产收益分配中必须考虑资源资产收益的外部效益，即公平、全面的考虑和评估矿山当地居民所要承担的采矿带来的环境污染、生态破坏和给当地造成的经济损失。

（二）矿产资源收益分配主体间的利益关系分析

在矿产资源收益分配中，各利益分配主体之间的利益关系主要是由资源勘查、开发及利用过程中所涉及的相互之间的利害关系所决定的。具体而言，主要有以下几个方面[①]：

（1）中央政府与地方政府。国家在对矿产资源管理过程中形成管理者内部的经济关系，即指中央和地方的经济关系，其实现方式是国家以法律法规明文规定或者通过委托的形式授权给地方各级行政主管部门，由地方政府以参与者和实施者的身份，依法对矿产资源进行保护和管理。在这个过程中，中央和

---

① 方敏. 我国矿产资源开发收益分配实践与改革建议［C］. 资源·环境·和谐社会——中国地质矿产经济学会 2007 年学术年会论文集，2007.

地方之间所产生的税费收益的分配比例问题，就是中央政府与地方政府之间的内部经济关系。中央政府与地方政府在矿产资源收益分配关系上的主要矛盾是在增值税、所得税等共享税分配上，地方政府所占比例过低。

（2）地方政府与央企。在矿产资源开发中，央企的大部分开发用地、生活及内部服务设施用地往往是由政府无偿划拨的方式取得的土地使用权，而不是有偿使用。央企在免费获得土地后，不但可以降低生产成本，而且可以通过投资、租赁、抵押等方式取得额外收益。相对地，地方政府却流失了这部分土地出让金收入。我国企业所得税为共享税，中央和地方的分配比例是 6:4。根据《跨地区经营汇总纳税企业所得税征收管理办法》（国税发〔2012〕57 号）规定，中石油、中石化等一些央企在西部的不具法人资格的分支营业机构，其原本应归地方的 40% 企业所得税全额上缴中央国库。由于这些央企不在地方设立具有法人资格的子公司，因此地方得不到任何企业所得税，造成税收与税源、GDP 与税收的背离。另外，央企还可以直接向中央相关部门申请减免资源税等全部归地方的税收。在矿产资源开发的融资方面，央企一般能够在注册地获得贷款，大量的利息收入由注册地金融机构获得，相关税收也进入注册地的财政收入中。矿产资源开发地的金融机构失去了这部分利息收入，地方政府也少了相应的财源。

（3）央企与矿区居民。一方面，央企通过矿产资源开发获得超额利润并且在企业内部分配，导致央企员工收入普遍较高，与资源所在地居民收入之间形成较大反差。另一方面，央企在西部开发资源后往往输送到东部发达地区，留给西部地区用于生产、生活的资源数量减少，也很少以优惠价格供应给当地，甚至出现产煤地农民烧不起煤，需要亲自上山砍柴使用的情况。

另外，央企在资源地普遍存在"企业办社会"现象，不仅自己办理生活服务业，还办理生产性服务业，而且倾向于使用内部员工，矿区居民难以从为央企服务中获益。

（4）民企与矿区居民。民营矿山企业虽然缴纳了相关税费，但在资源品价格不断攀升的趋势下，这些税费与他们获得的高额利润相比，微乎其微。这造成的一个结果就是出现大批暴富的"矿老板"，有的仅靠倒手采矿权就成了千万、亿万富翁。他们的高收入与伴随而来的奢侈消费与矿区居民的贫困形成反差。同时，由于民营矿山企业在安全生产和管理方面存在许多问题和薄弱环节，除了事故以外，矿产资源开发过程中还会诱发地表塌陷、水源渗漏等生态环境问题，导致当地的农田减产或者无法耕种。而目前的补偿机制缺失，这些问题往往得不到治理，使矿区居民的生产、生活都受到影响。

（5）矿山企业与矿企职工。矿企职工根据其在矿业活动中付出的劳动或取得的劳动成果，从企业获得相应的报酬，体现的是企业与职工之间雇用与被雇用的关系，二者的经济关系实际上是企业的内部经济关系。

（6）矿产资源产业上下游。矿产资源的开发利用涉及矿产资源产业链的各个环节，处理好产业链上下游产业之间的收益分配关系，是保证矿产资源产业链正常运转的重要内容。一般来说，矿产资源开发利用大致要经过地质调查、矿产勘查、矿产开发和冶炼加工四个环节，各个环节之间紧密联系，上游产业为下游产业发展提供原料，下游产业为上游产业发展提供资金。

（7）资源供给地政府与消费地政府。矿产资源丰富地区的资源大量外调，为资源短缺地区的经济发展提供了能源或原材料保障。但资源开发对生态环境原本就很脆弱的西部地区来说，会给当地的空气、水、土地和植被等带来环境污染和生态破坏，而资源消费地避免了这些污染破坏，但资源供给地的这种生态环境成本并没有计入资源价格中，也没有获得相应的生态补偿。另外，由于买方垄断、国家政策调控、资源性产品价格形成机制等因素，资源性产品在消费地的价格并没有涵盖资源性产品的完全成本，这相当于资源开发过程中的环境治理成本等都已外部化。

第二节 我国矿产资源收益分配的现状分析

一、我国矿产资源收益分配的政策

我国现行的矿产资源利益分配机制源于计划经济体制。在计划经济时期，我国的矿产资源勘查工作全部由国家财政计划投入，勘查阶段工作由事业性的地质勘查单位承担，矿山运作阶段则由各产业部门负责。从 1949 年新中国成立伊始，在长达 30 多年的时间内实行的是矿产资源"无偿开采制度"，国有矿山企业占垄断地位，矿产资源的所有者、生产者和开发经营者的利益是基本一致的，各自的财产权利没有明确的界定。

随着我国经济体制改革的逐步推进，资源有偿开采和使用制度也随之逐步建立和完善，并相继出台了一系列的相关政策（见表 8-1）。这些法律法规和政策文件的出台，从法律角度保障了我国矿产资源收益取得的合法性和强制性，是矿产资源收益合理分配的基础。

表 8 - 1　矿产资源税费改革部分政策一览表

年份	相关法律法规和政策文件	重要意义
1982	《中华人民共和国对外合作开采海洋石油资源条例》	标志着我国矿产资源实行有偿开采的开始
1984	《资源税条例（草案）》	自然资源征税开始征收，征收范围仅为原油、天然气、煤炭和铁矿石，企业或个人的销售利润超过12%，国家征收资源税
1986	《中华人民共和国矿产资源法》	明确规定，开采矿产资源，必须按照国家有关规定缴纳资源税和矿产资源补偿费
1998	《矿产资源勘查区块登记管理办法》（国务院令第 240 号）	明确提出国家实行探矿权有偿取得的制度；探矿权申请人根据规定缴纳探矿权使用费和探矿权价款
1998	《矿产资源开采登记管理办法》（国务院令第 241 号）	明确规定国家实行采矿权有偿取得的制度
2001	《矿产资源补偿费使用管理办法》（财建〔2001〕809 号）	制定了矿产资源补偿费使用的具体管理办法，为矿产资源收益分配制度建设提供了政策依据
2003	《探矿权采矿权使用费和价款使用管理办法》（财建〔2003〕530 号）	加强和规范了探矿权采矿权使用费及价款的管理，提高了矿产资源收益的资金使用效率
2005	《关于全面整顿和规范矿产资源开发秩序的通知》（国发〔2005〕28 号）	提出要按照矿产资源分类、分级管理的要求，进一步推进矿产资源有偿使用制度改革
2006	《关于深化探矿权采矿权有偿取得制度改革有关问题的通知》（财建〔2006〕694 号）	就深化探矿权、采矿权有偿取得制度改革的有关问题提出具体政策措施
2010	《新疆原油天然气资源税改革若干问题的规定》	率先在新疆实行原油、天然气资源税从价计征，税率为5%。但是，这次改革并没有将煤炭纳入其中。2010 年 12 月 1 日，资源税改革试点扩大到内蒙古、甘肃、四川、青海、贵州、宁夏等 12 个西部省区，煤炭资源税改革仍然缺席
2011	《国务院关于修改〈中华人民共和国资源税暂行条例〉的决定》	提高了焦煤资源税率，达到 8～20 元/吨，其他煤种仍维持 0.3～5 元/吨，但煤炭资源税依然为从量计征
2014	《关于实施煤炭资源税改革的通知》	自 2014 年 12 月 1 日起在全国范围内实施煤炭资源从价计征改革，同时清理相关收费基金；煤炭资源税税率幅度为 2%～10%，具体适用税率由省级财税部门在上述幅度内调整

资料来源：笔者整理。

二、我国矿产资源收益的实现形式和分配方式

目前，我国矿产资源收益的实现层次包括矿产资源所有者权益（中央政府和各级地方政府）、矿业权人投资收益、矿产资源勘查开发服务机构收益、矿企职工收入和矿区居民收益五个方面。

矿产资源所有者权益具体表现在税费两种形式，主要有矿产资源补偿费、资源税、探矿权采矿权价款（"两权"价款）、探矿权采矿权使用费（"两权"使用费）等[①]；矿业权人或矿业投资者收益是指矿产资源开发投资者的使用权收益和投资回报，其中国家投资收益主要通过有偿出让矿业权，取得矿业权价款来实现投资回报，其他资源开发投资者收益是通过经营获得投资回报；矿产资源勘查开发服务机构的收益主要是指地勘单位和中介评估机构的服务报酬；矿企职工的收益表现为矿企职工的人力资本报酬即工资；矿区居民的收益主要是指矿产资源有偿使用制度建立后，国家在收取矿产资源补偿费和"两权"价款后，会将一定比例的资金投入到矿产资源开采地区，例如矿山恢复保证金的使用、矿山环境治理、矿区公共设施建设及矿区居民的培训和就业机会。[②]

根据我国矿产资源收益的实现层次分析可知，对于矿业权人投资收益中，国家资本里的收益仍然表现为矿业权价款，表8-2中就不重复列出这部分收益；而社会资本的投资收益表现为投资回报，这里的投资回报是指扣除了各项成本支出的净收

[①] 屈燕妮，刘畅. 资源密集型区域可持续发展问题研究——基于资源收益分配的视角 [J]. 开发研究，2012（5）：10-13.

[②] 方敏. 我国矿产资源开发收益分配实践与改革建议 [J]. 资源·环境·和谐社会——中国地质矿产经济学会 2007 年学术年会论文集，2007：239-242.

入；矿产资源勘查开发服务机构的收益也是扣除了各项成本支出的收入，矿产资源收益的收益形式和分配方式见表8-2。

表8-2 我国矿产资源开发收益形式与分配方式

收益形式	分配对象	分配依据	分配方式
资源税	税务机关	实行从量定额征收	收入分配由中央和地方分成，实际上全部留给地方
矿产资源补偿费	地质矿产主管部门、财政部门	按照矿产品销售收入的一定比例计征	中央与省、直辖市分成比例为5:5；中央与广西、西藏、新疆、内蒙古、宁夏回族自治区和青海省的分成比例为4:6
探矿权使用费	探矿权登记管理机关	探矿权使用费以勘查年度计算，按区块面积逐年缴纳，第一个至第三个勘查年度，每平方公里每年缴纳100元，从第四个勘查年度起每平方公里每年增加100元，最高不超过每平方公里每年500元	中央和省两级财政
采矿权使用费	采矿权登记管理机关	采矿权使用费按矿区范围面积逐年缴纳，每平方公里每年1000元	中央和省两级财政
矿区使用费	税务机关	开采陆上石油、天然气的矿区使用费，根据原油、天然气产量进行分档，费率在1%~12.5%	归中央所有
探矿权价款、采矿权价款	财政部	中央和地方人民政府探矿权采矿权审批登记机关通过招标、拍卖、挂牌等市场方式或以协议方式出让国家出资（包括中央财政出资、地方财政出资和中央财政、地方财政共同出资）勘查形成的探矿权采矿权时所收取的全部收入，以及国有企业在申请国家出让其无偿占有国家出资勘查形成的探矿权采矿权时按规定补缴的探矿权采矿权价款	国家出资形成的探矿权采矿权价款收入按固定比例进行分成，其中20%归中央所有，80%归地方所有
利润	矿业企业	投资回报	根据企业性质分，如民企归矿老板所有
工资	矿企职工	劳动报酬	职工
公共基础设施改善、培训和就业机会	矿区居民	生态环境治理投入	各地不一

资料来源：笔者整理。

本章重点介绍国家矿产资源收益的分配情况，即矿业权收益、矿产资源补偿费和资源税①。

（1）矿业权收益。矿业权收益包括矿业权出让收益和矿业权转让收益。矿业权出让收益是国家出让矿业权而产生的收益；矿业权转让收益是矿业权人转让矿业权所产生的收益。矿业权转让收益是在矿业权二级市上产生的，收益分配在交易者之间进行，分配关系明朗，由矿业权转让人获得，此处不再赘述。矿业权出让的收益，按照矿产资源权属，应当归属所有权人即国家。但国家出让的矿业权收益到底归中央政府还是归地方政府，在法律上尚未有明文规定。目前，一般按照"谁负责出让，收益归谁所有"的原则，全国各地矿业权出让收益均进入地方财政，都没有上缴中央财政，出让收益向基层地方政府倾斜。如，福建省矿业权出让的收益在省、市、县级财政之间分配，比例为 2∶1∶7；浙江省矿业权出让的收益在省、县级财政之间分配，比例为 2∶8 等。矿业权出让收益主要包括矿业权使用费、矿业权价款和矿业权出让金三种类型。矿业权使用费包括"两权"使用费，都是由矿业权人根据申请得到的矿区范围的面积按照一定的标准逐年缴纳，类似于发达国家的矿业权租金。从理论上看，"两权"使用费都是资源使用费。一般地，"两权"使用费收入应专项用于矿产资源勘查、保护和管理支出，由国家地质矿产主管部门和省级地质矿产主管部门提出使用计划，报同级财政部门审批后，拨付使用。"两权"使用费中可以开支对探矿权、采矿权使用进行审批、登记的管理和业务费用。矿业权价款包括"两权"价款，与矿业权使用费的区别在于矿业

① 杨德栋，王娜. 矿产资源收益分配问题分析与对策 ［C］. 中国地质矿产经济学会资源管理专业委员会 2006 年学术交流论文汇编，2006：206 - 214.

权价款的实质是国家勘查投资的收益，即国家将其已出资勘查和探明的矿产地的矿业权出让给他人，或者矿业权人将国家出资勘查形成的矿产地的矿业权转让给他人，按国家规定向矿业权人或受让人收取的款项。"两权"价款收入应专项用于矿产资源勘查、保护和管理支出，由国务院地质矿产主管部门和省级地质矿产主管部门提出使用计划，报同级财政部门审批后，拨付使用。"两权"价款中可以开支以下成本费用，即出让探矿权、采矿权的评估、确认费用，公告费、咨询费、中介机构佣金、场地租金以及其他必需的成本、费用等。"两权"价款统一按央财政 20%、地方财政 80% 的比例分成。

（2）矿产资源补偿费。国家矿产资源法规定，矿产资源补偿费是国家以矿产资源所有权人的身份向矿产资源开采者征收的一种资源耗竭补偿费，按照矿产品销售收入的一定比例计征。1994 年开始征收，目的是用于前期勘探投入。但就其性质而言，矿产资源补偿费是国家为了保障矿产资源所有人的权益而征收的财产补偿费，是资源使用者向资源所有者支付的租金，体现的是矿权，也就是国际上通用的权利金（Royalty）。在我国体现的是国家对矿产资源的所有权，调整的是矿产资源所有者和开发者之间的利益关系，使国家对资源所有权在经济上得以实现，是部分矿产价值价格的表现。其费率为 0.5% ~ 4%，平均为 1.18%。它是一种由中央和地方共享费种。由采矿权人缴纳，地质矿产主管部门会同同级财政部门负责征收。目前，矿产资源补偿费收益在中央与省、直辖市间比例分配为 5:5，在中央与自治区间比例分配为 4:6。中央将分得的矿产资源补偿费收益纳入国家预算，实行专项管理，其中，70% 用于矿产勘查支出，20% 用于矿产资源保护支出，10% 用于矿产资源补偿费征收部门经费补助。以 2012 年为例，全国矿产资源补偿费征收入库额达 197.5 亿元，较上年度 181.9 亿元增加 8.5%（见图 8-1）。2012 年全国有 26 个省（区、市）矿产资源补偿费征收入库额超过 1 亿元，其中山西、内蒙古超过 25 亿元，黑龙江、山东、陕西、新疆超过 10 亿元，河北、辽宁、河南、安徽、甘肃超过 5 亿元。补偿费征收入库额超过亿元的矿种分别为石油、天然气、煤、铁、铜、铅、锌、钼、金、钾盐、水泥灰岩、矿泉水、建筑石材以及普通建筑用砂石、黏土，其中煤、铁、铜、锌、金、钾盐、矿泉水增幅较大，钾盐、矿泉水补偿费征收首次过亿元。

（亿元）

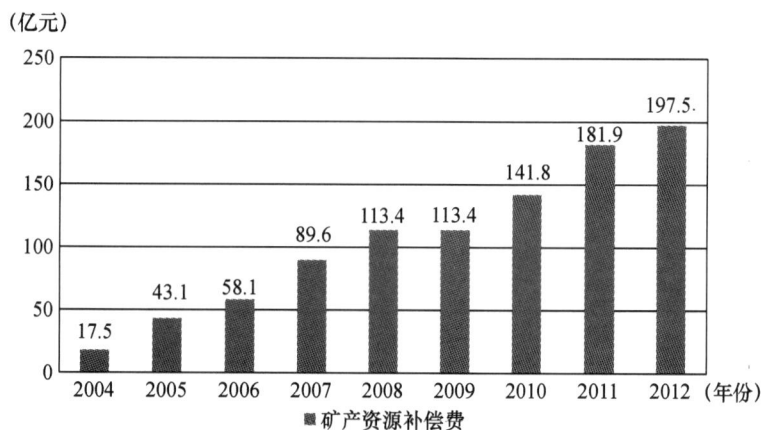

图 8-1　我国主要年份矿产资源补偿费征缴情况

资料来源：根据国土资源部通报数据绘制。

（3）资源税。矿产资源税是国家为了调节不同矿区的矿藏量的丰富程度和开采难易差异，体现国家作为资源的所有者权益，正确处理国家与企业之间的分配关系，促进合理开发与保护有限的矿产资源，而以各种应税矿产品为课税对象征收的一种差异税收。按照税种分类，资源税属于中央和地方共享税种，即税收收入的分配按照中央和地方的特定比例或约定的方式进行收入划分的税种。目前，按不同的矿产资源品种划分，除海洋石油资源税收入划归中央，进入中央固定财政收入外，其他资源税收入完全划归地方，进入地方固定财政收入。

三、我国矿产资源收益分配存在的主要问题

从我国现实情况来看，我国矿产资源收益分配中还存在以下问题：①②③④⑤⑥

（1）与矿产资源价格增长相比，我国矿产资源税率及补偿费费率增幅较小。近年来，我国的矿产资源税费水平一直在调整中，但与快速上涨的国际国内矿产资源价格相比，我国矿产资源税费的增幅较小。由图 8 - 1 可知，2000 年以来我国矿产资源补偿费的征缴额虽然有了一定增长，2012 年全国矿产资源补偿费征缴额 197.5 亿元，但与国内矿产资源创造的利润相比，矿产资源补偿费征收的数额还相对较小，如 2012 年采矿行业实现利润总额 1400 亿元、我国三大石油公司实现利润 2429.16 亿元。现行的税费水平并没有充分体现国家作为资源所有者的权益。

（2）各级政府对矿产资源收益的使用比例有待调整，对环

---

① 景普秋. 基于矿产开发特殊性的收益分配机制研究 [J]. 中国工业经济，2010 (9)：15 - 75.

② 吴文洁，佗敏华. 资源型经济问题的成因：资源收益分配视角的研究 [J]. 特区经济，2010 (1)：221 - 222.

③ 赵淑芹. 收益分配视角的矿产资源价值及其测算模型 [C]. 地质工作体制改革 30 年座谈会文集，2008：276 - 284.

④ 殷燚，杨昌明，苏迅. 加快建立和完善资源收益分配机制 [J]. 中国财政，2008 (4)：34 - 35.

⑤ 杨德栋，王娜. 矿产资源收益分配问题分析与对策 [C]. 中国地质矿产经济学会资源管理专业委员会 2006 年学术交流论文汇编，2006：206 - 214.

⑥ 张银政，王晓雪. 我国矿产资源收益分配的政策沿革及其困境摆脱 [J]. 改革，2011 (4).

境保护和生态治理的投入不足。多年来，部分省份矿产资源开采造成了碳排放超标，区域大气污染严重；煤炭等矿产资源的洗选、加工作业也造成局部地区地下水和河流污染等环境问题。根据国土资源部有关规定，探矿权、采矿权使用费和价款收入应专项用于矿产资源勘查、保护和管理支出，由国务院地质矿产主管部门和省级地质矿产主管部门提出使用计划，报同级财政部门审批后，拨付使用。

（3）矿产资源收益分配中没有充分体现勘查知识要素的价值，无法调动地勘单位的积极性。地质勘查工作是知识经济和信息生产的过程，地勘队伍的智力要素的作用贯穿在地质勘查工作的全过程，特别是在攻深找盲、找矿难度大的今天，地勘单位智力投入的质量更加重要，地质勘查成果主要取决于高素质的、专业化的地勘队伍的主观能动性和创造力。

（4）矿产资源收益名称混乱，矿产资源补偿费立法冲突。如"矿产资源补偿费"、"两权"使用费是国家凭借矿产资源所有权而向开发和使用矿产资源的单位和个人取得的一部分收入，应属于"租"范畴，却是以费的形式出现。另外，我国的立法一方面规定矿产资源补偿费是"为了维护国家对矿产资源的财产权益而征收的"，将其定性为对国有资源取得的对价支付；另一方面又规定其"主要用于矿产资源勘查"，将其功能限定为对地勘费用的补偿。这样的规定，模糊了矿产资源补偿费的性质。理论上来讲，征收矿产资源补偿费是国家实现自己作为所有者权益的基本形式，与政府是否把这笔资金用于地质勘查并没有必然的联系。

第三节　山西省煤炭等矿产资源收益分配现状及存在的问题

　　山西是我国煤炭资源大省，2012 年山西省原煤产量 9.13 亿吨，占全国总产量的比重约为 25%，是我国煤炭资源的主要供给地。长期以来，以煤为主的矿产资源开发及与之相关的加工制造业在山西省国民经济中占据极其重要的地位，采矿业总产值占全省的 30%。煤炭行业是山西省的重要支柱产业，2013 年上半年煤炭工业实现利润 178.2 亿元，占全省工业利润的比重为 77.5%。因此，本子课题"山西省煤炭等矿产资源收益合理共享机制研究"以山西省煤炭资源收益分配的情况为例来进行研究。

　　本章"煤炭资源收益分配"中的煤炭资源收益不是狭义上政府凭借资源所有权取得的煤炭资源租金，而是广义上的煤炭开采企业通过资金投入获得煤炭资源的占有、使用、开采权并把开采的煤炭资源产品售出所得到的收入。

　　近年来，随着煤炭资源改革的不断深入，山西省煤炭资源收益分配格局也在逐渐改进，但是，山西省煤炭资源收益分配方面仍然存在一些问题，基于国家关于煤炭行业的政策和山西省自身资源禀赋的特征，这其中有跟全国其他煤炭等矿产资源富集区的共性问题，也有山西省独有的一些问题。本章主要是结合山西省煤炭资源收益分配的现状，分析其存在的主要问题及问题产生的原因。

一、山西省煤炭资源收益分配现状

根据国家对煤炭资源收益分配的规定，山西省的煤炭资源收益分配经历了从过去的无偿使用到现在的有偿使用，从过去不考虑外部成本到现在考虑外部成本补偿，资源税从 0.8 元/吨到现在的 3.2 元/吨，从不征收可持续发展基金、矿山治理恢复保证金、转产基金到现在征收可持续发展基金、矿山恢复治理保证金、煤矿转产发展基金等，山西的煤炭资源收益分配格局发生了较大的变化。这里主要从煤炭资源收益分配的权益主体获得收益的种类及其份额来分析山西省煤炭资源收益分配现状。

（一）煤炭资源租金收益

煤炭资源租金收益是国家作为资源的所有者，凭借所有权参与分配，获取资源收益。根据国家矿产资源法的规定，山西省在煤炭资源租金方面的收益直接表现为：资源税、资源补偿费、矿业权收益。具体表现为：

（1）煤炭资源税。我国最早的资源税制度《资源税条例（草案）》于 1984 年颁布实施，规定获得 12% 以上销售利润的煤炭企业都须缴纳资源税，并根据利润率高低实行递进税率，是按超额利润征税，具有明显的级差调节性。在 1994 年税制改革中建立的第二代资源税制度，提出了"统一税收，简化税制"、"普遍征收，级差调节"。国家作为矿产资源所有权人，对经营应税矿产品的企业、个人，无论性质、规模、开采条件、矿藏丰度如何，均按数量征收资源税。就本书来讲，主要是指煤炭资源税。国家规定煤炭资源税为 0.3～5 元/吨，山西省于 2004 年将该标准提升为 3.2 元/吨（焦煤为 8 元/吨）。根据《山西省统计年鉴》（2012）中的晋煤销量数据估算，2011 年，山西省煤炭资源税约为18.58亿元，占全省资源税的比重47.9%。

（2）矿产资源补偿费。煤炭资源补偿费方面，一般费率为1%。中央与各省分成比例为5：5；中央与广西、西藏、新疆、内蒙古、宁夏和青海的分成比例为4：6。山西省依照国家矿产资源法的规定征收煤炭资源补偿费，中央与山西的煤炭资源补偿费分成比例也为5：5。煤炭资源补偿费由地质矿产主管部门会同财政部门征收，采矿权人应当于每年的7月31日前缴纳上半年的矿产资源补偿费；于下一年度1月31日前缴纳上一年度下半年的矿产资源补偿费。《山西省2011年国土资源公报》显示，2011年山西全省全年征缴矿产资源补偿费31.16亿元。

（3）矿业权收益。中央和山西省财政部门开设"探矿权采矿权使用费和价款财政专户"，属于国务院地质矿产主管部门登记管理范围的探矿权采矿权，其使用费缴入国务院财政部门开设的"探矿权采矿权使用费和价款财政专户"；属于山西省地质矿产主管部门登记管理范围的探矿权采矿权，其使用费缴入山西省级财政部门开设的"探矿权采矿权使用费和价款财政专户"。根据《山西省2011年国土资源公报》，2011年山西省探矿权采矿权价款为68亿元。探矿权使用费按勘查年度计算，按区块面积逐年缴纳，第一个至第三个勘查年度，每平方公里每年缴纳100元，从第四个勘查年度起每平方公里增加100元，最高不超过每平方公里每年500元；采矿权使用费按矿区范围面积逐年缴纳，每平方公里每年1000元。山西省文件中明确规定了省留成价款的分成比例，采取协议方式出让的，省级、市级、县级为3：2：5；采取公开方式出让的，省级、市级、县级为2：3：5。其中，县级人民政府分配比例最高，其取得的采矿权价款主要用于地质生态环境和资源整合过程中的补偿问题。山西省煤矿一律按其储量及煤炭质量收取不同的采矿权价款。

242

（二）矿业权人收益

矿业权人收益即煤炭资源开采企业获得的投资收益。20 世纪 80 年代初，为了实现"煤炭工业在不到 20 年时间里实现翻一番"，以山西为中心包括陕北、豫西、蒙西、宁夏的煤炭能源基地规划获得批准。为了实现煤炭产量翻番的目标，国家相关职能部门坚持"国家、集体、个人一起上"的开发方针。随即，乡镇煤矿、村办煤矿蓬勃发展，乡镇、集体煤矿产量的直线上升，能源"瓶颈"得以缓解。

然而，伴随着二十多年山西乡镇煤炭业的极度扩张，乡镇、集体煤矿作为较为落后的生产力，其弊端逐步显现。"多、小、散、乱"成为乡镇、私营中小煤矿的代名词。2005 年之前，山西中小煤矿数量近 10000 座，其中 90% 以上属年产量不足 30 万吨的小煤矿。2005 年全面实施煤炭资源整合和有偿使用工作以来，到 2008 年山西省几经整合后的 2840 座煤矿中，30 万吨以下的小矿仍占 70% 以上。经过 2009 年煤矿企业兼并重组整合后，到 2011 年底山西省县营以下煤矿由整合钱的 4389 座煤矿（井）压减到 1053 座，30 万吨/年以下的矿井全部淘汰。

至此，山西省形成了 4 个年产能亿吨级的特大型煤炭集团，3 个年产能 5000 万吨级以上的大型煤炭企业集团，11 个 1000 万吨级以上的煤炭企业集团，72 个 300 万吨级左右的地方煤炭集团公司。全省煤矿企业主体由 2200 多个减少到 130 个，央企（不包括中煤）及省外大企业办矿 46 处。重组整合后，山西省形成了以股份制企业为主要形式，国有、民营并存的办矿格局：其中，国有办矿占 20%；民营办矿占 30%；混合所有制的股份制企业办矿占 50%。整合后，山西省煤炭行业中地方国企以"5 + 2"山西焦煤、同煤、阳煤、潞安、晋煤、山西煤炭运销和山西煤炭进出口等煤炭集团为主要代表。除了国有企业之外，占大多数的股份制企业和民营企业，这些企业的煤炭收入扣除各项成本支出后的收益即为矿业权人收益。2012年，煤炭全行业实现利润279元。

（三）矿企职工收益

该收益是指矿企职工按照其劳动过程中付出的体力或脑力劳动获取劳动报酬即工资。山西省一线的矿企职工的年收入大约在8万～10万元，仅为按照其劳动过程中付出的体力或脑力劳动获取劳动报酬即工资，基本上是对劳动成本的成本补偿，很少能分享企业经营的利润成果。

（四）外部成本补偿费用

外部成本补偿费用主要是为对煤炭资源开采过程中造成的环境污染、生态破坏以及给矿区当地居民造成的损害进行补偿，促进煤炭资源合理、可持续开发而征收的费用或基金。

2006年4月国务院批准山西省作为煤炭工业可持续发展试点时，批准山西省收取可持续发展基金、矿山环境治理恢复治理保证金、煤矿转产发展基金。可持续发展基金、矿山环境治理恢复治理保证金和煤矿转产发展基金的征收对象为在山西省境内从事开采和收购原煤的单位和个人，基金计征或列支（转产基金）的原煤数量依据为所开采原煤的实际产量或收购未缴纳基金原煤的收购数量。

可持续发展基金主要用于解决企业难以解决的跨区域生态环境治理、支持资源城市转型和重点接替产业发展，解决因采煤引起的相关社会问题；可持续发展基金由地税机关根据山西省人民政府决定，受财政部门委托负责征收管理；基金征收按不同煤种的征收标准和矿井核定产能规模调节系数计征，计征公式为：基金征收额＝适用煤种征收标准×矿井核定产能规模调节系数×原煤产量，全省统一的适用煤种征收标准分别为：动力煤 5～15 元/吨、无烟煤 10～20 元/吨和焦煤 15～20 元/吨。具体的年度征收标准由省人民政府另行确定。

矿山恢复治理保证金主要用于本企业矿区生态环境和水污染保护、地质灾害防治、污染治理和环境恢复政治的专项资金，提取标准为每吨原煤 10 元，遵循"企业所有，专款专用，专户储存，政府监管"的原则，由当地地税部门监督缴入同级财政部门专户储存（山西省属国有重点煤炭企业经山西省财政部门和山西省人民政府同意批准，可以自设账户储存）。根据"山西省煤炭经济 20 条"规定，2013 年 8 月 1 日至 2013 年 12 月 31 日期间暂停提取煤炭企业矿山环境恢复治理保证金。

煤矿转产发展基金，按月提取，标准为每吨原煤 5 元，遵循"成本列支，自提自用，专款专用，政府监督"的原则，主要用于煤炭企业转产、职工再就业、职业技能培训和社会保障等。企业转产资金的使用，由政府相关职能部门监管。同样地，2013 年 8 月 1 日至 2013 年 12 月 31 日期间暂停提取煤炭企业煤矿转产发展资金。

（五）管理费

管理费主要指煤炭管理部门收取的费用，包括：①工商管理部门收取的企业注册费、向煤矿开采企业征收所得税和增值税，尤其是增值税在企业税收总额中所占比重较大，在管理部门所得收益中占较大比重。②国土资源主管部门收取的费用。煤矿建设项目由国土资源部门划定煤矿矿区范围，发展改革主管部门核准煤矿项目后，由国土资源主管部门颁发采矿许可证。③煤炭管理部门收取的费用。山西省煤炭开发管理条例规定：煤炭管理部门负责全省煤矿企业煤炭生产许可证的登记、审查、颁发、年检和监督管理工作，培训矿长并颁发矿长资格证，需

245

要向煤矿企业收取部分费用。此外为调节煤炭销售成本，抑制山西省内地方矿的煤炭生产，避免销售中的无序竞争，煤炭管理部门还对部分地方煤矿征收煤炭出省费，煤炭出省费包括生产补贴和维简费两部分，其中生产补贴费 10 元/吨，维简费 5 元/吨。④安监部门颁发安全生产许可证和矿长安全资格证等收取的相关费用。此外，企业投资者之间在产权转让过程中，需要矿业权评估等中介结构的，需支付矿业权评估费用。矿业权评估是矿业权有偿取得和依法转让制度的重要组成部分，在矿业权转让中发挥着不可替代的作用。

二、山西省煤炭资源收益分配存在的主要问题

通过对山西省煤炭资源收益分配现状的分析，可以发现山西省在煤炭资源收益分配方面还存在一些问题，主要有①:

（一）煤炭资源有偿使用的相关税费偏低，资源浪费严重

煤炭资源租金收益较低，主要问题在于煤炭资源有偿使用的相关税费偏低，而且相对价格变动缺乏弹性，不能从根本上补偿资源的采挖损耗。政府凭借其煤炭资源所有权在资源收益分配中获得的收益包括资源税、资源补偿费、探矿权使用费和采矿权使用费、探矿权价款和采矿权价款等。名目虽然不少，但是与其所有者身份相比，其在资源收益分配中获得的份额是过低的。

山西的煤炭资源税为 3.2 元/吨，在煤炭开采或洗选业增加值中所占比例很低，2011 年该比例约为 0.5%。而且资源税是以企业的煤炭销售数量为征收对象，征收数额和煤炭企业占用

---

① 赵红梅，刘广良. 山西煤炭资源收益分配实践分析与政策选择［R］. 外国经济学说与中国研究报告，2011：402 - 407.

资源总量及消耗资源多少关系甚微，难以起到遏制企业浪费资源的作用。煤炭资源税占税收收入的比例也很小，2011 年山西省煤炭资源税占税收收入的比重即为 2.1%。

煤炭资源补偿费以矿产品销售收入计征，虽然对资源的消耗、浪费行为有一定的矫正作用，但是费率仅为 1%，企业感受不到资源有偿使用的压力。在矿业发达国家，具有类似性质的权利金比例一般都为 10% 左右。2011 年山西全省全年征缴矿产资源补偿费 31.16 亿元，占煤炭开采或洗选业增加值的比重仅为 0.85%。

采矿权价款虽然是对储量资源一次性收费，但仍存在着煤炭资源采矿权价格普遍低估的现象。山西省现行的煤炭资源采矿权价款标准明显偏低，最高价款标准为 3.8 元/吨（焦煤），见表 8-3。

表 8-3 山西省采矿权价款标准

单位：元/吨

煤种	价款标准	煤种	价款标准
焦煤、1/3 焦煤、肥煤	3.8	贫煤	2.7
瘦煤、贫瘦煤、肥气煤	3.1	无烟煤	3.3
优质动力煤、气煤	1.5	其他煤种	1.3

资料来源：笔者整理。

煤炭资源有偿使用的相关税费偏低，使得矿山企业的资源开发成本较低，企业缺乏节约利用资源的意识。在前些年煤炭价格大幅上升的时候，矿山企业为了追求高额利润，采易弃难，采厚弃薄，导致大量的煤炭资源被浪费，资源的优化配置更无从谈起。

（二）中央和地方收益分配不合理，地方利益得不到保障

国家所得的资源租金收益中，中央财政留成比例高，地方留成比例偏低。具体分配是，资源税、50%的煤炭资源补偿费以及教育附加费、排污费、25%的增值税属于山西省地方政府，50%的矿产资源补偿费、75%的增值税归中央政府。但实际上在矿业企业所缴税费中增值税所占比重普遍在50%以上，而资源税和资源补偿费所占比例较小，导致煤炭资源收益在中央政府和山西地方政府之间的分配比例不合理。对矿山开采过程的安全事故、环境治理和生态恢复等工作负主要责任的山西省地方政府所得收益较小，代表山西省地方居民利益的山西省地方政府对利益分配扭曲的感受更强烈。

在计划经济体制下，山西省长期扮演着煤炭资源供应基地的角色，煤炭企业多为中央及省属大型企业。中央对企业从原材料到产品销售实行高度集中的控制，企业的利润大多上缴中央，这虽然在一定程度上保证了国家财富的积累，体现了集中力量办大事的社会主义制度优越性，但是，对山西省这样的煤炭资源开发地区来说，资源的长期低价输出造成了巨大的历史欠账。市场经济体制改革后，这些国有企业的一些弊端，如历史、社会包袱沉重等都暴露了出来。由于缺乏接替产业或者接替产业发展缓慢，加上近几年煤炭价格降幅明显，山西省的煤炭企业就面临着销售收入增速放缓、利润持续下降等问题，这会直接导致山西省的财政收入受到影响，从而直接造成山西省的自我发展能力不足。

另外，山西省五个大型煤炭集团的煤炭产量就超过全省煤炭产量的一半，这些省属国有企业的山西煤炭资源开发的主体，也是地区财政收入的主要来源。2013年上半年，山西省属五大煤炭集团累计上缴税费271.03亿元，同比减少38.89亿元，下

降 12.55%，占山西省煤炭全行业累计上缴税费（649.16 亿元）的比重约为 41.8%。但是这些省属企业的所得税（40%）和增值税（25%）的地方分成直接上缴省级财政，煤炭资源开发的市、县级地方财政受到很大影响。

（三）矿企与居民的收益分配不合理，矿区生态环境恶化

矿山企业通过开采煤炭资源获得收益，但是，煤炭资源开采过程具有较强的负外部性，经常会引起所驻村庄房屋受损、耕地塌陷、水源枯竭等问题，这明显会影响矿区居民的生产生活。由于环境等产权的不明确性，煤炭资源收益分配中几乎不考虑这种外部效应，山西省现有补偿机制都是对自然环境和生态系统的治理，较少考虑到由于环境污染和生态破坏给矿区居民生产、生活造成的损失，因此，矿区居民就成为实际的利益受损者。山西省对这部分损失的补偿方式尚不明确，引起矿山企业与矿区居民之间的矛盾冲突，这在山西省各大产煤区普遍存在。

根据《山西省煤炭开采环境损失的经济核算》的数据，2003 年煤炭开采外部成本中大气污染造成矿区人体健康和福利损失约 18.26 亿元、引起耕地污染造成农业生产损失 3.178 亿元、受污染矿区人均增加清洗费用 89.1 元，共 5.9061 亿元、水质污染造成人畜短期缺水损失 0.5825 亿元、林木生长量减少损失 0.9 亿元等，这还不包括环境污染和生态破坏给矿区居民造成的其他直接或间接损失。

（四）企业矿主和矿企职工之间收益分配不合理

企业矿主通过资本投入获取的煤炭资源收益中不仅包含其投资成本，而且包括大量的垄断收益。而工人获取的劳动报酬即工资主要是对劳动成本的补偿，他们在给矿主带来巨大利润的同时所分享到的企业经营的利润成果的数额很少。同时，煤矿的井下职工工作风险大、劳动强度大、职业病较多，但并没有获得相应的保障性收入。

而由于煤炭资源整合前，大量小煤矿的存在使管理部门难以掌握全省煤炭实际产量，加上当时煤炭价格上涨，一些矿主为了追求利润，极少进行或不进行必要的安全投入，成了少数矿主一夜暴富、全省收入分配差距拉大、安全生产事故频发的重要诱因。部分矿主奢侈靡费、不思进取，热衷于炫耀式消费，使"山西煤老板"这个本无褒贬的中性词在某种意义上成了贬义词。这与矿企职工的高风险、低收益形成了鲜明的对比。

三、山西省煤炭等矿产资源收益分配不合理的原因分析

根据新古典的分析范式，煤炭资源开发促进经济发展大致有两个途径：一是煤炭资源直接作为生产要素进入生产，使生产可能性边界扩张；二是通过直接向区域外输送煤炭获取收益，转化为其他产业的投资，促进经济发展。

第一种路径实际上涉及煤炭资源的深加工，其产业链的衍生往往是重工业。而在计划经济时期，我国实行的是赶超战略，煤炭资源开发地区由于其要素禀赋而被国家安排了更多的重工业，导致资源开发地区的重工业比例较高。积重难返的畸形产业结构，使得资源开发地区的轻重工业比例严重失衡，经济发展过于依赖煤炭行业。从山西省的实践结果来看，2012年全省轻重工业增加值的比例为5.4∶94.6，而全国的这个比例大概为28∶72，工业经济发展过度依赖于煤炭资源。这也反映了目前山西省资源要素过多地配置在煤基产业。

第二种路径是直接向外输送煤炭资源（包括电力、焦炭等初级产品）来获取收益。这一路径分为两步：第一步是开发、

输出资源并从中获利，这一过程实际上是煤炭资源收益在各经济主体间的分配问题。如果收益分配机制合理，能够促进煤炭资源开发地区获得更多的收益并尽可能减少负面效应，那么就能为资源开发地区获得更多的投资提供条件。第二步是将煤炭资源收益转化为非煤产业投资，促进资源型产业与非资源型产业均衡发展，而这取决于资源开发地区的投资环境，包括经济发展水平、自然条件、基础设施等硬环境和相关制度完善程度、民众的思维观念等软环境。如果资源开发地区的投资环境不好，那么资源收益就无法转化为非资源型产业的投资，可能仍然转化为本地资源产业的投资，也可能出现资源收益流向外地投资、消费的情况。

从山西省的情况来看，它也未能在第二条路径上获得成功。最重要的原因是，山西省在第一步"通过合理的煤炭资源收益分配机制促进资源转化为投资"上就存在问题，山西煤炭资源收益分配存在的主要问题就是收益分配结构不合理。收益分配机制不合理导致资源收益不能很顺利地转化为产业投资，加上软、硬环境的约束，煤炭资源收益不能转化为非煤产业的投资，从而制约了资源型产业与非资源型产业的均衡发展。下文将对山西省煤炭等资源收益分配不合理，导致其在上述两条路径上都未能获得理想效果的原因展开说明。

（一）资源产权制度缺陷

我国《宪法》和《矿产资源法》中明确规定，矿产资源属于国家所有，也就是说资源所在地的资源属于国家所有，只有国家才有权力对资源进行开采。但事实上由于国家的虚拟人格在行为能力上的局限性，不可能真正去行使所有权的占有、使用、收益、处分等种种权能，这必然导致国家对煤炭资源的所有权事实上是一种"虚拟所有权"的现象，导致煤炭资源产权模糊。政府代理人民行使煤炭资源所有权，获取煤炭资源收入。但政府官员作为市场经济中的参与者或管理者，也是符合理性的经济人，他们也有追求自身利益最大化的动机，造成在矿产资源在"拍卖"或开采过程中，出现"寻租"行为，造成资源的租金流失、生态环境被破坏等问题，导致煤炭资源收益分配不均。

另外，由于煤炭资源和土地资源是自然地理体中紧密联系的两种资源，但煤炭资源不分地域一律为国家所有，而土地所有权分国家所有和集体所有两种形式，所以为开发利用这两种资源而设置于其上的矿业权和土地权利不可避免地存在着冲突。这样，在矿业权出让中不仅政府与矿区农民集体之间存在着矿业权与相关土地权利利益调整，也存在着矿产资源所有权与使用权之间的关系调整，目前由于在我国法律上协调这两种权利的冲突方面的规范严重不足。目前在地方，普遍采用利益调整来调节这种冲突，但其中作为经济关系反映的产权问题在法律上还无法解决，产生了诸多的矛盾。因此，对于矿业权与这些矿业用土地权利及其相邻土地的权利的效力冲突如何协调，应尽快从法律上予以明确，只有这样才真正能实现资源整体利益的合理分配和综合管理。在这次山西省煤炭资源整合过程中，有很多煤矿开采"三权"并不齐全。另外，在矿区环境权利方面，环境权缺失或者不健全，使企业排污的外部成本无法内部化，造成的环境污染和生态破坏等社会成本更多的只能由政府和矿区居民买单。

（二）资源有偿使用标准过低

资源税和矿产资源税费征收标准过低，使其他主体的资源利益变成资源开发者和投资者的高额利润，资源地区应得的资源收益被剥夺，同时还要承担矿产资源开发的社会成本和资源枯竭的可持续发展成本。一方面，山西省根据国家矿产资源法规定煤炭资源补偿费费率为销售收入的 1%，远低于国外矿业发达国家类似性质权利金的 10%；另一方面，虽然从 2004 年开始，山西省煤炭资源税提高为 3.2 元/吨，但与煤炭资源产品价格相比，煤炭资源税仍较低。国家法规规定资源税采用按量征收的方式，由于法规的相对稳定性，导致资源税征收相对市场价格变动缺乏弹性，随着煤炭资源产品价格的上涨，资源税所占比例不断下降，导致部分资源租金转化为企业利润。

（三）外部成本补偿机制缺失

煤炭资源开采具有很强的外部不经济性，由于我国对相关产权的不确定性或者不健全。如在矿区居民房屋所占土地范围内，地下煤炭资源属于国家，开采企业获得相关采矿权等之后完全可以开采，矿区居民只拥有地上土地面积的所有权或使用权。但是房屋地下煤炭的开采，使矿区房屋出现裂缝甚至倒塌，由于开采属于合法权利范围内行使权利，因此给矿区居民造成的损失有些情况下很难得到合理补偿。更重要的是煤炭开采造成的矿区环境污染、水污染、生态破坏等严重影响了矿区居民的生活环境和健康状况，降低了当地居民的福利效用，但由于环境权利的缺失再加上很多环境和生态方面的破坏对当地居民的影响根本无法估计，所以这些成本很难计算，更难完全计入煤炭企业生产成本，使这些外部成本内部化，使矿区居民由于承担了煤炭开采外部不经济性的损害得不到合理的补偿。

（四）企业和民众普遍存在依赖思想

在传统的产业布局、经济体制和经济增长方式下，山西省形成了依靠煤炭资源、依靠传统产业、依靠现有市场的思维惯性。省内许多地方政府和企业经营者往往把投资开发项目局限在本地现有的资源范围。产业发展躺在资源的怀抱中，工业经济深陷资源开发领域不能自拔。这种发展模式使当地产业发展失去了对市场导向的反应能力，对新的市场需求不敏感。长期在"有煤可依"、"无矿不富"的思维导向下，产业发展过程往往是围绕着煤炭资源开发和初级产品加工进行。而煤炭资源开发和初级产品加工位于产业链的上游，产品附加值低，利润率相对较低，这又会使山西省的积累能力相对下降。加上煤炭资源的逐渐耗竭，山西省煤炭企业的生产成本刚性上升，这又加剧了山西省的积累能力的下降。地区积累能力的下降使得山西省在全国市场上所处的地位较低，创新能力也较弱，只能在市场分工中承担初级产品的生产工作，形成地区对煤炭资源的强烈依赖，然后造成产业结构低级化——积累能力下降——依赖煤炭资源的恶性循环。这一恶性循环恰恰制约了煤炭资源收益向其他非煤产业投资的转化，资源型经济被定格、固化，非资源型产业得不到发展。

（五）自然环境恶劣

晋、陕、蒙接壤区是我国煤炭资源十分丰富、经济发展水平相对落后的地区，如山西省的大同、朔州等地区深处内陆或荒漠边缘地区。这些地区自然条件本身就十分恶劣，加上煤炭资源开采过程中，很容易造成地下水和地表水破坏、地面塌陷和大气污染等。这些因素叠加起来，使得当地的投资环境、生活环境更加恶劣。投资环境的恶化，不仅难以吸引外部资金进入，也迫使本地投资者将从煤炭资源开发中获得的收益转移至其他环境较好的地区寻觅投资机会，如山西省一些"煤老板"纷纷将资金转移至北京、上海等地的房地产市场。这与山西省部分地方政府花大力气从外省招商引资形成了鲜明对比。煤炭资源收益的外流，对资源型经济转型起抑制作用。

第四节　国外矿产资源收益分配制度

矿产资源的收入分配表现为与矿产资源开发有关的税费在各利益主体间的分配。国外对资源收益的分配，主要是实行税费分流方式，即将资源开发和利用过程中所发生的费用和应当缴纳的税金分门别类地进行处理，以保证资源所有者和开发者的各自利益。目前，国外与矿产资源有关的税费大致包括以下四类：一是税类，它主要包括所得税、采矿税或资源税、权益金（矿区使用费）。其他类型的征税有采矿土地税、财产税、教育税、燃料税、销售税、水税和工资税等。二是租金，租金又分为两类，一类是针对土地所有者的，另一类是针对矿产资源所有者的。三是费用类，包括各种为申请和取得政府批准的开发许可证书等活动所发生的费用。四是矿山环境保护抵押金。比如，土地复垦抵押金就是在矿山开垦之前缴纳。矿山企业按照开采前提出并获得批准的矿山环境保护（复垦）方案在矿山开采或者关闭后如期实施，能够获得良好的效果，则其抵押金可以一次或者分期退回；否则，其抵押金将被没收甚至被施以更严厉的处罚。

一、国外矿产资源税费征管制度

世界上绝大多数国家特别是市场经济国家，与矿业活动有关的专门税费，概括起来主要有：权利金制度、资源附加利润税、矿业权租金等①②。其中与矿业活动有关的税费政策的核心是权利金制度。

（一）权利金制度

权利金，其本意是矿产资源为皇室所有，开采矿产资源要向皇室献金，并且其缴纳方式相对也较为简单，即主要按从量法计征。直到"二战"前和殖民地时期，一些欠发达国家由于还没有确立起征收所得税的条件，其矿业税收制度尚是以简单地从量计征的权利金为主。

现代市场经济国家所征收的权利金的含义，基本上仍保留了其原来的含义，即矿产资源的所有权属于国家，但开发矿产资源，抽象的"国家"不可能是主体，必须通过建立矿业权制度，将矿业权授予（或通过招标、拍卖、协议等方式）给具体从事勘查开发活动的矿业权人，只有这样，依托于矿产资源的各种经济活动才可能展开，矿产资源国家所有才可能转变为现实的社会所有，作为埋在地下未知的、作为抽象概念的、仅具有抽象价值的"矿产资源"，才可能转化为具体的、具有使用价值和交换价值的矿产品。正因如此，市场经济国家的矿业法规定，权利金是体现所有者经济权益的，开采矿产资源，必须向所有人缴纳权利金。

许多国家矿业法中对权利金的定义是："权利金是矿产开采人向矿产资源所有权人因开采（这个'开采的权利'是所有权人让渡给矿业权人的，这是矿业权制度的核心）不可再生的矿产资源的支付（这个'支付'反映了绝对地租）。"

---

① 王雪婷，王金洲. 国内外矿产资源收益分配制度比较研究［J］. 科技创业月刊，2012（8）：37-38.

② 江福秀. 关于建立和完善矿产资源收益分配制度的研究［J］. 南方国土资源，2007（1）：19-22.

（二）资源租金税

资源租金税，有的国家也称之为"资源税"、"附加利润税"、"消费税"、"超权利金"、"附加权利金"或"净利润权利金"等。它是矿产工业中使用的一种税收制度，其目的是对采矿作业所产生的经济租金或超常利润（指从公司收入中扣除为吸引矿业部门新的项目私人投资所必需的最低收益之后的利润）征税。这种超常利润起源于矿床的内在质量/品位/可接近性，因此，相当于一种级差地租。在国际矿业界，人们将这种资源租金税理解为是权利金的一种特殊形式，一种超权利金，一种超过正常投资回报之后征收的权利金。在具体的计征上，它类似于一种递进的所得税。

在从所有权人让渡给矿业权人开采的过程中，矿业权人以权利金的形式向所有权人支付了绝对地租，但存在着一些非常高质量或非常容易开采的矿床，这就使开采这些高质量矿床的矿业公司的利润率非常之高。因此，在有些国家规定，如果这种矿产资源得以开采并产生了一个非常高的投资收益率，则社会有权因其所有的资源而再次取得一个公平的收益或补偿。

（三）矿业权租金等

矿业权租金，有的国家也称之为矿业权租费、租金、年度租金、死租费、进入费、用户费、矿地租金、土地租金或权利使用费等，它体现的是一种矿地租的概念。

所有各主要矿业国家均征收这种矿业权租金。一般根据矿业活动的类型按面积收费。初级阶段（前期勘查）收费较低，高级阶段（采矿）收费较高。这种矿业权租金，虽然是按照所占土地面积征收的，但它与土地权无关，而是矿地租金。土地租金是对地表的占用，是平面的概念，而地表权和地下权是分离的，矿地租金是对占用地下含矿空间征收的，是立体的概念，也是源于矿产资源所有权的。此外，征收矿业权租金还有另外一个目的，即鼓励矿业权人尽可能少占地，尽可能快地通过勘查工作退出自己认为没有前景的地区，一些国家之所以规定矿业权租金逐年递增，正是出于这一考虑。

二、国外矿产资源收益制度的总结与借鉴

矿产资源税费、权利金、矿业权租金是各国普遍征收的，而资源租金税各国的规定相对就差异较大，多数国家不收，少数国家收（15%左右），有的国家仅针对个别地区的个别矿种或个别项目收，有的国家将资源租金税结合到权利金制度中作为权利金的一种补充形式统一考虑。另外，不同国家还考虑各自的具体情况，征收一些除上述税费外的矿产资源税费，如美国的红利、俄罗斯的矿物原料基地再生产基金提成等。总体来看，各国在设计其矿产资源税费时，一般均对矿业经济行为和税费的征收效应进行了扎实的研究，对社会经济发展阶段、国情、矿情给予了充分的考虑。

在涉及资源收益分配相关法规的制定上，由于各国在其税收政策、管理机构和政府干预程度等方面各有侧重，因而就形成了以下三种类型[①]：

第一类是资源比较丰富的国家，如美国、加拿大、澳大利亚等。这一类型主要特点是，政府都不直接从事矿产资源的开采活动，也没有成立机构来专门制订指令性计划。政府只是向工业界和财团提供矿产品的供需趋势及其市场变化趋势等方面的信息，利用有偿使用、税收、低息或无息贷款来调整其产品

---

① 许家林. 试论资源收益的特征，结构与分配 [J]. 现代财经，2000 (5)：13 - 18.

结构。比如，加拿大为了吸引矿业投资资金，就采取了一整套较为优惠的税收政策。他们把矿业税收分为两种方式：一是从总收入中提取，不论企业是否盈利都要缴纳资源税和权利金等项；二是所得税，必须是有利润才缴纳，一般为利润的5%。此外，为了加速发展各金属矿产工业，政府规定了各矿山企业可从每年的利润中扣除勘探费、折旧费、30%的矿山基建投资、25%的资源耗竭费等，然后再从剩余利润中按50%的比例计算应缴所得税。

第二类是资源不算丰富的国家，其主要特点为，普遍实行解散国营矿业公司并开放政府掌握的矿业管理权的方法，以便吸引外国资本来加速国内矿产资源的开发和利用。譬如，印度尼西亚就将矿产资源分为战略性矿产、重要矿产和非重要矿产三大类，分别对其采用委托制（用于特定矿种）、承包合同制（对外资或合资企业）、授权制（对国内采矿公司或个人）和许可证制（对生产技术简单、规模较小、以谋生为手段的采矿集体和个人）等不同的管理方式。

第三类是资源相对比较贫乏的国家，如日本、法国和德国等。其主要特点是，制定矿业法律和法规的主要目的是为了得到稳定的矿产资源供给，积极而全面地推进本国矿产资源的开发和利用，推进节约利用资源新技术的研究。譬如日本，其基本经济政策就是促使本国到国外勘探和开发矿产资源。为此，其关税体制就是为了使固体的矿产品增值，故对初级矿产品征收很少的关税，而对精炼的金属所征收的关税则大大地高于其他国家。

第五节　建立煤炭等矿产资源收益合理共享机制

一、基本原则①

（一）产权明晰原则

在传统体制下，矿产资源收益被集中到国家手中，产权归属国家，表面上产权清晰，实际上造成了"人人所有，人人又没有"的产权模糊实情。随着产权制度改革的推进，人们逐渐认识到了产权明晰的重要性，只要产权明确界定，交易各方就会力求降低交易费用，达到资源的优化配置。煤炭等矿产收益分配要以产权明晰为原则：一是因为产权的核心是财产收益权。产权作为排他性的财产权利，并被占有的基本理由是能使产权主体受益。同时，产权具有可让渡性，让渡价格的大小很大程度上受分配份额大小的影响。二是因为产权与收益受损边界密切相关，产权明晰，有利于收益的合理分割，充分发挥收益分配中的激励与约束功能，协调好收益分配主体之间的关系。

（二）分之有据原则

矿产资源收益分配的主体都是利益博弈的各方，他们之间因各自的利益必然会导致相互之间的矛盾的发生，而兼顾各方利益，使矿产资源收益在分配主体之间合理分配，是解决矛盾的根本。合理分配就要分之有据，这样收益分配制度才会相对稳定，各方主体之间才会有一个长期的规划与合作，有利于资

---

① 赵淑芹. 收益分配视角的矿产资源价值及其测算模型［C］. 地质工作体制改革 30 年座谈会文集，2008：276 - 284.

源的开发，也有利于各分配主体利益的实现。在矿产资源收益分配中，国家要严格依据财产权利来获得收益分配。

（三）制度约束原则

煤炭等矿产资源收益分配涉及诸多分配主体的利益，各方利益矛盾时刻存在，虽然分之有据可以调和矛盾，但市场经济下的"行为人"的行为取向，很难在没有约束下使收益分配主体做到长期理性。因此，需要有相应的制度来约束各分配主体的行为。

（四）比例合理原则

其实在煤炭等矿产资源的收益分配过程中，比例的确定是很难的，从定性的角度来说，合理的分配比例要从下面三个方面考虑：①是否体现了"谁投资，谁受益"的正相关关系；②是否影响资源的可持续勘探、开采和利用；③是否能够使外部性降到最低。

二、总体思路

建立和完善山西省煤炭资源收益分配机制，关键是明晰资源产权，理顺煤炭资源收益各分配主体之间的利益关系，核心是完善煤炭资源的有偿使用制度，使涉及的收益分配主体获得合理的报酬和补偿，使煤炭的完全成本在收益分配中得以实现，真正促进煤炭资源收益的合理分配和煤炭资源开发与利用的可持续性。

（一）明晰矿产资源产权，理顺资源收益分配关系

山西省在煤炭资源开采过程中，矿山企业在土地使用权、环境污染等外部不经济对矿区居民损害的不作为行为等引起的利益纠纷，在很大程度上都是因为产权不明引起的。此外，产

权转让的约束性较低，导致产权转让具有很大的随意性，容易造成产权的混乱。

然而，资源国家所有并不意味着仅仅是中央政府所有，资源地政府和资源属地的人民作为国家的一部分，他们也应当成为资源的所有权主体，也应当分享资源开发的收益。因此，在资源开发利益分配中应充分理顺资源收益各主体之间的关系，充分考虑资源所在地及其居民的利益，寻求不同利益主体间利益的平衡。

（二）完善资源税费体系，深化资源有偿使用制度改革

矿产资源有偿使用是维护国家矿产资源所有者权益，遏制资源粗放利用和无序开发，促进资源保护和合理利用的根本要求。要尽快调整和完善我国矿产资源补偿费征收制度，将补偿费征收与资源储量消耗和资源利用效率挂钩，按照国家产业政策和矿产品供求关系，实行补偿费率的动态调整，合理调节矿产资源开发的收益分配，促进矿山企业努力提高矿产资源的综合利用，保护和合理利用资源。

（三）完全成本充分补偿，健全资源价格形成机制

煤炭资源的完全成本，是除私人成本之外对煤炭资源开发的负外部性、安全投入、沉淀成本等进行的补偿，应该包括资源成本、生产成本、环境成本、退出成本和发展成本。其中，资源成本是企业获得矿权的全部支出；生产成本是企业生产过程中的全部费用支出；环境成本是指开采、运输和使用煤炭过程中对生态环境破坏的治理以及对当地居民的补偿；退出成本是企业调整（减员）、关闭的全部支出（也称为改革成本）；发展成本是指煤矿用于开发新的资源或者开展新的项目所需投资（资本金）。以上这些成本是构成煤炭资源完全成本的基础，加上不低于社会平均利润率的合理投资收益率，就是合理的煤炭价格。

（四）属地征收就地入库，建立资源属地利益补偿机制

我国矿产资源开发主要采取以增值税、所得税、矿产资源补偿费和资源税等为主的税费模式。地方政府能够分享的矿产资源税费主要有两类：一类是划归地方税种的资源税、城镇土地使用税、城建税、教育费附加税、房产税和车船使用税；另一类是划归共享税的增值税、所得税、营业税及矿产资源补偿费。在现有财税制度下，地方政府从矿产资源开发中所分享到的税费相当有限。因此，煤炭资源开发征收的各项税费，地方分享的部分（如所得税的40%）可以按照属地征收的原则就地入库，全额留归煤炭资源开发地县、乡政府支配。

（五）黑色煤炭"绿色开发"，建立矿区生态补偿机制

粗放型的煤炭资源开发已经造成环境污染和生态破坏，而生态环境的恶化又直接导致投资环境变差，最终影响当地的经济发展和人们的生产生活。但是，无论是从国家的角度，还是从地方的角度，煤炭资源又不能不开发，毕竟煤炭资源是我国的基础性能源。因此，实现黑色煤炭资源的"绿色开发"是必然的选择。"资源绿色开发"是指社会经济效益最优、生态环境影响最小、"低开采、低排放、高利用"的资源开发。为了实现黑色煤炭的"绿色开发"，有必要将矿区煤炭资源与环境作为一个整体通盘考虑，建立煤炭资源开发的生态补偿机制。

三、具体措施

矿山企业作为矿产资源的主要开采主体，其与矿产资源所有者国家之间的分配，只要把矿产资源税、费、款理顺，其关系也就基本理清了，关键是征收额度或比例的确定。对于企业职工与企业之间的分配关系，更准确地说，职工的工资是企业与劳动者在市场上谈判的结果，对于企业来说其属于成本范畴，至多只能算作是企业的一般收益分配，是企业的内部分配。

目前重点需要解决的是矿产资源所有者国家实现自己的财产权益分配比例，地方政府与中央政府之间的收益分配，以及矿产资源所在地居民与矿产资源产权主体之间的收益分配。

（一）资源产权制度法制化

资源产权的界定、审批、转让法制化。使产权制度法制化，通过法律明确各经济主体的权利和责任，各产权的获得程序、费用、使用期限等；搭建资源各种产权审批部门的联合办公平台；加强对资源产权转让的管制，如产权转让，要以权力束为组进行转让，防止资源各产权过于分散。

建立和完善资源环境产权制度。资源开采中的外部不经济性、企业生产成本的外部化、矿区居民所承担的不合理损失等与环境产权的缺失存在密切的联系。把环境产权下放给矿区居民，使当地居民享有环境监督的权利和获取利益的权利。

（二）调整煤炭资源有偿使用税费比例

在现有税费体系下，提高煤炭资源有偿使用的各项税费标准，加大资源有偿使用的力度。根据资源的可耗竭性与稀缺性以及技术进步对可耗竭性的补偿来分解资源租金收益在整个销售收入中所占的比重。

明确资源税税收的性质、征收方式和分配方式。应改变资源税有偿使用的定性功能，突出其调节资源级差收入的基本功能；在计征方式上建议将资源税的征收由以前的从量征收改为从价征收，充分获取价格上涨带来的收益，同时要与资源储量消耗挂钩；在分配方式上，建议将一部分资源税收入划归中央所有，这样有利于加强国家对资源开发的调控，避免地方政府为了自身利益产生短期行为。

从长期来看，可尝试构建以资源税和矿业权价款为主体的煤炭资源有偿使用体系。可通过在矿业权取得过程中收取矿业权价款，在矿产资源开采过程中收取资源税，实现国家作为矿产资源所有者的权益。

（三）构建煤炭价格形成机制

确定科学的煤炭成本核算框架，将资源成本、环境成本、企业退出成本、发展支出列入煤炭资源成本开支范围，完整、准确地核算煤炭成本与价值。资源成本取决于煤炭资源的有限性和替代能源的生产成本等；退出转产资金的来源应依靠企业的自身积累；成本核算时，应当如实反映生产过程的实际支出，而非强制规定核算项目系数。

建立能够反映煤炭价格变动趋势、规避买卖双方价格风险的价格指数体系。该价格指数体系应该既符合我国煤炭市场实际，又与国际市场紧密联系，能够反映煤炭主产区、主要发运港口内外贸市场交易价格和长期协议价格变动。

（四）加大对资源属地的补偿力度

建立资源属地补偿机制旨在通过加大国家对资源所在地政府和居民的补偿力度，以弥补地方政府和当地居民由于资源开发所蒙受的损失。

一是完善税收制度，通过加大税收返还力度。调整中央与地方的税收分成比例，加大地方收益分配比重，扩大地方资源补偿费留成比例等多种方式，增加中央政府对资源属地政府以及居民的经济补偿，并明确地方分成所得要重点向资源原产地县、乡倾斜，促进资源开发地区可持续发展。完善煤炭资源补偿费支出结构，中央所得的资源补偿费要向资源开发地区倾斜，地方所得要用于煤炭资源的勘查、开发保护和改善人民群众生产条件等方面。

二是完善产业关联配套机制。建设一批节能高效的工业项目，使煤炭资源转化成其他高附加值的工业产品向外输出，并由此带动相关产业的发展。在条件允许的情况下，资源就地加工，延伸产业链条，支持地方下游和辅助产业的配套发展。中央企业与地方分工协作机制，错位发展煤化工等深加工产业，形成共同发展的格局。

（五）建立健全矿区生态补偿机制

煤炭资源开发的外部性，除了地方政府有弥补的责任外，中央政府同样需要承担相应的责任。因此，需要在政府层面，通过完善财政转移支付制度，建立一套规范的生态补偿机制，来确保资源开采地区的可持续发展。

首先，国家应增加用于矿产资源开采地区生态环境补偿的一般性转移支付和专项财政转移支付，加大中央财政预算内建设资金和国债资金对资源输出地区的投入力度。

其次，按照"谁污染，谁付费；谁受益，谁补偿"的原则，建立区际生态环境补偿机制，实现区际环境利益的合理化分配。

最后，建立矿山环境治理责任机制。需要企业从收益中支出专款建立矿山环境恢复保证金制度，这笔支出按企业销售收入的一定比例计提，列入企业成本。

参考文献

[1] 亚当·斯密. 国民财富的性质和原因的研究. 郭大力、王亚南译. 北京：华夏出版社，1981.

［2］李嘉图．政治经济学及赋税原理．北京：华夏出版社，2005.

［3］马歇尔．经济学原理．廉运杰译［M］．北京：华夏出版社，2005.

［4］约翰·伊特韦尔等．新帕尔格雷夫经济学大辞典［M］．北京：经济科学出版社，2000.

［5］方敏．我国矿产资源收益分配各主体之间的经济关系分析［M］．中国地质矿产经济学会资源管理专业委员会2006年学术交流论文汇编，2006.

［6］景普秋．基于矿产开发特殊性的收益分配机制研究［J］．中国工业经济，2010（9）．

［7］吴文洁、佗敏华．资源型经济问题的成因：资源收益分配视角的研究［J］．特区经济，2010（1）．

［8］赵淑芹．收益分配视角的矿产资源价值及其测算模型［M］．地质工作体制改革30年座谈会文集，2008.

［9］殷燚、杨昌明、苏迅．加快建立和完善资源收益分配机制［J］．中国财政，2008.

［10］杨德栋，王娜．矿产资源收益分配问题分析与对策［M］．中国地质矿产经济学会资源管理专业委员会2006年学术交流论文汇编，2006.

［11］张银政，王晓雪．我国矿产资源收益分配的政策沿革及其困境摆脱［J］．改革，2011（4）．

［12］屈燕妮，刘畅．资源密集型区域可持续发展问题研究——基于资源收益分配的视角［J］．开发研究，2012（5）．

［13］方敏．我国矿产资源开发收益分配实践与改革建议［M］．资源·环境·和谐社会——中国地质矿产经济学会2007年学术年会论文集，2007.

［14］许家林．试论资源收益的特征、结构与分配［J］．现代财经，2000（5）．

［15］袁莉玲．矿产资源利益共享机制下的矿山企业行为研究［M］．四川：成都理工大学，2010.

［16］赵红梅，刘广良．山西煤炭资源收益分配实践分析与政策选择［M］．外国经济学说与中国研究报告，2011.

［17］王雪婷，王金洲．国内外矿产资源收益分配制度比较研究［J］．科技创业月刊，2012（8）．

［18］江福秀．关于建立和完善矿产资源收益分配制度的研究［J］．南方国土资源，2007（1）．

［19］陈洁，龚光明．我国矿产资源权益分配制度研究［J］．理论探讨，2011（5）．

［20］王承武，蒲春玲．新疆能源矿产资源开发利益共享机制研究［J］．经济地理，2011（7）．

［21］张银政．中国矿产资源收益分配研究［M］．北京：经济日报出版社，2013.

［22］程志强．破解"富饶的贫困"悖论——煤炭资源开发与欠发达地区发展研究［M］．北京：商务印书馆，2009.

［23］张复明，景普秋．矿产资源开发的资源生态环境补偿机制研究［M］．北京：经济科学出版社，2010.

268

第九章　山西省国有资本经营预算产业调控机制研究

　　中共十八届三中全会通过了《中共中央关于全面深化改革若干重大问题的决定》（以下简称《决定》），指出"要完善国有资产管理体制，以管资本为主加强国有资产监管，改革国有资本授权经营体制，组建若干国有资本运营公司，支持有条件的国有企业改组为国有资本投资公司。国有资本投资运营要服务于国家战略目标，更多投向关系国家安全、国民经济命脉的重要行业和关键领域，重点提供公共服务、发展重要前瞻性战略性产业、保护生态环境、支持科技进步、保障国家安全"①。中共十八届三中全会的《决定》指明了国有企业改革的未来方向，强调国有资产管理体制由"管人、管事、管资产"转向"管资本"，这对国有资本的经营管理提出了新的要求。国有资本经营预算是国有资本经营管理的重要组成部分，具有显著的资源配置和产业调控的作用，中共十八届三中全会的《决定》

---

　　① 引自中共十八届三中全会《中共中央关于全面深化改革若干重大问题的决定》。

指明了国有资本经营预算在资源配置和产业调控中的重要作用。山西省作为能源大省，拥有众多的国有企业，在"管人、管事、管资产"转向"管资本"的国有企业改革进程中，山西省还有大量的工作要做。结合山西省国家资源型经济转型综合配套改革试验区建设，特别是山西省实现资源型产业与非资源型产业均衡发展的工作，需要充分发挥国有企业改革在山西省经济建设中的重要作用。国有资本经营预算是融合国有企业改革和山西省经济建设的有力"抓手"，因此非常有必要发挥国有资本经营预算在山西省经济建设中的作用，特别是在实现资源型产业与非资源型产业均衡发展中的作用。

第一节　山西省现行国有资本经营预算体系及存在的问题

一、山西省的国有资本经营预算管理

（一）山西省国有资本预算的进展情况

实际上，在 2007 年《国务院关于试行国有资本经营预算的意见》出台后，山西省就按照《意见》精神，初步建立了以财政厅为国有资本经营预算主管部门，其他厅局为预算单位的国有资本经营预算管理体系。

2010 年十一届全国人大三次会议提出 2011 年地方政府组织试编国有资本经营预算，同年财政部发布了《关于推动地方开展试编国有资本经营预算工作的意见》。为了贯彻全国人大会议精神和财政部的文件精神，2011 年 6 月，山西省出台了《山西省人民政府关于试行国有资本经营预算的意见》和《山西省人

民政府办公厅关于印发省级企业国有资本收益收取管理暂行办法的通知》，开始正式实施国有资本经营预算。山西省于2011年进行国有资本经营预算试点，收取山西省人民政府国有资产监督管理委员会所监管企业2010年应上缴的国有资本收益，并试编2011年的国有资本经营预算。山西省2010年度纳入收益申报范围的监管企业共35户，其中国有独资企业29户，股份制企业6户。国有独资企业上缴国有资本收益39617.2万元。省属国有控股企业共上缴国有资本收益5390.91万元。2010年共上缴国有资本收益4.5亿元。2011年度纳入收益申报范围的省属企业共24户，其中，国有独资企业19户，省属国有控股企业4户，省属国有参股企业1户。国有独资企业共上缴国有资本收益37683.9万元。省属国有控股企业共上缴了国有资本收益17320.73万元，2011年共上缴国有资本收益5.5亿元。

2012年起，山西省全面实施国有资本经营预算制度，汇总编制全省国有资本经营预算。表9-1是近三年来山西省本级国有资本经营预算的预算收入数和预算支出数情况。

表9-1　山西省本级国有资本经营预算收支情况

单位：亿元

收入项目	2012 年	2013 年	2014 年
一、利润收入	3.24	2.61	1.2
二、股利、股息收入	1.34	2.39	0.8
三、产权转让收入			
四、清算收入			
五、其他国有资本经营预算收入			
支出项目			
一、教育			
二、科学技术			
三、文化体育与传媒			
四、社会保障和就业			

收入项目	2012 年	2013 年	2014 年
五、节能环保			
六、采掘、勘探电力信息等事务		5	2
七、商业服务业等事务			
八、其他支出	4.58		

资料来源：根据山西省财政厅网站数据整理。

自实施国有资本经营预算试点以来，根据山西省委办公厅、山西省人民政府办公厅关于印发《山西省直机关直属企业脱钩改革实施方案》的通知精神，拿出两到三年的国有资本收益，用于脱钩企业改革解困和转型发展。2012 年 8 月，山西省国资委主任办公会议通过，以省国资委 2010 年度收缴入库的 4.5 亿元国有资本收益，以国有资本金形式注入山西国控集团，用来解决该公司改革脱困与转型发展资金严重短缺问题。2012 年 12 月，山西省编制完成《山西省国资委 2013 年国有资本经营预算建议草案》，2013 年山西省国资委国有资本经营预算支出，全部用于解决山西国控集团改革脱困与转型发展资金严重短缺问题。2013 年山西省财政厅发布了《山西省级国有资本经营预算支出管理办法》，明确了预算支出的原则和范围，支出原则强调"引领带动原则、注重效益原则、科学规范原则"，支出范围主要包括资本性支出、费用性支出和其他支出。山西省 2015 年度省属企业国有资本经营预算资本性支出重点支持省属企业自主创新，培育和发展战略性新兴产业，有利于提高企业核心竞争力的新兴产业建设项目。

（二）山西省国有资本经营预算的管理体系

山西省国有资本经营预算的管理体系是建立在国有资产管理体制基础之上的。山西省现有的国有资产管理体制，是落实国家有关国有企业改革的若干政策后逐步形成的。目前山西省设立了省、市两级国资委，代表政府管理资产并行使出资人职责，负责监管全省范围内的国有资产（不含地方金融类企业，含省直各部门所属企业）。国资委承担监督所监管企业国有资产保值增值的责任，指导推进国有企业改革和重组，推动国有经济布局和结构的战略性调整，以及负责组织所监管企业上缴国有资本收益，参与制定国有资本经营预算有关管理制度和办法，按照有关规定负责国有资本经营预决算编制和执行等工作。

山西省国有资本经营预算的管理体系，是在现有国有资产管理体制的基础上形成的。目前山西省国有资本经营预算体系参与主体包括山西省财政厅、山西省国资委、省级企业主管部门以及国有企业。国有企业国有资本收益由山西省财政部门负责收取，山西省人民政府国有资产监督管理委员会和其他省级企业主管部门负责组织所监管（所属）企业上缴国有资本收益。基本流程是国有企业向山西省人民政府国有资产监督管理委员会或其他省级企业主管部门申报，并将申报表及相关资料同时报送省级财政部门，无主管部门的省级企业，直接报省级财政部门。山西省财政部门将上报的收益纳入国有资本经营预算的收入管理。具体体系如图 9 - 1 所示。

二、山西省国有资本经营预算管理存在的主要问题

（一）国有资本经营预算与一般公共预算衔接不畅

2014 年十二届全国人大常委会颁布了修订后的《预算法》。修订后的《预算法》将国有资本经营预算与一般公共预算、政府性基金预算、社会保险基金预算并列为政府预算体系的四大预算，国有资本经营预算与一般公共预算既彼此独立，又具有

预算建议草案

山西省财政厅	山西省国资委、省级企业主管部门

应缴利润　国有股股利、股息　国有产权转让收入　企业清算收入　其他国有资本收益

报送　　　　　　申报

国有企业、国有企业集团

合并报表

全资（控股）子公司

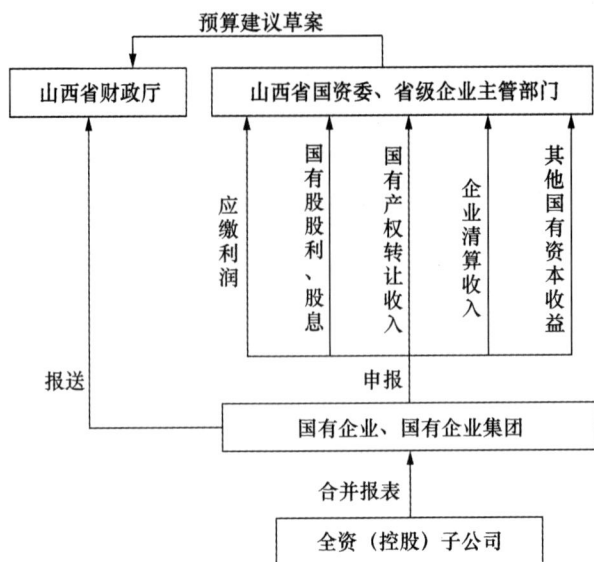

图 9 - 1　山西省国有资本经营预算管理体系

资料来源：根据《山西省人民政府办公厅关于印发省级企业国有资本收益收取管理暂行办法的通知》整理。

很强的关联性。2007 年的《国务院关于试行国有资本经营预算的意见》和2011 年的《山西省人民政府关于试行国有资本经营预算的意见》也都明确指出，既要保持国有资本经营预算的完整性和相对独立性，又要保持与一般公共预算的相互衔接。中共十八大《决定》明确指出划转部分国有资本充实社会保障基金，更多地将国有资本经营收益用于保障和改善民生。《山西省人民政府关于试行国有资本经营预算的意见》也明确指出必要时可将国有资本收益部分用于社会保障等项目支出，但是到目前为止山西省国有资本经营预算还没能实现向社会保障等项目支出。在山西省国有资本经营预算实践中，国有资本经营预算的收支还基本上是"取之于国企，用之于国企"，国有资本经营预算与一般公共预算之间的关系还不够明确，二者之间应该

如何衔接，也没有给出可操作性的意见。

（二）国有资本经营预算的配套制度不够健全

自《山西省人民政府关于试行国有资本经营预算的意见》颁布后，山西省国有资本经营预算基本形成了财政部门与国资监管部门协调分工的制度体系，财政部门负责审核和汇总编制国有资本经营预算、决算草案，国资监管部门负责组织监督所监管（或所属）企业国有资本经营预算的执行以及国有资本收益的上缴，财政部门与国资监管部门有了比较明确的分工。经过近几年国有资本经营预算的实践，山西省国有资本经营预算的工作虽然取得了很大的进展，但是国有资本经营预算工作的相关配套制度还不完善。国有资本经营预算工作需要多个部门共同参与，是一项系统工程。要实现多个部门之间的协同运作，使信息在各个部门之间有效流动，需要细致而周全的制度安排。目前虽有《山西省人民政府办公厅关于印发省级企业国有资本收益收取管理暂行办法的通知》、《山西省级国有资本经营预算支出管理办法》比较详细地规范了国有资本经营预算的收缴和支出制度，但是目前还缺乏其他更加细致和周全的配套制度。

（三）国有资本经营预算的支出管理制度需精细化

国有资本经营预算的支出属于财政支出的重要构成部分。《国务院关于试行国有资本经营预算的意见》、《山西省人民政府关于试行国有资本经营预算的意见》、《山西省级国有资本经营预算支出管理办法》明确指出，国有资本经营预算的支出主要包括资本性支出、费用性支出和其他支出三个组成部分。并明确指出具体支出范围依据、宏观经济政策、产业结构调整要求以及不同时期国有企业改革和发展的任务，统筹安排确定。根据《山西省直机关直属企业脱钩改革实施方案》的通知，2010～

275

2012年山西省国有资本收益全部用于支付脱钩改革企业的改革成本及省属破产企业的破产费用。中共十八大《决定》指出要使国有资本投资运营要服务于国家战略目标。国有资本要更多投向关系国家安全、国民经济命脉的重要行业和关键领域，重点提供公共服务、发展重要前瞻性战略性产业、保护生态环境、支持科技进步、保障国家安全。《山西省级国有资本经营预算支出管理办法》贯彻落实了中共十八大的《决定》，但总体上，山西省目前的国有资本经营预算支出管理制度还比较粗放，还没完全达到中共十八大《决定》的要求，为了落实中共十八大的《决定》，山西省还需要进一步精细化国有资本经营预算支出管理制度。

（四）国有资本经营预算的考核与监督机制有待完善

国有资本经营预算考核与监督是国有资本经营预算管理的重要构成部分。国有资本经营预算不仅需要科学的编制、严格审批、有效的执行，还需要合理的考核、全面的监督。如果没有相应的国有资本经营预算考核与监督制度，国有资本经营预算的效果就会大打折扣，但是具体的预算考核与监督工作该如何有效开展，又是预算管理实践中面临的一大难题。山西省国有资本经营预算实施的时间还不长，出台了国有资本经营预算的考核与监督办法，例如《山西省级国有资本经营预算支出管理办法》，但从目前的考核与监督来看，山西省国有资本经营预算考核更多的是针对国有资本经营预算的企业，没有将财政部门、国资部门和省级企业主管部门纳入考核与监督的范围。这必然会对国有资本经营预算的执行产生不良影响。

（五）国有资本经营预算的收缴比例偏低

在国家层面，《关于试行国有资本经营预算的意见》的发布终结了国有企业只缴税不缴利润的历史。在山西省层面,《山西省人民政府关于试行国有资本经营预算的意见》的发布终结了山西省国有企业只缴税不缴利润的历史。2013 年 11 月召开的中共十八大《决定》明确指出要完善国有资本经营预算制度,提高国有资本收益上缴公共财政比例,2020 年提高到 30%。《山西省人民政府办公厅关于印发省级企业国有资本收益收取管理暂行办法的通知》中指出,国有独资企业上缴年度净利润的比例,区别不同行业,分三类执行:第一类为 10%,第二类为5%,第三类个别特殊行业企业暂缓上缴或者免缴。目前最高的上缴比例为 10%,距离中共十八大决定要求的 30% 差距还比较大,收缴比较偏低。

第二节　国有资本经营预算及产业调控的经验借鉴

一、中央探索国有资本经营预算的进展

(一) 中央国有资本经营预算工作的推动情况

2002 年中共十六大要求我国要建立管人、管事、管资产相结合的国有资产管理体制,中央政府和地方政府分别以国有资本所有者身份履行出资人职责。2003 年 10 月中共十六届三中全会《决定》要求建立国有资本经营预算制度和企业的经营业绩考核体系。2004 年的《政府工作报告》指出要加紧完善国有资产监督管理的法规与实施办法,通过建立国有资本经营预算制度和完善企业经营业绩考核体系,进一步落实国有资产经营责任。在 2004 年国资委还明确了国有资本收益的三大用途,即支付国企

改革的成本、推动国有经济布局调整和促进企业自主创新。

2005 年中共十六届五中全会《中共中央关于制定国民经济和社会发展第十一个五年规划的建议》提出加紧建立国有资本经营预算制度，完善对金融资产、自然资源等非经营性资产的监管体制建设。2006 年的《政府工作报告》指出要完善国有资产监管体制，健全国有资本经营预算制度、经营业绩考核体系和国有资产重大损失责任追究制度。2007 年国务院下发《国务院关于试行国有资本经营预算的意见》，我国国有资本经营预算制度正式建立。2007 年中共十七大报告再次明确要求加快建设国有资本经营预算制度，完善各类国有资产管理体制和制度。2008 年《企业国有资产法》颁布，对国有资本经营预算的内容做了详细的规定。

2012 年，纳入中央国有资本经营预算实施范围的中央企业共计 963 户，其税后利润（净利润扣除年初未弥补亏损和法定公积金）的收取比例分为五类：第一类为烟草税后利润，收取比例 20%；第二类为石油石化、电力、电信、煤炭等具有资源垄断特征的行业企业，收取比例 15%；第三类为钢铁、运输、电子、贸易、施工等一般竞争性行业企业，收取比例 10%；第四类为军工企业、转制科研院所、中国邮政集团公司、2011 年和 2012 年新纳入中央国有资本经营预算实施范围的企业，收取比例 5%；第五类为政策性公司，包括中国储备粮总公司、中国储备棉总公司，免缴国有资本收益。

2014 年财政部发布了《关于进一步提高中央企业国有资本收益收取比例的通知》，进一步提高了国有资本经营收益的上缴比例，要求从 2014 年起将国有独资企业分为五类分别上缴，其中第一类企业国有资本收益收取比例为 25%；第二类企业国有资本收益收取比例为 20%；第三类企业国有资本收益收取比例为 15%；第四类企业国有资本收益收取比例为 10%；第五类企业免缴当年国有资本收益。符合小型、微型企业规定标准的国有独资企业，应缴利润不足 10 万元的，比照第五类企业，免缴当年国有资本收益。

（二）中央国有资本经营预算的收支与产业结构调整

中央企业上缴的税后利润是中央层面国有资本经营预算收入的主要来源。根据财政部公布的数据，2007～2010 年中央国有资本收益分别为 139.9 亿元、443.6 亿元、988.7 亿元（包括电信企业重组专项资本收益 600 亿元）和 421 亿元。2008～2010 年，中央国有资本经营预算支出分别为 547.8 亿元、873.6 亿元和 440 亿元。主要用途是调整国有经济和产业结构、受灾中央企业的复产重建、中央企业技术创新、促进节能减排、投资海外矿产资源以及补贴改革重组成本等。

从近四年数据来看，2011 年中央国有资本经营收入预算数为 844.39 亿元，中央国有资本经营预算支出安排 858.56 亿元（见表 9-2）。在支出安排上，用于国有经济和产业结构调整的支出为 495.5 亿元，包括中央企业内部资源整合 72.5 亿元，支持中央企业增资扩股支出 163 亿元，产业升级发展性支出 260 亿元。

表 9-2　2011 年中央国有资本经营预算收支情况

单位：亿元

收入项目	总额	支出项目	总额
利润收入	788.35	资本性支出	706.11
股利、股息收入	6.04	费用性支出	57.45
产权转让收入	50	其他支出	95
2010 年结转收入	14.17		

资料来源：根据《关于 2011 年中央国有资本经营预算的说明》整理。

2012 年中央国有资本经营收入预算数为 875.07 亿元，中央国有资本经营预算支出安排 875.07 亿元（见表 9 – 3）。在支出安排上，国有经济和产业结构调整支出 133 亿元。

表 9 – 3　2012 年中央国有资本经营预算收支情况

单位：亿元

收入项目	总额	支出项目	总额
利润收入	823	资本性支出	744.72
股利、股息收入	1	费用性支出	55.25
产权转让收入	20	其他支出	75.1
2011 年结转收入	31.07		

资料来源：根据《关于 2012 年中央国有资本经营预算的说明》整理。

2013 年中央国有资本经营收入预算数为 1083.11 亿元，中央国有资本经营预算支出安排 1083.11 亿元（见表 9 – 4）。在支出安排上，用于国有经济结构调整的支出为 379.88 亿元，包括支持中央企业之间的战略性兼并重组，理顺多元投资主体公司股权关系，保持和增强中央企业对关系国家安全和国民经济命脉重要子企业的控制力，以及解决中央企业历史遗留问题等。用于产业升级与发展的支出为 176.76 亿元，包括增强中央企业自主创新能力，推动重大技术创新和科技成果产业化，落实"十二五"节能减排目标任务，支持中央企业节能减排工作，支持中央企业内部产业整合。促进教育、农业、文化等相关产业发展的支出，重点支持关系国家粮食安全的种子产业链发展，关系国防安全的农垦戍边支出等。

表9-4 2013年中央国有资本经营预算收支情况

单位：亿元

收入项目	总额	支出项目	总额
利润收入	1000.80	资本性支出	929.78
股利、股息收入	0.20	费用性支出	45.88
产权转让收入	10	其他支出	107.45
2012年结转收入	72.11		

资料来源：根据《关于2013年中央国有资本经营预算的说明》整理。

2014年中央国有资本经营收入预算数为1578.03亿元，中央国有资本经营预算支出安排1578.03亿元（见表9-5）。按照《中共中央关于全面深化改革若干重大问题的决定》提出的国有企业改革任务、目标及提高国有资本收益上缴公共财政比例，更多用于保障和改善民生要求，2014年继续加大中央国有资本经营预算对国有经济结构调整及调入公共财政预算用于保障和改善民生支出力度。国有经济结构调整支出615.1亿元，用于重点支持以优化产业结构和资本布局为主攻方向的重大结构性调整，包括中央企业战略性兼并重组、股权结构调整等。调入公共财政预算用于社保等民生支出184亿元。国有股减持收入补充社保基金支出10.42亿元。

表9-5 2014年中央国有资本经营预算收支情况

单位：亿元

收入项目	总额	支出项目	总额
利润收入	1414.90	资本性支出	1150.83
股利、股息收入	1.10	费用性支出	37.78
产权转让收入	10	其他支出	389.42
2013年结转收入	152.03		

资料来源：根据《关于2014年中央国有资本经营预算的说明》整理。

二、典型地区国有资本经营预算进展

（一）上海市的国有资本经营预算与产业结构调整

上海市是第一批开展国有资本经营预算的试点地区。1996年上海市就开始了国有资本经营预算的研究，并在70多家企业集团和40多家授权经营的公司施行企业预算管理。到2002年中共十六大召开并提出国有资本经营预算管理时，上海市基本实现了企业预算管理。2003年《上海市国有资产营运机构国有资产经营预算管理办法（试行）》颁布，上海市国有资本经营预算有了法律上的依据。到了2004年，上海市国资委选择了11家企业实施国有资本经营预算的试点工作。2005年《上海市国有资产收益收缴管理试行办法》颁布，国有资本经营预算试点单位扩大至20家。2006年以后，国有资本经营预算在"两级管理，三个体系，三个层次"的管理体制框架下全面铺开。

在2007年国务院下发《国务院关于试行国有资本经营预算的意见》后，上海市重新梳理了国有资本经营预算的管理制度，并在2010年出台了《上海市市本级国有资本经营预算试行办法》与《上海市企业国有资本经营收益收缴管理试行办法》，2013年中共十八届三中全会为上海市的国有资本经营预算指明了方向，2013年12月出台了《上海市委上海市政府关于进一步深化上海国资改革促进企业发展的意见》，明确指出逐步提高国有资本收益上缴比例，到2020年不低于百分之三十。自此上海市的国有资本经营预算工作继续稳步开展。

在国有资本经营收益的支出和使用方面，上海市不断创新国有股权收益调控机制，发挥国有资本引领带动作用。比如，围绕重点项目，通过统筹调配企业收入、合理配置，全力推进重点项目建设，确保重点项目落实。再比如，围绕产业优化，通过国有资本的配置，引领区域产业能级提升等。长期以来，上海市国有资本经营收益的支出力求能够做到增强政府宏观调控能力，改善企业收入分配状况，切实推动国有经济布局和结构的战略性调整。比如，2013 年上海市的部分国有资本支出主要用于中小企业孵化基地、游艇基地水闸工程、生物医药基地三期、西渡公交管理站和"上海之鱼"市政基础设施等重大项目。

2013 年中共十八大之后，上海市于 2013 年 12 月出台了《上海市委上海市政府关于进一步深化上海国资改革促进企业发展的意见》，明确提出将着力优化国有资本布局结构。坚持"进而有为、退而有序"，采取多种方式优化国有资本布局结构，把更多国有资本集中到关系国计民生的重要行业和关键领域，深化开放性市场化重组、发展混合所有制经济、用好国有资本流动平台。同时，提出健全国有资本收益保障机制，使得国有资本收益原则上按照产业调整发展、基础设施建设、民生社会保障各三分之一安排支出。

（二）深圳市的国有资本经营预算与产业结构调整

深圳市也属于我国第一批开展国有资本经营预算试点的地区。1987 年，深圳市就成立了专门负责国企产权管理和运营的深圳市投资管理公司，开创了收缴国企利润的先河。从 1995 年开始，深圳市开展国有资本经营预算的试编工作，并出台了《深圳经济特区国有资产管理暂行条例》，将国有资产收益预算制度确立了下来。1996 年，深圳市成立了三家资本经营公司，从而带来了互促互进的竞争局面。1998 年，深圳市进行国有资本经营预算的编制，从而逐步促进了资本经营公司职能的完善。2004 年，深圳市通过设立国资委取代了三家资本经营公司，充当了国有资产预算编制主体的角色。2005 年后，深圳市先后出台了《深圳市属国有企业国有资产收益管理暂行规定》和《深圳市属国有企业全面预算管理工作指引》，对国有资本经营预算的诸多内容做了明确的规定。

在 2007 年国务院下发《国务院关于试行国有资本经营预算的意见》以及 2009 年《广东省省级国有资本经营预算试行办法》后，深圳市针对国有资产监督管理制度建设的不足之处，按照有关法律法规及上级文件的要求，从规范管理、加强监督的大局出发，不断加强相关制度建设，规范国有资产监督管理。2012 年深圳市出台了《深圳市属国有企业全面预算管理工作指引（2012 年修订）》进一步推动了企业全面预算管理，促进企业提升经营管理水平，督促和引导企业切实建立以预算目标为中心的各级责任体系，完善企业内部控制机制。目前深圳国有资本经营预算管理体制较好地实现了政企分开、社会公共管理职能与国有资产出资人职能分离，更好地发挥了资金集中使用效应，显现出制度完备、程序规范、监管到位、财务核算体系完整的特点。

深圳市国有资本收益的管理水平和支持民生力度一直走在全国前列，通过不断规范管理体系、加强利润收缴管理、合理安排收益支出，形成了完善的预算编制、审批、执行和监督体系，利润收缴实现全覆盖、比例全国最高，充分发挥了国有资本收益在完善城市功能、改善民生和支持支柱产业发展、保障国有资本控制力及国有企业经济平稳运行的作用。此外，在国有资本经营收益的支出和使用方面，深圳市还通过产业发展和资本运作打造优势企业，推动市属国有企业可持续发展。深圳市依靠国有资本经营预算推动产业发展，比如，开展盐田港、地铁、水务以及深圳国际等市属国有企业战略规划修订，促进企业战略规划的有效执行；大力推动重大项目建设，为企业长远发展提供支撑；推动农产品、燃气集团、水务集团和能源集团等优势企业在巩固本地市场的同时，稳健地"走出去"发展，有效实施产业扩张。

第三节　国有资本经营预算对推进产业均衡发展的作用

一、国有资本经营预算可以用于改善产业结构

国有资本经营收益可以用于财政的资本性投资，财政的资本性投资是影响产业发展的直接因素。财政的资本性投资往哪个部分投的多，哪个部分发展速度就会加快。比如，改革开放前，财政的资本性投资更多的投向重工业部门，重工业部门的发展速度迅猛。从中央层面来看，目前国有资本经营收益的很大一部分主要用于调整国有经济和产业结构，比如，2011 年中央国有资本经营收益用于国有经济和产业结构调整的支出为495.5 亿元，2012 年用于国有经济和产业结构调整支出 133 亿元，2013 年用于国有经济结构调整的支出为 379.88 亿元，2014年用于国有经济结构调整支出 615.1 亿元，用于重点支持以优化产业结构和资本布局为主攻方向的重大结构性调整。从地方层面来看，上海市也依靠国有资本经营收益推动中小企业孵化基地、游艇基地水闸工程、生物医药基地三期等优先发展的产业。

二、国有资本经营预算可以用于支持重点领域发展

国有资本经营预算具有扶持基金的性质，可以用来支持新兴产业的发展，特别是国家"十二五"规划指出的战略性新兴

产业。从近三年的统计数据来看，2011 年中央国有资本经营预算中用于新兴产业发展的支出为 45 亿元，包括教育部、文化部等预算单位产业发展支出 35 亿元，新疆生产建设兵团产业发展资金支出 10 亿元。2012 年用于新兴产业发展的支出 45 亿元，主要用于支持文化、新型农业等相关产业的发展。2013 年用于重点项目的支出 336.12 亿元，包括支持中央企业涉及国家安全、国家核心竞争力和综合国力等具有国家战略意义的重大项目支出。2014 年用于重点项目支出 374.76 亿元，用于重点支持提升国家竞争力和综合国力等涉及国家战略、国家安全方面的重大项目。国有资本经营预算对重点领域的支出，极大地促进了这些领域的发展。

三、国有资本经营预算可以用于提高科技创新

随着知识经济时代的到来，科学技术对经济的贡献越来越突出。当前，山西省经济发展方式相对粗放，需要依靠创新来驱动新一轮的经济增长，科学技术对经济发展至关重要。目前，山西省科技创新存在不少问题，表现在科技创新体制制约着科技创新的步伐。国有资本经营预算对科技创新的投入，是科技创新财政体制本身的创新，有助于发挥财政投入对科技创新的引导作用。比如，2009 年财政部印发了《中央国有资本经营预算重大技术创新及产业化资金管理办法》的通知，将部分中央国有资本经营预算用于支持中央企业围绕国家有关重点技术研发任务，提高技术创新能力以及开展重大技术创新与产业化研发活动的专项资金。2010 年财政部再次进行修订，随后颁布了《中央国有资本经营预算重大技术创新及产业化资金管理办法》（财企〔2010〕153 号）。2013 年财政部颁布了《中央国有资本经营预算重点产业转型升级与发展资金管理办法》，进一步对关

系国家战略的重点产业给予优先支持。

四、国有资本经营预算可以用于节能减排和产业升级

中共十八届三中全会决定指出：紧紧围绕建设美丽中国，深化生态文明体制改革，加快建立生态文明制度，健全国土空间开发、资源节约利用、生态环境保护的体制机制，推动形成人与自然和谐发展现代化建设新格局。提出了健全自然资源资产产权制度和用途管制制度，未来要实行资源有偿使用制度和生态补偿制度。在以市场手段为主导促进企业节能减排和产业升级的同时，还可以辅以国家财政补贴的手段，其中国有资本经营预算就是重要的财政手段。比如，在2011年国有资本经营收益中用于中央企业重大节能减排项目的支出35亿元，主要用于支持中央企业节能减排工作。2012年用于中央企业重大节能减排项目的支出80亿元。2013年用于产业升级与发展的支出176.76亿元，包括用于落实"十二五"规划节能减排目标任务，支持中央企业节能减排工作，支持中央企业内部产业整合等。2013年财政部颁布的《中央国有资本经营预算重点产业转型升级与发展资金管理办法》，除了优先支持科技创新项目之外，还优先支持产业升级项目。

五、国有资本经营预算可以用于国有企业转型脱困

中共十八届三中全会决定指出紧紧围绕使市场在资源配置中起决定性作用深化经济体制改革，处理好政府和市场的关系，使市场在资源配置中起决定性作用和更好发挥政府作用。优胜劣汰的市场机制和追求资本最大限度增值企业目标，越来越成为资源配置的原动力。经过多年的国有企业改革，我国的国有

企业仍面临着很多问题，很多效率低下的企业面临着严重的转型脱困的难题。中共十八大提出完善国有资产管理体制，以管资本为主，加强国有资产监管，改革国有资本授权经营体制。国有资本经营预算可以向关系国家安全、国民经济命脉的重要行业和关键领域的国有企业倾斜，用于这些国有企业的转型脱困。比如，在2011年国有资本经营收益中用于中央企业改革脱困补助的支出30.5亿元，包括用于支持企业改革脱困，帮助企业解决改革中的重点难点问题等。2012年用于中央企业改革脱困补助的支出225亿元。

第四节 完善山西省国有资本预算调控机制的基本思路与政策措施

一、完善山西省国有资本预算调控机制的基本思路

2013年召开的中共十八届三中全会描绘了我国未来的改革蓝图，尤其是对未来国有企业改革指明了方向。中共十八届三中全会《决定》指出：经济体制改革是全面深化改革的重点，核心问题是处理好政府和市场的关系，使市场在资源配置中起决定性作用和更好发挥政府作用。在坚持和完善基本经济制度方面，中共十八届三中全会提出了积极发展混合所有制经济，准确界定不同国有企业功能，以管资本为主加强国有资产监管完善国有资产管理体制，改革国有资本授权经营体制，组建若干国有资本运营公司，支持有条件的国有企业改组为国有资本投资公司。中共十八届三中全会还提出划转部分国有资本充实社会保障基金，完善国有资本经营预算制度，提高国有资本收

益上缴公共财政比例，2020 年提高到 30%，更多用于保障和改善民生。

按照中共十八届三中全会精神，山西省要全面深化国有经济改革，以国有企业改革为突破口，构造产业协调发展机制，实现山西省资源型产业与非资源型产业的均衡发展。从某种意义上，山西省国有企业改革滞后与山西省依赖资源型产业的经济结构是有相关性的。借中共十八届三中全会之"东风"，积极推进国有企业改革，不仅是国有经济自身发展的需要，也是构建山西省资源型产业与非资源型产业均衡发展机制的当务之急。完善山西省国有资本经营预算调控机制，要在对国有经济进行战略分类，积极发展混合所有制，引导国有资本与民间资源、外商投资组建多种所有制形式企业的同时，改革国有资本授权经营体制，组建若干国有资本运营公司，并支持有条件的国有企业改组为国有资本投资公司。在山西省构建"三层、三类全覆盖"的国有经济管理新体制（国有经济管理部门、国有资本投资公司与国有资本运营公司、国有企业"三层"，公共政策性、特定功能性和一般商业性"三类"）。而后依据"三层、三类全覆盖"国有经济管理新体制对国有资本经营预算体制进行改革。

在国有资本经营预算制度运行机制的构建上，基于国有经济管理部门、国有资本投资公司与国有资本运营公司、国有企业的"三层架构"，强化人大的作用，弥补政府监督的疏漏，构建合理的出资人代表制度。在最基层是执行国有资本经营预算的国有企业，在中间层是衔接国有经济管理部门与国有企业的国有资本投资公司和国有资本运营公司，在最高层是国有经济管理部门，此外国有经济管理部门还要受到人大和政府的管理和监督。组建若干国有资本运营公司，主要是有步骤地将山西省经济建设投资公司、山西省国有资产投资控股集团有限公司、山西省经贸投资控股集团有限公司、山西省投资集团有限公司改组为战略性、综合型的国有资本投资公司，建立健全进退有序、流转顺畅的国有资本运营体系，以国有资本运行为"抓手"，引导非国有煤炭企业将利润的一定比例投向非资源型产业，重点建设基础设施、公用事业、金融服务和社会事业等领域。

"三类架构"的国有资本经营预算的具体分类改革与国有资本经营预算管理如表9-6所示，依据股权结构、产业特征、发展阶段，明确功能定位，对竞争类、功能类、公共服务类企业，实施分类管理，动态调整，并针对不同类型的国有企业实施差别化的国有资本经营预算制度。

表9-6　国有企业的分类改革与治理

治理特征 / 企业类型	功能定位	适用法律	股权结构	资本预算管理	激励机制
公共服务性企业	弥补市场缺陷、完全以是否完成政府赋予的具体政策目标为核心考核指标的"公共政策"导向	针对企业的单独立法	国有独资	严格成本预算管理，免除上缴收益	以行政化激励措施为主
特定功能性企业	多处于自然垄断性行业，具有特定业务，旨在发挥在国民经济中的主导作用	专门针对其具体功能的管制法规	混合所有制，国有绝对控股的多元化	在履行特殊功能前提下追求股权投资收益，根据垄断程度确定收益上缴比例	以市场化激励为主，适当采取行政化激励

治理特征 企业类型	功能定位	适用法律	股权结构	资本预算管理	激励机制
一般商业性企业	以国有资产保值增值为核心考核指标的"市场盈利"导向	公司法	混合所有制，国有相对控股多元化	股东享受股权投资收益，根据行业平均收益率确定收益上缴比例	完全市场化激励措施，包括股权激励等

资料来源：笔者整理。

完善山西省国有资本预算调控机制，首先需要完善所有制结构，积极发展混合所有制经济，引导国有资本与民间资源、外商投资组建多种所有制形式的现代企业。其次要加快推进政企分开，转变国有企业监管思路，创新完善监管方式，强化出资人责任，变管企业为管资本，做好资产收益监管、经营者选择，建设性地参与重大决策，督促国有企业信息公开，践行社会责任。最后还要优化国有企业法人治理结构，建立完善市场化导向的选人用人和管理机制，推行国有企业领导人员任期制契约化管理，改革国有企业激励约束分配制度，一方面促使国有煤炭企业收入分配进一步向一线矿工倾斜；另一方面创新股权激励方案、激励基金计划，探索市场化收益提成奖励，对承担高新技术项目、战略性新兴产业项目的国有投资公司和国有创投企业，实行有效激励。

二、完善山西省国有资本预算调控机制的政策措施

（一）明确国有资本经营预算与其他政府预算之间的关系

《国务院关于试行国有资本经营预算的意见》和《山西省人

民政府关于试行国有资本经营预算的意见》明确指出，财政部门为国有资本经营预算的主管部门，国有资产监管机构以及其他有国有企业监管职能的部门和单位，为国有资本经营预算单位。国有资本经营预算收入由财政部门、国有资产监管机构收取、组织上缴。国有资本经营预算资金支出，由企业在经批准的预算范围内提出申请，报经财政部门审核后，按照财政国库管理制度的有关规定，直接拨付使用单位。而且具体的支出范围依据国家宏观经济政策以及不同时期国有企业改革和发展的任务，统筹安排确定。必要时可部分用于社会保障等项支出。

从以上制度规定来看，国有资本经营预算与其他政府预算基本都是由财政部门负责收支管理，国有资本经营收益有多大比例用于社会保障等其他政府预算支出，还没有确定的说法。中共十八届三中全会决定只是指出划转部分国有资本充实社会保障基金，也没有确定的说法。在山西省国家资源型经济转型综合配套改革试验区建设的背景下，针对山西省国有资本经营预算的进展情况，非常有必要基于山西省国有企业改革和发展的任务，出台相关制度和文件明确国有资本经营预算与其他政府预算之间的关系。从而确保国有资本经营预算支出，能够优先安排在促进山西省资源型产业和非资源型产业均衡发展的领域。

（二）完善山西省国有资本经营预算的产业均衡发展支出制度

山西省国有资本经营预算工作需要多个部门的共同参与，是一项复杂的系统工程。要实现多个部门之间的协同运作，使信息在各个部门之间有效流动，需要细致、周全的制度安排。目前，山西省国有资本经营预算制度的法律基础和依据，主要是《国务院关于试行国有资本经营预算的意见》、《中华人民共和国预算法实施条例》、《中华人民共和国企业国有资产法》、

《山西省人民政府关于试行国有资本经营预算的意见》、《山西省人民政府办公厅关于印发省级企业国有资本收益收取管理暂行办法的通知》、《山西省级国有资本经营预算支出管理办法》，明确了预算支出的原则和范围。这些制度和文件对推动山西省国有资本经营预算工作起到很大的积极作用，但要更好地发挥国有资本经营预算在资源型产业和非资源型产业均衡发展中的作用，还需要在国有资本经营预算支出方面建立更具体的产业均衡发展支出制度。

（三）利用国有资本经营收益设立产业均衡发展投资公司

中共十八届三中全会《决定》指出要完善国有资产管理体制，以管资本为主加强国有资产监管，改革国有资本授权经营体制，组建若干国有资本运营公司，支持有条件的国有企业改组为国有资本投资公司。山西省从资源型产业向非资源型产业的转型，除了要依靠能源型企业自身的转型升级之外，还需要发挥政府的作用。在市场配置资源的决定性作用前提下，政府可以将部分国有资本经营收益投资到非资源型产业。这就有必要按照中共十八届三中全会组建若干国有资本运营公司的精神，设立山西省产业均衡发展投资公司。产业均衡发展投资公司定位于推动山西省产业均衡发展，公司的投资聚焦在优先发展的非资源型产业、基础设施和生态环境等领域。实际上，在2010年3月，上海市就设立了国有资本管理有限公司，用于服务经济社会发展、优化国有资本布局结构、完善国有资本管理体制机制，从而建立健全进退有序、流转顺畅的国资运营体系，充分发挥国有资本集中力量办大事的优势。

（四）建立山西省国有资本预算的评价与监督机制

国有资本经营预算的评价与监督，对国有资本经营预算的实施效果起着至关重要的作用。国有资本经营预算的每个参与主体都会有"经济人"行为，要有效避免各个参与主体自利的"经济人"行为，有必要采取必要的激励机制。有关国有资本经营预算的科学、合理的考核标准和考核程序，有助于对实现预期目标的参与主体实施奖励，对未实现预期目标的参与者实施惩罚。此外，合理有效的国有资本经营预算监督机制也能避免各个参与主体自利的"经济人"行为。国有资本经营预算的监督可以从事前监督、事中监督和事后监督三个阶段展开。自从山西省国有资本经营预算工作开展以来，有关国有资本经营预算的评价制度和监督机制尚不完善，在国有资本收益用于资源型产业和非资源型产业均衡发展方面的评价和监督机制更是欠缺。完善山西省国有资本预算调控机制，有必要从建立山西省国有资本预算的评价与监督机制着手。

（五）建立国有资本收益上缴比例差别化提升制度

山西省国有资本年度净利润的上缴比例分为三档：第一类10%；第二类5%；第三类个别特殊行业企业暂缓上缴或者免缴。上缴比例的差别化确定已经是山西省产业均衡发展的促进措施。中共十八届三中全会指出，到2020年国有资本收益上缴比例达到30%，而目前山西省的上缴比例距离中共十八届三中全会的要求还比较远，未来山西省还需要逐步提高国有资本的上缴比例。在山西省国家资源型经济转型综合配套改革试验区建设的背景下，山西省需要利用国有资本收益促使资源型产业和非资源型产业均衡发展。在国有资本收益上缴比例提升的具体操作中，一方面可以先提高资源型产业的国有资本上缴比例，滞后或者不提高非资源产业的国有资本上缴比例；另一方面还可以提高资源型业务的国有资本收益上缴比例，滞后或者不提高非资源业务的国有资本上缴比例。

参考文献

［1］丁传斌．地方国有资本运营法制探索［D］．华东政法大学博士学位论文，2014.

［2］黄群慧，黄速建．论新时期全面深化国有经济改革重大任务［J］．中国工业经济，2014（9）.

［3］世界银行．国有企业分红：分多少？分给谁？［J］．中国投资，2006（4）.

［4］余菁．转型中的中国国有企业制度［M］．北京：经济管理出版社，2014.

［5］张春霖．有效约束，充分自主：中国国有企业分红政策进一步改革的方向［M］．北京：世界银行，2010.

第十章　山西省产业均衡发展的总体思路与政策措施

　　山西省经济发展长期高度依赖资源型产业，发展方式相对粗放，加之资源性产品价格形成机制不合理，导致资金、技术、劳动力、土地等生产要素过度配置到资源型产业，造成产业发展严重失衡。实施"综合改革试验"以来，山西省不断创新投入机制，加快产业转型升级，非煤制造业投资增长较快，"以煤为基、多元发展"取得积极成效。但也应该看到，山西省长期形成的"资源诅咒"抑制了非资源优势释放，"一煤独大"的产业结构难以从根本上扭转。当前，山西省实现产业均衡发展面临着新的机遇和挑战。从外部环境来看，世界范围内新工业革命正在兴起，低碳、绿色发展成为大势所趋，煤炭等化石能源清洁利用的压力增大。从国内形势来看，全国经济增长进入换挡期，山西经济也由高速增长的黄金期转入平缓增长的调整期。同时，工业化和城镇化持续推进、东部地区加快产业转移、中央做出全面深化改革的决定，为山西省产业均衡发展带来重大契机。

本章在以上各章机制创新研究的基础上，提出实现山西省资源型产业与非资源型产业均衡发展的指导思想、基本原则、总体任务、推进路径和保障措施。

第一节　指导思想与总体任务

一、指导思想

高举中国特色社会主义伟大旗帜，以马克思列宁主义、毛泽东思想、邓小平理论、"三个代表"重要思想、科学发展观为指导，深入贯彻中共十八届三中全会精神，落实《山西省国家资源型经济转型综合配套改革试验总体方案》，以改革促创新，以创新谋突破，先行先试，敢闯敢试，建立完善生产要素在资源型产业与非资源型产业之间合理流动、有效配置、动态均衡的新机制，不断激发劳动、知识、技术、管理、资本的发展活力，加快构建结构优化、新型多元的现代产业体系，努力打造资源经济成功转型的"山西模式"。

二、基本原则

——坚持立足改革、锐意改革、全面深化改革，以改革促创新，以创新谋突破。着力冲破资源优势陷阱，打破资源自循环的固有机制和路径依赖，扫除生产要素跨行业、跨地区流动整合的体制机制障碍。统筹部署，降低改革成本，增强改革的系统性、整体性、协同性。

——坚持发挥市场在资源配置中的决定性作用，完善市场规则，维护市场秩序。充分利用价格、税收等市场化政策工具，引导各类市场主体积极参与资源型产业提升改造和非资源型产业培育发展，鼓励不同所有制企业开展公平竞争，实现要素配置的效益最大化和效率最优化。

——坚持转变政府职能，建设有为政府，积极发挥政府的监督引导作用。创新服务模式，下放审批权限，简化行政程序，提高公共服务质量和效率。加强市场监管，弥补市场失灵，为实现产业均衡发展营造良好的行政环境。

——坚持自我发展与国家支持相结合，既要发掘自身优势，又要积极争取、用足用好国家政策和资金援助。学习借鉴国内外转型发展的先进经验，不断增强自我发展能力和"造血"机能，重塑区位优势，提升山西经济对高端要素的吸引力和能聚力。以综改实验为契机和平台，主动寻求国家对山西先行先试的政策扶持和资金投入，不断扩展均衡发展的政策支撑。

三、总体任务

(一) 科技创新驱动，塑造产业核心竞争力

依托省内重点科研机构和大型煤炭企业，全面提升煤炭开采、回采技术，着力突破新型煤化工及其产业化技术，以技术改造引领资源型产业转型。

构建以产、学、研合作为基础的科技创新体系和以技术服务为主体的科技服务体系，重点扶持建设生产力促进中心，夯实接续替代产业发展的技术基础。

加大投入，在三次产业各领域广泛推广应用先进技术，加快电子商务等新型商业模式创新推广，用信息化改造、提升传统产业。

进一步突出企业的创新主体地位，组建、参与多种形式的技术战略联盟，促进企业之间、企业与大学和科研院所之间的知识流动和技术转移。

以核心园区、核心企业为依托，引进、建设若干具有国际先进水平的研发中心、专业孵化器、风险投资机构，创立集研究开发、技术支持与推广、信息咨询、人才培训等功能于一体的产业共性技术创新中心，强化科技资源的集聚能力。

与国内外研发机构开展多种形式合作，推进煤炭开采、煤化工、新能源、装备制造、文化创意等领域最新研究成果在山西落地转化，形成"研发在外，应用在内，内外互动，合作共赢"的高端科技要素配置新格局。

（二）立足资源优势，提升并改造资源型产业

以煤为基。以中共十八届三中全会精神为指导，配合资源性产品价格改革进程，进一步完善资源型产业的税收征管制度，促使资源型企业调整成本结构，巩固、提升"以煤为基"的产业格局。

深化改革。加快推进煤炭等矿产资源矿业权市场化，深化煤炭资源税和环境保护税改革。在清费立税的基础上，推动煤炭资源税从价计征改革。编制煤炭等自然资源负债表，完善煤炭资源开发利用的动态评估体系和监管制度。以抓好低热值煤发电审批、煤炭及煤层气矿权审批、动力煤期货交易三项国家赋权的重大改革事项为契机，落实国家政策，扩宽资源型产业升级改造的投入来源。

技术改造。以"多联产、全循环、高端化"为导向，依托国家和省内重大技改项目，全方位推进煤炭资源和其他矿产资源清洁利用。加大淘汰落后、"关小上大"等量减量替换力度，在煤炭、电力、冶金、焦化等行业，实施碳捕捉、碳封存、碳

利用的技术研发和产业化工程，探索试点高碳产业低碳发展的新模式。

延展产业链。大力发展化工新材料等产业链高端环节，提高资源型产业技术含量。鼓励煤炭企业发展前向和后向连锁的关联项目，在现有技术和业务基础上进行产业链延伸，通过战略联盟，入股、参股等方式，实现纵向一体化发展。

兼并重组。着力探索资源型企业整合的新路子，进一步推进焦化、冶金、电力等行业的产业整合和兼并重组，打破产业边界和所有制边界，组建混合所有制企业，促进资源型企业跨行业、跨地区发展，优化产业组织。

管理创新。引进先进管理理念、方法与手段，克服国有矿企长期存在的经验管理、"人治"管理等突出问题，积极引入基于现代信息技术的生产管理系统，提高对开采过程的计划、组织与控制水平，强化管理标准化。

安全生产与生态修复。将生产安全作为技术改造的重点目标，争取各类资金支持，对存在安全隐患的矿企进行改造，加强教育培训，强化安全监管，切实抓好以煤矿为重点的安全生产工作，减少生态破坏、加快生态修复。

风险控制。建立反映煤炭价格变动趋势、规避价格风险的价格指数体系，及时传导国内外煤炭市场供求关系变化，形成煤炭主产区、主要发运港口、内外贸市场交易价格和长期协议的价格信号，为煤炭企业应对市场变化提供决策参考。

（三）推进产业融合，孕育壮大接续替代产业

构建具有山西特色的现代产业体系。发挥资源优势、土地和劳动力等比较优势，挖掘本地市场潜力，采取自主发育与对外承接相结合的方式，提升延展以资源为基础的产业、壮大劳动密集型产业，培育新兴产业，带动现代服务业。

出资成立重点产业发展基金。依托国有资本金预算，集中力量扶持非资源型产业中优势明显、前景看好的企业和项目，主要用于包括重大产业化项目和技改项目投资补贴、重大技改项目的贷款贴息、技术创新项目培育以及重大项目策划和产业链延伸等前期费用，并对在实现产值、利税、争创名牌、科技成果转化、循环经济等方面做出贡献的工业企业、科技人员和经营者进行表彰奖励。

实施"双创"（创新和创业）工程。根据产业均衡发展需要，设立山西省科技发展重大专项，以政府资金带动社会投入，破解山西省重点产业发展的重大技术"瓶颈"和关键共性技术。以商业模式创新带动产业创新，大力发展和推广以云计算、大数据和移动互联网为代表的新一代信息技术，以信息技术推动产业融合，促进制造业和服务业的研发设计方式、生产组织方式、用户交互方式和产品营销方式的全面变革与竞争力提升。设立产业转型升级引导基金，推进省内国有资源型大企业和民营资源开采企业进入非资源型产业领域。设立中小微企业发展基金，鼓励科研人员、管理人员、高校毕业生和外出务工人员等社会各界人士创办企业。

优化产业布局。探索资源跨省区优化配置的新模式和收益共享新机制，积极参与高成长性产业的空间组织体系重构，形成研发、交易、会展、商务等核心环节依托首都经济圈，组装集成、零部件制造、物流运作外围分布的区域分工体系，打造融合配套、错位分工、优势互补的产业集聚与竞争格局，努力成为华北地区乃至全国产业发展的新生力量和特色板块。

（四）大力发展循环经济，打造促进产业均衡发展的山西循环经济新模式

落实《综改方案》和《实施计划》，借鉴国内外先进模式，创新循环经济理念，以提高资源生产率和减少废物排放为目标，以技术创新和制度创新为动力，充分发挥市场的决定性作用，做好煤的清洁利用这篇大文章，以循环经济带动煤炭清洁利用，支撑资源经济转型，推进产业均衡发展，努力走出一条充分体现山西特色和优势的循环经济发展新路子。

强化企业循环经济主体地位。引导企业自循环，拓宽内部市场，紧密连接矿区内部各环节，不同产业之间有机配置，建立完善立体化、网络化的循环经济体系。加强循环衔接能力配套，合理设置物流程序，最大限度地满足零排放要求，做到末端废弃物"吃干榨尽"。

以项目带动发展循环经济。建立循环经济指标体系，使循环经济指标作为投资建设项目环保准入"一票否决"的依据，对体现"全循环、抓高端、多联产"理念的优势产业和新兴产业项目大开"绿灯"，建立循环经济重大项目"绿色通道"，实行"一对一"、全方位的循环经济服务模式。

建设特色循环经济园区。以朔州市开展国家工业固体废弃物综合利用基地建设试点为契机，按照循环经济原则对工业园区进行再规划和提升改造，加快实现"园区循环化、循环扩大化"。围绕煤的清洁利用主题，建设一批特色循环经济园区，通过产业聚集、产业耦合、产业链延伸，在园区企业之间实现能量、物质的合理高效转换，增强特色园区的强大辐射作用。

实施山西特色循环经济模式宣传工程。及时总结循环经济发展的积极进展和成就，提炼循环经济发展的"山西特色"，大力开展形式多样的节约资源和保护环境宣传活动，提高政府、企业、机构对发展循环经济重大意义的认识，引导合理消费，逐步形成节约资源、保护环境的生产生活方式。

第二节 机制创新与推进路径

实现资源型产业与非资源型产业均衡发展，是山西省综改实验的关键步骤和核心任务，而产业均衡发展的过程实际上是要素再配置的过程。针对山西省产业发展现状和存在的突出问题，全面深化改革与加快机制创新并举，建立并完善要素再配置机制、煤炭等矿产资源收益合理共享机制、矿产资源有偿使用机制、衰退产业退出援助机制、国有资本金预算机制，通过对资源型产业的各类生产要素重新定价，改变要素流向和收益预期，进而使山西省不同要素优势得以充分释放。

一、产业均衡发展的机制创新

（一）着力形成要素再配置机制

要素再配置是实现山西省资源型产业与非资源型产业均衡发展的关键，建立要素再配置机制要根据综改方案和山西省产业发展目标，在对实现产业均衡发展所需资金、土地、技术、劳动力等各类生产要素的供给条件和实际需求进行科学测算的基础上，充分发挥市场机制的决定性作用，综合运用科技政策、财税政策、土地政策、产业政策、投融资政策、环保政策，以价格、税收为杠杆，撬动、扭转资金、土地、技术、劳动力等要素的流向，将过度集聚在资源型产业素有序、有效地引入接续替代产业，进而形成要素优化配置、动态均衡的新局面。

在产业均衡发展的不同阶段，要素再配置机制的着力点应有所差别。现阶段再配置机制建设要以深化资源税和资源性产

303

品价格形成机制改革为契机，加快资源型企业环境成本、生态修复、安全生产、社会责任支出内部化，完善矿企成本结构，从而引导资源型行业投资回报的合理预期，构建要素在资源型产业与非资源型产业之间无障碍流动的管道，降低进而消解资源经济依赖产生的"挤出效应"。

在此基础上，要素再配置机制要着眼于产业高端化发展，逐步扩大各类生产要素的供给规模和质量，不断提升均衡发展的总体水平和可持续性。一要扩大资金供给，逐步将山西民间蓄积的大量资金纳入市场化、规范化的金融主体，充实非资源型项目特别是战略性新兴产业的资金供给。二要拓展技术供给，引入风险投资机制，探索新兴产业和前沿技术，储备经济新增长点，加快山西省产业结构高度化步伐。三要提升劳动力供给，一方面引进和培养重点接续替代产业的高素质人才；另一方面为进城农民工和老旧矿区职工提供适用的就业和转岗培训，不断提高接续替代产业劳动力技能匹配度。

（二）创新和完善煤炭等矿产资源收益合理共享机制

矿产资源收益合理共享机制是通过制度设计，在矿产资源开采利用过程中的相关利益主体之间，包括代表国家行使矿产资源所有权的中央政府、作为矿业活动参与者和实践者的地方政府、行使矿产资源使用权的矿业权人、从事矿产资源勘查开发的服务机构、创造收益的矿业职工、受矿业活动影响的矿区居民，建立合理的收益分配关系，使得相关利益主体共享矿业权收益、矿产资源补偿费、资源税等收益，从而进一步强化资源开发利用成本内部化，改善煤炭等矿产资源的收益分配格局，进而引导资源型产业中的各类要素及其主体获得合理的回报。

首先，理顺煤炭资源收益各分配主体之间的利益关系。遵循产权明晰、分之有据、制度约束、比例合理的原则，平衡政府、企业、职工、居民等不同利益主体的多元化需求，促使收益分配主体报酬和补偿市场化、合理化，夯实"以煤为基"的基础。其次，尽快调整完善矿产资源补偿费征收制度。将补偿费征收与资源储量消耗挂钩，与资源利用效率挂钩，按照国家产业政策，根据矿产品供求关系，实行补偿费率的动态调整，调节矿产资源开发的收益分配，促进矿企提高矿产资源综合利用率。最后，建立资源属地利益补偿机制，完善煤炭资源补偿费支出结构。实行属地征收、就地入库，煤炭资源开发征收的各项税费，地方分享的部分（如所得税的40%）按照属地征收的原则就地入库，全额留归煤炭资源开发地县、乡政府支配。扩大地方资源补偿费留成比例，增加中央政府对资源属地政府以及居民的经济补偿，明确地方分成所得要重点向资源原产地县、乡倾斜，促进资源开发地区可持续发展。中央所得的资源补偿费要向资源开发地区倾斜，地方所得要用于煤炭资源的勘查、开发、保护和改善人民群众生产条件。

（三）深化改革矿产资源有偿使用机制

矿产资源有偿使用，有利于煤炭等资源型企业合理负担资源成本，促使资源性产品价格真实反映其价值，从而使资源型企业收益合理化。为此，应充分借鉴国内外矿产资源有偿使用制度，深入总结临汾等典型资源经济地区煤炭等矿产资源有偿获得开发利用体制机制改革的经验，山西省综改办与"省政府推进煤炭资源整合和有偿使用领导组"办公室协同配合，坚持保护环境、节约资源与促进煤炭工业健康发展并举，以深化煤炭资源探矿权、采矿权有偿取得和建立煤炭资源勘查、开发合理成本负担制度为核心，相应调整煤炭资源税费政策，逐步完善矿产资源有偿使用机制，促进煤炭资源合理、有序开发，带动资源型产业提升、改造。

以深化改革带动矿产资源有偿使用机制完善，一要规范矿产资源税费征收，稳妥对现行各种矿产资源税费进行适当分类、归并和优化，明确征收主体。对于那些先征后返的专项资金，可试点将管理权限下放到地市或县级财政部门。二要加强资源折价入股的国有股份管理。在条件较好的地区先行试点，将原来折价入股的国有股份从地方国有矿企的托管中剥离出来，由国有资产管理公司负责资产经营，所得收益扣除必要的成本和绩效补偿，统一上缴财政。三要合理分配资源有偿利用的收益。降低中央在资源有偿使用收益的分成比例，相应提高县级财政的分成比例，尽可能实现事权与财权相对匹配。改进现行企业专项经费计提管理办法，采用弹性计提方式，根据行业形势灵活调整计提比例。四要探索矿区生态环境产业化治理模式。本着"谁治理，谁收益"的原则，引入社会资本参与矿区生态环境治理，从中分享矿产资源有偿利用的收益和生态恢复之后的部分收益。

（四）探索实施衰退产业退出援助机制

衰退产业平稳有序退出是资源型经济成功转型的有力保障，是推进资源型经济治理体系和治理能力现代化的重要措施。《山西省综改方案》提出要把"建立衰退产业援助机制，保障资源枯竭企业平稳退出"作为"创新完善产业转型促进机制"的重要抓手。为此，要坚持有为政府与有效市场相结合、自力更生与国家支持相结合、整体推进与重点突破相结合、效率优先与以人为本相结合、促"退"与转"进"相结合的原则，借鉴国内外典型资源型经济区衰退产业退出援助的成功经验，构建山西省衰退产业退出援助的政策体系。

算好衰退产业援助的"经济账"。确立涵盖实施成本和风险成本的援助目标，合理补偿衰退产业中的国有企业关闭破产所需要的各种费用及其带来的损失、劳动力安置和转移成本、环境治理和生态恢复成本、健全社会保障体系需要支付的成本以及社会安全成本，纠正工作失误所发生的成本费用等，最大限度用好财政资金；充分利用差别化土地政策、社会保障政策、财税政策、金融政策和资源环境政策五大政策工具。依托土地置换、棚户区改造、转岗再就业、生态修复等项目，尽快核销产业衰退地区和企业的历史欠债，积极争取国家扶持和金融机构支持，促使衰退产业退出的转型成本能够尽可能被政策资源所覆盖，提高衰退产业退出的生产要素再利用效率，为实现产业均衡发展提供新的要素支撑；建立预警和动态调整机制。综合考虑各地资源型产业发展的资源条件、开采环境、市场需求等因素，确定其衰退风险的高低，并以绿、黄、红三种颜色确立预警级别，分别施以不同的援助政策。明确援助周期，促使相关企业倒排时间表，最大限度地发挥衰退企业自身的积极性；建立监督检查和问责机制。构建衰退产业退出援助政策监督检查机制，明确监督检查工作的主体、职权、对象、范围等，使法定的权力进入可操作层面，避免出现不敢监督、无法监督和监督失职等现象。

（五）加快建立国有资本金预算机制

以建立并完善国有资本金预算制度为"抓手"，推进山西省国有经济深化改革，通过国有资本经营预算合理支出、市场化运作，促使国有资本金预算成为加强产业调控的重要手段。为此，应尽快出台相关制度和文件，明确山西省国有资本预算与其他政府预算之间的关系，协调财政与国资、政府与企业在国有资本预算中的地位和关系，合理分工，协同配合。

依托国有资本预算，设立山西省产业均衡发展基金。按照中共十八届三中全会组建若干国有资本运营公司的要求，充分发挥国有资本集中力量办大事的优势，促使国有资金预算在实现要素均衡配置、支持重点领域发展、推进重大项目实施、帮扶国有企业脱困等方面发挥积极作用；实施国有资本收益上缴比例差别化举措。根据中共十八届三中全会提出的到 2020 年国有资本收益上缴比例达到 30% 的要求，逐步提高国有资本的上缴比例。同时，合理分类，差别待遇，先行提高资源型产业的国有资本上缴比例，延缓提高非资源产业的国有资本上缴比例。先行提高资源型业务的国有资本收益上缴比例，延缓提高非资源业务的国有资本上缴比例，形成政策时间差，引导国有资源型企业加快自主转型。

创新山西省资源型产业与非资源型产业均衡发展机制，要按照机制建设的一般要求，围绕上述五大机制的要求和内容，坚持市场化的机制建设导向，组织相关部门参与制定、实施和评估，依次推进内容设计、要素构建、整合运行和反馈完善等机制建设程序，确保机制创新效果，加快形成有利于要素合理流动、有效配置、动态均衡的产业发展生态（见图 10－1）。

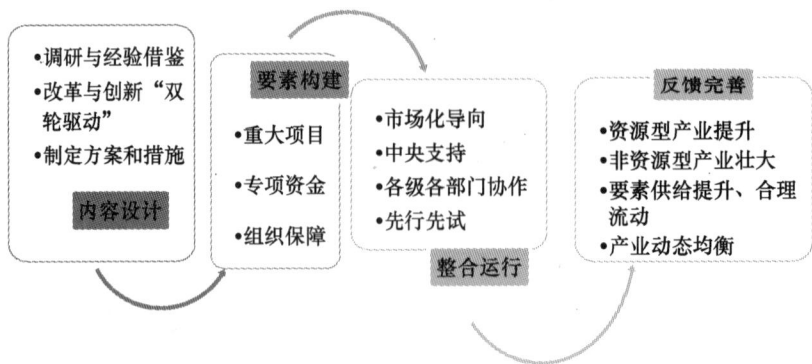

图 10－1　山西省资源型产业与非资源型产业均衡发展机制创新及实现路线图

资料来源：笔者编制。

二、推进路径

根据综改实验的战略目标，山西省实现资源产业与非资源型产业均衡发展要分三步走，用 20 年左右的时间分别迈过历夯实基础、优化结构和跨越提升三个重大阶段。具体而言，"十二五"和"十三五"时期，以"资源整合、机制构建、分类实施"为"抓手"，加强硬件和软件建设，完成产业均衡发展机制创新的内容设计、要素构建和整合运行，重点推进夯实基础和优化结构两个战略步骤。2020 ～ 2030 年，以"创新驱动、全面开放、精耕细作"为着力点，对产业均衡发展机制进行反馈完善，进一步促进资源型产业与非资源型产业融合发展、动态均衡，建立山西省现代产业体系，实现跨越提升（见图 10 – 2）。

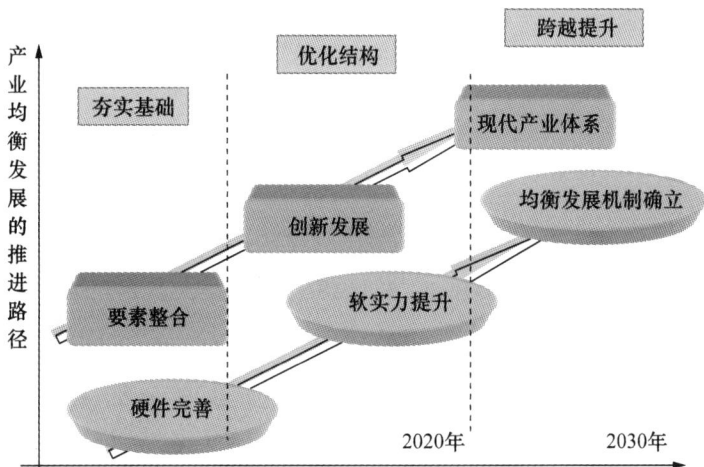

图 10 – 2 山西省资源型产业与非资源型产业均衡发展的推进路径

资料来源：笔者编制。

第三节 主要措施与组织保障

山西省各级各部门要进一步统一思想认识，深入贯彻落实中共十八届三中全会提出的全面深化改革新方向新思路，加强组织领导，完善细化综改方案，创新政府发展产业、监管市场、扶持企业、修复生态、改善民生的方式，在财政、税收、土地、融资、公共服务、人才引进培养、城市建设等方面，打出"组合拳"，多管齐下，打破"瓶颈"，为实现资源型产业与非资源型产业均衡发展出好"先手棋"、当好"服务兵"、做好"稳定器"。

一、主要措施

（一）深化改革：加强国有资本运营，实现国有经济改革重大突破

按照中共十八届三中全会要求，将深化国有经济改革作为推动资源经济转型、实现产业均衡发展的着力点和突破口，大力发展混合所有制经济，引导国有资本与本地民间资本、境外资本、域外资本组建多种所有制形式的现代企业，完善所有制结构，激活产业发展的微观主体。

改革国有资本授权经营体制，组建若干国有资本运营公司。创造条件，用2~3年的时间，有步骤地将山西经济建设投资公司、山西国有资产投资控股集团有限公司、山西经贸投资控股集团有限公司、山西投资集团有限公司等国有企业改组为战略性、综合型的国有资本投资经营公司，建立健全进退有序、流转顺畅的国有资本运营体系，重点加强非资源型接续替代项目

310

的投资运营。

明确定位，分类管理。依据产业特征、发展阶段、股权结构，厘清不同类型国有企业的功能定位，对竞争类、功能类、公共服务类企业，实施分类管理，动态调整。探索兼并重组新模式，以煤炭、焦化行业为重点，加快在竞争性资源领域全面推进混合所有制改革。

建立并完善国有资本金预算制度。以国有资本经营为抓手，强化国有资本金预算的产业调控和资金再配置功能，引导国有煤炭企业将利润的一定比例投向非资源型产业，重点参与基础设施、公用事业、金融服务和社会事业等领域。

优化国有企业法人治理结构。建立完善市场化导向的选人用人机制，推行国有企业领导人员任期制和契约化管理。改革国有企业激励约束分配制度，一方面促使国有煤炭企业收入分配进一步向一线矿工倾斜；另一方面创新股权激励方案、激励基金计划，探索市场化收益提成奖励方式，对承担高新技术项目、战略性新兴产业项目的国有投资公司和国有创投企业，实行多元化的有效激励。

转变国有企业监管思路，创新完善监管方式。进一步加快政企分开，强化出资人责任，变管企业为管资本，做好资产收益监管和经营者选择，有原则、建设性地参与重大决策，督促国有企业信息公开，践行社会责任。

（二）多管齐下：完善政策支撑和配套体系，优化产业发展环境

财税政策和行政收费方面，充分动员现有财力物力，加大支持力度。进一步清费立税，有针对性地提高工业企业增值税地方留成部分先征后返用于扶持接续替代产业的比例，适当延长高质量项目的扶持周期，适度减少行政事业性收费。

土地政策方面，着眼长远，扶持重点。充分利用生态修复、节能减排、退出援助等政策杠杆，实行差别地价，盘活存量，用好工矿废荒地，将土地指标优先供给接续替代产业的优质项目。对已经落户当地的效益不高、带动效果不明显的项目，可通过双向激励方式，促使其提高土地利用率，腾退部分闲置土地。

融资环境方面，主动向金融机构推介优质项目，充分调动本地信贷机构的积极性。鼓励金融机构向其上级金融部门争取更高信贷额度，重点扶持煤炭产业链延展、非煤高技术项目和现代服务业项目。政府拿出部分资金对企业新增贷款给予贴息扶持，改善中小企业融资条件，降低企业融资成本，缓解资金"瓶颈"。

在政府投入机制方面，创新思路，成立重点产业发展基金，促进适合山西未来发展的非资源型产业的创新发展。依照"PPP"（公私合作关系，Public - Private Partnership）的理念，依托国有资本金预算，设立由财政资金、国有资本以及民间资本、金融机构资金等多元化资金来源的股权基金，以政府资金带动社会投入，重点扶持煤炭清洁利用、节能环保、煤炭机械、重型机械、铁路装备、航天装备等高端装备制造、文化旅游、特色农副产品种养加工等有基础、潜力大的产业，投资收益分配适当向社会资源分配，调动各类投资主体的积极性。

（三）内联外开：分类管理，精耕细作，加快、扩大开放

借鉴国内外经验，进一步扩宽开放思路，加快制定实施符合山西省经济和社会发展方向的"负面清单"，对于法律法规规章和国家政策未禁止的、有利于山西省产业均衡发展的事项，鼓励各地、各部门开展改革创新，进一步扩大开放领域。

"引进来"、"走出去"相结合。推进贸易和投资便利化，积极拓展山西省煤炭、冶金等行业的域外、境外发展空间。引进国内外高端要素和多元化投资主体，参与山西省产业均衡发展。

多元化、组合式招商引资。在传统招商方式的基础上，重点采取"以商招商"、"上市引资"、"园区共建"、"联合招商"等方式，进一步优化对外来企业的服务，树立口碑，形成资金圈中的"蝴蝶效应"。采取"以资源开发换产业项目"等方式，支持东部沿海工业园区在山西设立分园，发展"飞地经济"，双方按照一定比例分享收益。

重点加快金融领域开放。支持国内外各类银行在山西省设立分支机构和营业网点，引导民营资本嫁接域外资本，共同投资证券、期货、保险、信托、金融租赁、财务公司等金融机构和投融资业务。大力发展现代金融业态，加快构建促进资源经济转型的金融体系，建立金融高地，带动"晋商金融"服务于产业均衡发展。

分类管理，精耕细作，深化区域合作。立足区位优势，拓展开放空间，强化与京津冀的协作，主动融入环渤海经济圈，积极探索对接长三角、珠三角地区产业转移的机制，加强山西与中西部各省（区）的分工合作，促进跨地区要素流动和资源整合，实现互利共赢。

（四）搭建平台：尽快形成服务网络，提高公共服务水平

加快建设公共技术平台。政府主导推进，加大资金投入，为企业提供共性技术、分析测试、检验检测、创业孵化、技术标准、科技咨询、项目评估等全方位的公共技术服务，降低企业研发测试成本，更好地满足重点产业发展的技术需求。

加快建设面向企业家的培训体系。实施"企业家素质提升工程"，创办开放式晋商学院，提高培训项目的针对性、实用性和适用性，着重加强对新兴产业政策、法律、管理、商业模式、创业辅导等方面的培训服务。

加快建设公共服务体系。不断优化配置各类服务资源，通过政府购买服务等方式，扩大基础性、公益性信息服务供给，逐步建立以政府为主导、协会商会辅助、企业广泛参与的公共服务体系，扩展公共服务范围，提升服务质量。着力培育发展提供各类专业化服务的中介组织，强化政策咨询、信息发布、项目融资、投资引导和项目推介等服务功能。

（五）夯实基础：培养与引进并举，打破人才的"瓶颈"制约

建立并完善人力资源开发利用和引进激励的政策体系。落实吸引人才的有关政策规定，建设与经济发展水平相适应的社会保障体系。加大对科技型、创新型、综合型、专业型等企业和项目所需专业人才的引进与投入，多种渠道地吸引高层次专业人才，加快人力资本的积累。

着力形成与现代产业体系相适应的梯度人才结构。在现有高等学校和中等职业学校增设高端制造业和现代服务业等紧缺专业，改革教学内容和教学方法。开展劳动技能培训、职业上岗培训等多种形式的培训，提高从业人员的职业道德、质量意识、竞争意识和业务水平，增强其就业、创业和适应职业变化的能力。

创新人才使用方式。采取"一事一聘"、"短期合同"等灵活、多样的方式，鼓励招商部门、企业和协会聘用高素质专业人才。实施人才的柔性开放战略，鼓励人才的无障碍流动，促进知识、技术、信息的扩散转移和活力释放。

（六）和谐发展：推进工业化与城镇化，提升产业发展的软实力

扩展产业发展空间。依托资源型产业提升改造，结合老旧矿区改造和资源枯竭城市转型，将产业发展空间与城市空间拓展向融合，进一步明确区域定位，增强现有城市设施和功能，优化产业布局，为产业均衡发展提供空间。

提升城市功能。按照集聚发展、强化辐射的要求，充分考虑城市建设、交通、居住、环境以及社会经济发展趋势等因素，科学划分不同的功能区域，以功能区、集聚区建设为载体，通过城市土地资源集约利用，逐步减少中心城区工业性用地比重。在做大中心城市体量基础上，增强中心城市在金融保险、物流、交通、旅游、商务服务、教育、科技文化、房地产业等行业的影响力和辐射带动力。

加快城乡一体化进程。积极稳妥适时推进县改市、改区步伐，加快组团建设，加强组团对接，实现城乡之间的渐进式双向融合，有效促进城乡在经济、社会、自然、资源的整体协调和空间优化。抓住城市化发展的历史机遇，发挥中心城市资源整合、人口集聚、产业集中、基础设施发达的有利条件，有效扩张城市消费能力，发展规模化、高层次、多元化的服务型都市经济。

加强软实力建设。深度发掘山西省的历史文化底蕴，重振晋商文化，改善市场秩序、社会风气、治安环境，扭转"人才洼地"的局面，为产业均衡发展吸引高端人才、凝聚优质要素。

二、组织保障

——提升综改能级，强化组织支撑。落实中共十八届三中全会精神，将综改实验纳入山西省全面深化改革领导小组的工作范围，尽快探索实现全面深化改革与综改实验的重点任务、组织机构、工作机制、人员配备相互衔接、相互融合、相互协调，提升综改实验能级，为产业均衡发展提供更有力的支撑。

——以资源领域深化改革为契机，依托综改实验，积极争

315

取中央政策和资金支持。围绕"四大领域",结合"十大综改"配套措施,加强产业均衡发展等相关政策的专题研究,找准先行先试的政策突破点。按照"成熟一批,推进一批,策划一批,储备一批"的原则,建立政策储备库,为先行先试提供可持续的政策支持;按照全面深化改革的新要求,进一步完善综改方案,配合国家资源税和环境税改革进程,主动争取国家层面的资源、环境、国有经济、生态文明建设等领域全面深化改革重大改革举措在山西先行先试,重点争引入资源领域深化改革新政策的试点;打通政策渠道,允许山西省试点实行差别化土地政策,合理使用工矿废荒地。国家财政投入与地方配套相结合,建立山西省资源衰退产业援助基金,对衰退地区及相关人群进行动态补偿。争取国家增加用于矿产资源开采地区生态环境补偿的一般性转移支付和专项财政转移支付,加大中央财政预算内建设资金和国债资金对资源输出地区的投入力度。在国家允许下,提高可持续发展基金、矿山恢复治理保证金、煤矿转产发展基金等资金征收和使用的自主性和灵活性;及时掌握国家政策动向和资金信息,主动争取战略性新兴产业、技术改造、两化融合、淘汰落后、节能减排、循环经济、清洁发展、安全生产、生态修复、棚户区改造等各类国家项目和资金;抓好项目落实和资金分配监管,用足、用好国家各项政策和资金支持,提高先行先试的示范带动作用和重大项目影响力,增强国家政策支持和资金投入的可持续性。

——强化部省对接、省际合作,落实资金和项目。在现行部省对接取得进展的基础上,争取国务院尽快正式批准建立"山西省综改实验省部际联席会议制度",加强相关部委对山西省综改实验的指导、协调和服务,增进部省之间的协调配合。建议联席会议由发展改革委、财政部、教育部、科技部、工业和信息化部、公安部、民政部、人力资源社会保障部、国土资源部、环境保护部、住建部、交通部、水利部、农业部、商务部、文化部以及央行、海关、税务、工商、质检、林业、旅游、法制、银监、证监、保监、铁路、民航、总参等部门和山西省政府共同组成。将联席会议办公室设在国家发改委，由国家发改委牵头，承担联席会议日常工作，并在国务院领导下，研究并拟定促进山西综改实验的重大举措，协调解决山西综改实验区建设在政策实施、项目安排、体制机制创新等方面的困难和问题，加强部门之间、部省之间信息沟通，对山西省综改实进行有效的指导、监督、评估和检查；在中央协调下，尝试建立山西省综改实验的省际合作机制，重点推进山西省融入京津冀和环渤海经济圈，落实东部省市与山西省一对一的产业转移承接方案。

——加快转变政府职能，加强部门联动。加强学习型、服务型、创新型政府建设，定期组织到经济发达的沿海地区考察、学习，建立并完善跨部门之间和部门内部的开放式学习制度，深入学习全球产业变革的新趋势、国家产业政策和区域发展战略；一方面加快转变政府职能，进一步简政放权，提高行政效率；另一方面提高服务意识，实行经济部门"包企业"制度，着力帮助企业解决项目建设、达产增效、市场开拓、融资信贷、创新技改、节能降耗、循环经济、生态修复等生产经营中的难题；积极探索省市县联动的纵向管理和横向协同新模式，着力在各部门之间形成综改项目和政策措施信息共享、有效沟通、协调配合、快速反应的工作机制，更好地服务于资源经济转型和产业均衡发展。

——落实责任，完善绩效考核制度。结合中央全面深化改革要求，深入调研，依托综改实验，建立鼓励改革创新的容错机制，激发各部门、各级政府的主动性和创造力，营造有利于先行先试、率先突破的"综改氛围"。配合中共十八届三中全会提出的政绩考核制度改革方向，加快建立完善政绩考核指标体系，编制加大均衡发展、资源消耗、环境损害、产能过剩、科技创新、安全生产、劳动就业、社会保障等指标的考核权重，改进考核效果。推进综改任务细化分解，落实各市县、各部门的实施意见、行动计划和配套措施，打造一批市县级综改标杆项目，形成示范带动效应。严惩截留综改实验、先行先试专项经费等典型案件以及推诿拖沓等重大责任事故，确保综改试验的系统性、规范性、公平性、效率性。

参考文献

[1] 中国共产党第十八届中央委员会第三次全体会议公报，2013 – 11 – 12.

[2] 中共中央关于全面深化改革若干重大问题的决定，2013 – 11 – 12.

[3] 山西省国家资源型经济转型综合配套改革试验总体方案，2012.

[4] 山西省综合配套改革办公室. 山西省国家资源型经济转型综合配套改革试验 2013 年行动计划，2012.

[5] 山西省综合配套改革办公室.《山西转型综改总体方案》资料汇编，2013.

[6] 刘素清. 山西省：全面深化改革，加快跨越发展 [J]. 中国产经新闻报，2014 – 03 – 10.

[7] 中国社会科学院课题组. 山西省资源型产业与非资源产业均衡发展研究（总报告），2014.

后 记

　　中国的资源禀赋条件决定了煤炭在能源结构中的重要地位，"以煤为主"在过去、现在乃至未来较长时期内都是中国能源结构的突出特点。凭借丰富的煤炭资源，煤炭产业在山西省经济发展中占据举足轻重的地位，山西省也成为国内主要的能源和原材料供应基地。然而，在为中国工业化和城镇化发展做出特殊贡献的同时，由于长期过度依赖煤炭资源开发，导致山西省经济发展方式相对粗放，产业结构单一，非资源型产业发展严重滞后。作为国内最典型的资源型经济地区之一，山西省资源型产业转型以及接续产业发展等问题极具代表性，引起了各级政府的重视和学术机构的高度关注。近年来，围绕山西省资源型经济转型，学术界相继推出了一批有影响的研究成果。从现阶段相关研究的进展来看，尽管一些研究更趋规范和多样化，但总体而言，关于山西省资源型产业与非资源型产业均衡发展的机制构建和实现路径等问题，现有的研究还不够深入、具体，对山西省推进国家资源型经济转型综合配套改革试验、加快构建现代产业体系的支撑作用还有待

319

提高。

　　本书是黄群慧主持的 2013 年山西省国家资源型经济转型综合配套改革试验重大课题——"山西省资源型产业与非资源型产业均衡发展机制研究"的最终成果。需要强调的是，理论联系实际一直是中国社会科学院工业经济研究所的优良传统。课题研究过程中，在有关部门的大力支持和协助下，项目组多次赴山西省调研，加深了对山西省产业发展基础和要素构成的认识。同时，通过与当地发改委和财政、国土资源、煤炭、经信、商务、旅游等主管部门以及行业协会、国有重点企业座谈交流，掌握了大量一手资料，对山西省煤炭产业转型存在的问题与障碍以及非资源型产业发展面临的机遇和挑战有了更为全面、客观的了解。

　　结合课题研究，项目组陆续发表了一些学术论文，先后完成了《关于山西省 2015 年深化改革的若干建议——以全面深化国有企业改革、完善地区创新体系为重点》、《深化体制改革，加快机制创新，实现山西省资源型产业与非资源型产业均衡发展》等具有可操作性的政策建议报告，并向山西省有关部门提交了《建立完善山西省资源型产业与非资源型产业均衡发展机制的实施方案》，直接服务于山西省国家综合配套改革试验，提升了研究成果的学术影响力和应用价值。

　　在深入调研和推出阶段性成果的基础上，本书着力构建山西省资源型产业与非资源型产业均衡发展机制和制度体系，提出山西省产业均衡发展的总体思路与政策措施。本书是集体研究的成果，各章的作者分别为第一章黄群慧、李鹏飞、杨丹辉；第二章渠慎宁；第三章原磊；第四章李晓华；第五章渠慎宁；第六章李鹏飞；第七章叶振宇；第八章张艳芳；第九章陈金亮；第十章杨丹辉、黄群慧。本书各章完成后，由杨丹辉负责统稿，并对部分章节的内容进行了补充和修改。书中文责由各章作者自负。

课题研究和本书出版得到了很多支持和帮助。首先要感谢山西省发展和改革委员会及山西省国家资源经济转型综合配套改革试验区工作领导组办公室的王成、李海生、张荣章、曹力民、郭妙卿、李蕊霞、赵江燕等同志，课题调研安排、资料收集、成果论证和发布等很多工作都得益于他们的协调和支持。

感谢山西省发展和改革委员会宏观研究院院长王宏英研究员。他不仅全程参与了实地调研和课题研究，而且对本书的写作提出了很多有价值的建议。

感谢中国社会科学院工业经济研究所集团联络处樊建勋处长，他在课题协调、调研安排等方面投入了大量精力。中国社会科学院工业经济研究所刘勇研究员也多次参与课题阶段性成果以及本书框架内容的讨论，感谢他的参与和建议。

课题研究成果完成后，中国社会科学院经济学部副主任、学部委员吕政研究员，国家发展和改革委员会国土开发与地区经济研究所副所长肖金城研究员，中国社会科学院工业经济研究所副所长史丹研究员，国务院发展研究中心社会发展研究部副主任李建伟研究员，财政部财政科学研究所副所长苏明研究员等组成的专家小组，对成果进行了评阅和论证。山西省综合改革实验办公室也组织山西省政府政策研究室、山西省发展改革委员会、山西省社会科学院等部门和机构的专家学者开展了项目评审及验收工作。感谢上述专家学者对书稿内容和章节设置提出的宝贵意见。

本书是《中国产业智库报告》的首批成果之一，感谢中国社会科学院工业经济研究所科研处张其仔研究员为这一成果平台建设以及本书出版付出的努力。特别感谢经济管理出版社的陈力先生，他促成了本书的顺利出版。

黄群慧　杨丹辉

中国社会科学院工业经济研究所

2015 年 4 月 30 日

破除"资源诅咒"——山西省资源型与非资源型产业均衡发展机制研究

322